JN437636

앗 살람, 마그레브!

앗 살람, 마그레브!

지중해 연안, 북아프리카 4개국을 가다

이철영 지음

심산

'여행은 영혼의 목욕탕'

누군가 이렇게 말을 했습니다, '여행은 영혼의 목욕탕'이라고. 여행을 많이 다녀본 사람의 농축된 경험담임을 단박에 알 수 있습니다. 구도자로서의 갈증과 겸손의 덕목을 함께 엿볼 수 있어 반가웠습니다.

이번 여행을 앞두고 저는 고민했습니다. 앞의 표현처럼 여행에 대해 그럴 듯한 의미를 붙이려는 욕심은 아닙니다. 그보다는 아주 현실적인 문제였습니다. 매년 설이 되면 배낭여행을 해왔는데, 어디로 갈지 대상지를 정하지 못해 혼란스러웠습니다. 가보고 싶은 곳은 무지하게 많은데 시간은 항상 부족하기 때문입니다. 그래서 우선순위를 정하려다 보니 '여행을 왜 가는가?' 하는 의문도 생겼고, '무엇을 보고 어떻게 느낄 것인가?'의 문제도 떠올랐습니다.

지금까지는 유럽을 많이 다녔습니다. 유럽은 서구문명의 태동을 이룬 현대사의 주역이라고 할 수 있을 텐데, 이번엔 그 반대편이 보고 싶어졌습니다. 이런 저런 궁리 끝에 북아프리카를 대상지로 정했습니다. 그때만 해도 북아프리카에 로마 유적이 그렇게 거대하게, 또 광대하게 존재할 줄은 몰랐습니다. 또 여행을 준비하면서 그 나라들이 오스만투르크라는 이슬람 제국과 가톨릭을 앞세운 유럽 열강들의 식민지였음을 새삼 깨달았습니다. 문득 머리를 스치는 것이 있었습니다. '비주류' 라는 단어입니다. 이런 표현을 써도 될지 몰라도, 세계 역사의 변방인 셈입니다. 유럽문명의 가장 가까운 곳에서 그들과 교류하며 살아왔지만, 결국 주변부 지위에서 벗어나지 못한 어찌 보면 '불쌍한 인생들(?)' 입니다. 이들이 궁금해졌습니다.

'WASP' 라는 단어가 있습니다. WASP는 미국의 지배층을 가리키는 약어로, 백인White, 영국계Anglo-Saxon, 기독교도Protestant(신교)의 교집합을 의미합니다. 미국의 지배층이자 세계를 이끌어가는 리더 그룹을 가리키는 말로 사용됩니다. 미국의 역대 대통령 중에서 케네디(가톨릭교도)와 레이건(아일랜드계) 대통령을 제외한 전원이 모두 WASP에 속한다고 합니다. 이러한 관점과 용어에 견주어보면 '비주류', '변방', '주변부' 의 의미를 더욱 실감할 수 있습니다.

인터넷에 "마그레브(북아프리카)에 함께 가실 분" 하고 방을 붙였습니다. 기대했던 것보다 많은 분이 응답을 하셨습니다. 사자나 코끼리가 사는 사바나 초원을 머릿속에 그리고 계신 분부터 저와 문제의식이 비슷한 분까지 다양했습니다. 그러나 희망자 모두 함께 갈 수는 없었습니다.

가장 큰 걸림돌은 일정 문제였습니다. 한 20일 정도 되는 일정을 여러 사람이 동시에 만족할 수 있도록 맞추기는 힘들었습니다. 리비아와 알제리의 비자 발급 문제로 더 이상 늦출 수도 없었습니다. 하는 수 없이 항공 스케줄 등을 고려해 제가 일방적으로 일정을 정해 통보했습니다. 그 과정에서 많은 분이 포기하셨습니다.

다음은 안전 문제였습니다. 신청하신 분 중에는 남성보다는 여성이 많았습니다. 연령 분포도 20대부터 50대까지 다양했습니다. 그런데 저도 그 지역을 처음 가는 처지라 제가 안전을 장담할 수가 없었습니다. 본인의 결단에 맡길 수밖에 없었습니다. 일정과 안전, 이 두 가지 관문을 통과하신 분은 결국 50대 초반의 남자 한 분 뿐이었습니다. 단출하게 둘만 출발하게 된 과정이자, 이유였습니다.

쉽지 않은 공부를 시작했습니다. 생업도 중요했고, 능력의 한계도 있었지만 재미있었습니다. 똑같이 제국주의 식민지를 경험했다는 점, 지금도 세계사 변방에 위치한다는 점 등 우리나라 처지와 비슷하다는 동류의식 때문인지 머리에 쏙쏙 들어왔습니다. 마그레브(북아프리카)가 친근하게 느껴졌고, 많은 의문과 고민을 해결할 수 있었습니다. 거창하게 얘기한다면 오리엔탈리즘의 문제였고, 개인으로 국한한다면 사고의 균형과 개방적 태도의 문제였습니다. 페니키아와 그리스, 로마와 비잔틴의 흔적이 있고, 베르베르와 아랍과 투르크와 유럽인이 공존하는 곳, 또 가톨릭과 이슬람이 맞닥뜨렸던 현장에 대한 관심이 갈수록 늘어났습니다.

서구의 학자 중에는 서구사회를 문명사회, 그 나머지를 미개사회로 나누는 이분법적 사고를 가진 사람들이 더러 있습니다. 19세기 미국의 학자이자 언론인 존 설리반도 그 중 하나입니다. 그는 미국의 제국주의 철학인 '명백한 운명Manifest Destiny'과 '백인의 짐White man's burden'이라는 백인 우월주의 논리를 설파했습니다. 인류를 야만의 늪에서 구원하는 것이 '백인의 책무' 라는 뜻입니다. 세계를 미국식 민주주의 체제로 문명화(?)시키고자 서구사회가 계속 확장되어야 한다는 주장입니다. 그것은 아메리카 대륙에 대한 미국의 지배전략을 정당화시키려는 발언이었지만, 지금은 서구사회 팽창의 논리를 상징하는 개념이기도 합니다.

그들은 서구 문명의 발전 모델이 전 인류가 도달해야 할 보편적 가치라고 주장합니다. 그런 생각은 우리에게도 습관처럼 남아있습니다. 어떤 제도나 통계를 소개하면서 미국, 또는 일본에 '몇 년, 혹은 몇 십 년 뒤져있다' 는 표현이 바로 그것입니다. 제국주의 논리에 은연중 포로가 된 것이지요. 우리 사회의 일부 보수주의자들은 제국주의 국가들의 식민지 병합을 옹호하기도 합니다. 식민지 지배를 받았더라도 그 과정에서 근대화를 이루었고, 근대화는 어쨌든 좋은 거 아니냐는 논리입니다. 그 속에는 식민지 지배 정당화론이 숨어있습니다.

개화기 당시 우리 지식인들도 서구문명의 대단한 과학기술과 강대한 군사력을 접하곤 그 오리엔탈리즘 논리에 빠지기도 했습니다. 미국 유학중이던 윤치호는 '영국과 같이 개량된 문명국이 인도와 같은 개량되지 못한 야만국을 정복하여 문명화시킨 것은 옳고 진보적인 일' 이라고 말했으며, 서재필이 이끌던 〈독립신문〉조차 '백인종은 오늘날 세계 인종 중에서 제일 영민하고 부지런하고 담대한 고로…' 라고 썼습니다. 그들의 인종주의적 논리는 친일파에 의해 경술국치의 정당성을 주창하는 논거로 발전했습니다. 예를 들어, 유전적으로 열등한 유색인종을 차별하기 위한 프랜시스 골턴의 우생학은 이광수의 '조선민족 개조론' 으로 둔갑합니다(박노자의 《하얀 가면의 제국》 참조). 당시 지식인들 사이에 서구문명에 대한 사대주의가 얼마나 깊이 박혀 있었는지를 여실히 보여줍니다.

의문이 생겼습니다. 근대화는 반드시 필요한 것일까요? 때마침 한국인의 행복지수에 대한 보도를 접했습니다. 아이러니하게도 한국보다 근대화가 한참 덜 된 개발도상국들의 행복지수가 더 높게 나왔습니다. 행복감은 근대화 정도와 반드시 비례하는 것이 아니라는 의미입니다. 물론 반론도 가능합니다. 근대화는 미래를 위한 것이라는 주장, 진행과정에서 나타난 일시적인 피로감일 뿐이라는 주장 등 모두 일리가 있습니다.

그래도 한 가지 의문이 남습니다. 근대화는 반드시 서구화여야 할까요? 물론 실험은 아직 끝나지 않았습니다. 동아시아에서는 한국과 대만, 중동지역에서는 터키, 북아프리카에서는 튀니지나 모로코가 실험을 하고 있는 대표적인 나라들입니다. 서구의 경제 및 정치제도를 도입해 근대화를 추진하는 방식입니다. 일본은 성공을 거뒀지만 본디 강력한 후발 제국주의 국가였고, 식민지를 경험한 국가 중에는 아직 선진국이 된 나라가 없습니다. 만약 한국이 성공한다면 대표적인 사례가 될 것입니다.

그러나 중국 등 몇몇 나라들은 다른 경로를 시험하고 있습니다. 자본주의는 받아들이되 정치사회제도는 서구를 따르지 않겠다는 전략입니다. 북아프리카에서는 리비아가 대표적입니다. 이들은 근대화가 곧 서구화는 아니라고 주장합니다. 그들 나름의 새로운 길을 찾고 있습니다. 그들이 성공한다면 서구문명 보편가치론은 수정이 불가피할 것입니다.

이것이 제 문제의식의 출발점이자, 이번 여행을 관통하는 물음표입니다. 물론 이 책에 그 해답은 없습니다. 20일간 여행을 다녀와서 미치 다 아는 것처럼 떠드는 것은 가당치 않습니다. 여기에는 제가 본 북아프리카의 단면들만 담겨있습니다.

이것은 소박한 시작입니다. 우리 안의 편견과 불균형이 문제입니다. 폐쇄성과 편파성을 버리고, 있는 그대로 보고 느끼고 싶었습니다. 많은 것을 버리고 개방하고자 노력했습니다. '변방' 이라는 개념도, '이슬람' 이라는 이미지도 모두 새로 그리고 싶었습니다. 있는 그대로를 보고 느끼는 것이 개방과 균형의 시작이라고 생각했습니다.

북아프리카 지중해를 보면서 협력과 공존의 논리도 배웠습니다. 로마가 '우리들의 바다' 라고 주장했던 그 옛날의 지중해가 아니었습니다. 누구 하나가 독점할 수 있는 시대는 벌써 지나가고 없습니다. 지중해는 이미 다양성과 나눔의 키워드가 된 것입니다. 그러고 보면 따뜻한 심성과 배려의식이 돋보이는 마그레브 사람들의 마음을 지중해는 꼭 닮았습니다.

국내에 마그레브 지역을 두루 섭렵한 기행문이 아직 없었으니, 미지의 땅에 대해 처음 물꼬를 텄다는 것으로 만족합니다. 여행은 스스로의 변화와 완성을 추구하는 것이지만, '새로움' 에 감염되는 시초이기도 합니다. 이 책을 읽는 분들과 앞으로 북아프리카를 여행하실 분들에게 개방과 균형의 실마리가 되었으면 좋겠습니다.

일일이 다 열거하는 게 겸연쩍어 뭉뚱그려 인사하겠습니다. 함께 여행을 다녀오고, 소중한 사진을 사용할 수 있도록 허락해 주신 최순남 선생님을 포함해 이 책이 나올 수 있게 도와주시고 격려해주신 모든 분들께 진심으로 감사드립니다.

이철영

차례

리비아 _ 아프리칸 로마의 매혹적인 유혹

알제리 _ 이슬람과 유럽의 소란스런 데이트

모로코 _ 친절한 베르베르 아저씨의 미소

튀니지
지중해를 향한 열린 하늘색 창

(2007. 2. 12~15)

(프랑스 파리) → 튀니지 튀니스 → 수스 → 카이로완 → 튀니스 →

카르타고 → 시디 부 사이드 → (리비아 트리폴리)

석양의 지중해를 넘다

2월 12일

파리 행 비행기 내부의 로고색은 진한 블루였다. 블루 컬러는 친근감을 주지는 않지만, 대신 호기심을 진하게 자극한다. 일상에서 벗어나 생체리듬의 작동체계를 여행모드로 바꾸는데 도움이 됐다. 지중해의 빛깔이 이런 블루일까? 지중해 블루의 질감은 과연 어떤 느낌일까? 머릿속에선 이미 마그레브 지중해의 다양한 영상과 색깔이 나타났다 지워지기를 반복하고 있었다. 여행의 설렘이다. 벌써 여러 해째 배낭여행에 나서지만, 그때마다 느낌이 새롭다. 앞으로 스무날은 한국을 잊기로 했다. 휴대전화도, 손목시계도 모두 버리고 왔다. 가능하면 인터넷도 안 보기로 작정했다.

비행기는 시베리아 상공을 날고 있다. 창밖은 온통 흰 눈밭이다. 밝은 해와 흰 눈 덕분에 몹시 눈부시다. 오전 10시경 인천공항을 박차고 날아오른 비행기는 현지시각으로 오후 3시쯤 파리에 도착한다. 서쪽으로 비행하기 때문에 도착할 때까지 계속 대낮이다. 창문 스크린을 열고 내다보면 언제나 밝은 빛을 볼 수 있다. 항로를 보여주는 벽면 스크린에 모스크바보다도 훨씬 북쪽을 지나 발트 해를 통해 유럽대륙으로 들어가는 우리 비행기가 표시되어 있다.

유럽 대륙도 온통 흰빛이다. 그러나 여긴 러시아와 달리 눈밭이 아니라 구름밭이다. 아무것도 내려다보이질 않는다, 구름 외에는. 항로 스크린의 지도를 통해서 어디를 날고 있는지 알 수 있을 뿐이다. 막 독일 상공에 진입했다고 표시되지만, 육안으로 확인할 수는 없다. 이윽고 착륙 준비에 들어간다. 느낄 수 있다. 비행기가 흔들리면서 귀가 먹먹해진다. 고도를 급격히 낮추고 있다는 증거다. 창문에 작은 물방울들이 동글동글 스치며 지나간다. 비행기가 비구름을 뚫고 땅으로 내려가고 있는 것이다. 아니나 다를까, 파리 드골공항에는 추적추적 겨울비가 내리고 있었다.

비행기 갈아타는 데 주어진 시간은 1시간 30분. 길지는 않지만 짧지도 않다. 유럽은 미국과 달리 갈아타는 승객에 대한 검색과 입국수속을 생략하기 때문에 귀찮은 일은 별로 없다. 몇 년 전에 비해 드골공항은 외형상 달라진 것이 별로 없었지만, 세계관은 바뀐 듯했다. 공항 안은 온통 금연표시 천지였다. '드골공항이 설마?' 했지만, 대합실에 일단 들어서면 흡연구역을 아예 볼 수가 없다. 파리 시내 한 레스토랑에 갔을 때, 당시 파리에 거주하던 후배가 흡연석은 창가 쪽 전망 좋은 곳이고 금연석은 화장실 앞 후미진 곳이라고 일러줬던 생각이 났다. 자신은 비흡연자이면서도 흡연석으

위 메디나 거리-대문
왼쪽 하비브 브르기바 거리의 시계탑
아래 수스의 메디나 입구(© 최순남)

로 가서 앉았던 때가 불과 2~3년 전이었다. 사람 사는 세상에서 고정불변의 법칙이 어디 있으랴. 이렇게 조금씩 변하는 것이 당연하다. 굳이 말하자면 이런 것도 진보, 또는 개혁이라고 할 수 있겠다.

프랑스 비행기를 택한 것은 저렴한 항공료와 편리한 스케줄 때문이었다. 유럽에서 북아프리카로 가는 항공편은 프랑스가 가장 많다. 이번에 방문하는 네 나라 중에서 리비아를 빼고 세 나라는 모두 프랑스 식민지, 또는 보호령을 경험했다. 그래서인지 마치 식민모국에서 식민지로 가는 비행기를 타는 느낌도 들었다.

파리에서 다시 출발한 시각은 오후 4시 30분. 비행기 창문으로나마 지중해를 보고 싶었는데, 바다 가까이 도달하니 석양이 빛을 잃어 어둑어둑해졌다. 구름이 끼지 않았더라도 바다를 온전히 보기는 어렵다. 설사 바다가 보여도 지중해의 제 빛깔을 감상하긴 이미 글렀다.

해가 지는 서쪽, 마그레브(Maghreb)

북아프리카 일대를 가리켜 마그레브 지역이라고 한다. 동방, 즉 마쉬리크(Mashriq)에 대응되는 아랍어 지명이다. 보통 북아프리카라면 동쪽부터 이집트, 리비아, 튀니지, 알제리, 모로코 등의 나라를 가리키지만, 마그레브에는 이집트가 제외된다. 이집트는 과거 아랍의 직접적 관할권이었고, 마그레브는 '해가 지는 서쪽'이란 의미이기 때문이다.

마그레브 지역의 원주민은 베르베르인이지만, 7세기부터 아랍인이 이주해 와서 지금은 오히려 아랍인의 비율이 높다. 이들 네 나라는 문화적으로, 인종적으로 유사하기 때문에 마그레브 연방 국가를 창설하려는 움직임도 있었다. 그러나 나라마다 이해관계가 달라 그 가능성은 높지 않아 보인다.

환전도 언어도 대략난감

튀니스Tunis는 다행히 비가 내리지 않았다. 겨울철 지중해 권역이 대부분 우기라고 하지만, 유럽과 북아프리카의 우기는 차이가 있다. 북아프리카는 다른 계절에 비해 겨울철에 비가 많이 내리지만 유럽처럼 하늘이 항상 찌푸려 있지는 않다. 스무날 가까이 북아프리카에 머물렀지만 대부분 해를 보았고, 본격적으로 비를 만난 것은 알제리에서 이틀 정도였다. 이런 기후 사정이 아프리카 사람들의 의상, 건물과 장식, 그리고 온갖 예술품의 색깔과 질감을 강렬하고 도드라지게 만들었을 것이다. 북아프리카의 컬러는 강렬하다. 태양과 경쟁한다 싶을 정도로 무척 원색적이다. 강하고 밝은 햇빛은 사물의 색감뿐만 아니라, 사람의 태도마저도 열정적으로 변화시키는 묘한 마력을 지녔다. 오죽했으면 카뮈의 《이방인》에서 뫼르쏘의 살인 동기가 알제 해변의 강렬한 태양 때문이었을까.

수하물을 찾고 어쩌고 하다 보니 저녁 7시가 훌쩍 넘었다. 먼저 해야 할 일은 역시 환전이다. 그런데 환전소 직원은 우리를 못 본 척했다. 까닭을 알고 싶지만 말이 통하지 않았다. 영어가 홀대받는 곳임을 직감할 수 있었다. 잠시 고민. 역시 삐끼가 해결해준다. 환전소 직원은 영어를 못해도 삐끼 택시운전사는 영어를 할 줄 안다. 세상의 이치와 역할 분담이 기묘하달 밖에…….

택시 운전사는 요금을 미국 달러로 날라며 시내 호텔까지 10달러를 요구했다. 여행 한두 번 한 것도 아니고, 달라는 대로 다 줄 수는 없는 법, 푹 내질렀다. 5달러! 곧 흥정은 타결됐다. 5달러였다. 이번 여행의 동행자 최 선생의 공이다. 공항에서 시내까지 거리는 약 8킬로미터, 택시요금이 우리보다 저렴하다는 것은 사전에 알고 있었다. 그러나 초행인데다 현지 돈이 없는 상황을 고려하면 준수한 협상이었다. 세계 어느 나라를 가든 배낭여행객에게는 대개 삐끼가 첫 현지인이자 '구원자' 다. 필요악인 셈이다. 갑자기 우리나라가 떠올랐다. 인천공항에도 외국인 상대 삐끼가 있을까? 그들은 과연 서울 시내까지 이동하는데 바가지를 얼마나 씌울까?

북아프리카에 코리아는 없다

튀니스의 호텔은 출발 전에 인터넷으로 예약을 한 상태였다 항공편이 확정되자마자 북아프리카에 도착하는 튀니지에서의 숙박과 돌아오기 직전 모로코 카사블랑카의 호텔은 미리 예약했던 것이다. 물론 중간 일정은 현지 교통편과 항공편에 따라 달라질 수 있기 때문에 미리 정할 수 없었다. 더욱이 리비아와 알제리의 도시들은 인터넷 사이트의 예약 대상에도 들어있지 않을 정도로 여행 불모지였다. 현지에서 직접 부딪히며 그때그때 숙소를 구해야 했다.

예약된 호텔로 향했다. 교통이 편리한 시내 중심가에 위치하되 저렴한 호텔을 물색한 것이 잘 맞아떨어졌다. 4성급 호텔에 60달러짜리 트윈 룸이었다. 아침 식사를 포함, 하룻밤 숙박에 1인당 30달러 정도니 큰 부담은 아니다. 호텔은 튀니스의 간선도로인 하비브 부르기바 거리에 있었는데, 기차역이나 메디나를 모두 걸어갈 수 있을 정도로 입지조건이 좋았고, 시설도 제법 훌륭했다.

도착하자마자 분위기 탐색에 들어갔다. 저녁도 먹고, 북아프리카 지역

항공권 구입을 위한 여행사 위치도 알아둘 겸 호텔 근처 시가지를 이리저리 훑었다. 이른 저녁이라 거리 카페는 사람들로 붐볐다. 눈인사를 하는 사람, '봉주르' 또는 '하이' 라고 많은 사람이 인사를 해왔다. 한 30분 걷는 동안 수십 번의 인사를 나누었다. 북아프리카 여행은 처음이라 잔뜩 경계를 했는데, 분위기가 생각보다 부드러웠다. 적극적인 사람은 말을 걸어오기도 했다. 대개 어디서 왔느냐는 질문이다. '코리아' 라고 대답하자 모두들 환영 일색이다.

아쉬운 것은 '한국 사람이냐?' 는 질문은 없었다는 사실. 우리가 들은 단어는 '자빠니스?', '곤니찌와', '사요나라', '지나?', '니하우' 등이 전부였다. 그들 눈에 우리는 일본 사람, 또는 중국 사람으로 비쳐지는 것이다. 이것은 비단 튀니지뿐 아니라 다른 세 나라에서도 공통된 현상이었다. 이

하비브 부르기바 거리의 야경

들의 기억 속에 한국은 아직 없는 것이다. 유럽만 해도 이 정도는 아니었는데…. 그들이 알아준다고 해도 별다를 건 없지만, 섭섭한 마음은 어찌할 수 없다. 다행스러운 것은 우리가 '코리아' 라고 했을 때 '코리아' 를 모르는 사람은 별로 없다는 점이었다. 그것만도 감지덕지다.

마공 와인을 곁들인 꾸스꾸스 만찬

저녁식사로 이 지역의 대표 요리 꾸스꾸스Couscous를 맛보기로 했다. 더불어 튀니지의 대표 와인 마공Magon도 곁들이기로 했다. 그런데 꾸스꾸스를 파는 레스토랑은 많지만, 마공 와인을 비롯해 술을 파는 레스토랑은 별로 없었다. 몇 군데를 돌아다닌 후에야 비로소 두 가지를 함께 맛볼 수 있는 레스토랑을 찾을 수 있었다. 꾸스꾸스는 튀니지뿐만 아니라 북아프리카 일대에서 유명한 전통음식이다. 귀리나 조를 밑에 깔고 그 위에 양고기 등 고기와 각종 채소를 올려서 만든 스튜 요리인데, 맛과 향이 훌륭했다. 다만 바닥에 깔린 조가 팍팍한 편이라 쌀밥이었으면 최상의 궁합일 듯했다. 양도 제법 많은 편이어서 하나 시켜서 둘이 먹어도 충분할 정도였다.

여행 첫날인데 파티가 없을 수 없었다. 또 파티에 술이 빠질 수 없었다. 한국에서 가져온 육포 안주에다 팩소주 하나씩을 깔끔하게 해치웠지만, 뭔가 모자란 느낌이었다.

"에이, 리비아에 들어가면 며칠 동안 술을 입에 대지도 못할 텐데, 한 잔 더 하지 뭐!"

구실 좋게 호텔 레스토랑에서 맥주 두 병과 생수 한 병을 룸서비스로 주문했다. 우리 돈으로 6천원이나 받는다. 튀니지 물가로는 상당히 비싼 값이다. 그렇지만 여행을 시작한다는 들뜬 기분 덕에 충분히 감내할 수 있었다.

그제야 우리는 서로 자세한 통성명을 하였다. 함께 여행을 출발했지만, 서로 모르는 사이였다. 필자가 몇몇 여행 사이트에 북아프리카 동행 희망자를 찾는 글을 올렸고, 그것을 계기로 처음 만났다. 그러고도 서로 바쁘다 보니, 지금까지 밥 한 번 제대로 먹을 기회가 없었다. 비자 수속 밟느라고 이름, 직업, 주소, 주민등록번호, 나이 정도만 알았을 뿐이었다. 좋으나 싫으나 서로 유일무이한 동행자가 된 만큼 친하게 지내야 한다. 양보할 것 양보하고, 주장할 것 주장하면서…….

최 선생은 필자보다 몇 살 연상이고 인테리어 디자인 전문가다. 주로 호텔 등 고급 디자인 일을 맡는다고 했다. 등산, 트래킹, 배낭여행 등 다양한 해외여행 경력을 보유한 베테랑이었고, 두 아들이 모두 군대에 간 틈에 부부 동반으로 6개월 정도 세계 일주를 할 계획이라고 했다. 최 선생은 특히 사진촬영에 조예가 깊어, 여행기간 내내 사진을 찍는데 많은 도움을 주었다. 이 책을 위해 본인이 찍은 사진도 기꺼이 제공해 주었다. 또 전기버너, 코펠 등 등산용구를 지참해서, 머나먼 타국에서 밥을 직접 지어먹는 호사도 누릴 수 있었다. 웬만큼 부지런한 성격 아니면 불가능한 일이다. 베테랑의 내공에 절로 머리가 숙여졌다.

룸서비스가 맥주를 가져왔다. 상표에 아랍글자가 새겨져 있다. 이종교배랄까? 썩 어울리지 않는, 낯설고 묘한 느낌이 들었다. 맥주는 세계적으로 애용되는 술이라 여러 나라를 다니며 자주 마셔 보았지만, 아랍 글자가 새겨진 맥주는 처음이다. 이슬람과 술은 별로 친하지 않다. 이슬람 사회에

튀니지의 명물 꾸스꾸스와 마공 와인

아랍 문자가 새겨진 맥주

서 술과 돼지고기는 철저하게 금지하는 음식이다. 여행 중 리비아에서는 술을 구경조차 할 수 없었고, 다른 세 나라는 술이 허용되지만 주로 맥주와 와인 정도였을 뿐 위스키나 코냑은 천연기념물 수준이었다. 이 지역 사람들 다수가 이슬람교도라 술을 즐기지 않기 때문에 술 문화가 발달하지 않은 것이다. 이곳에서는 술에 취해 헤근헤근 대는 사람을 보기 어렵다. 밤 문화의 재미는 덜하겠지만, 건전성만큼은 합격이라 할 수 있겠다.

마그레브 이슬람의 원조, 튀니지

이슬람 세력은 7세기 초 창시자 무함마드의 주도 하에 아라비아반도에서 발흥하여 메소포타미아 지역을 아우른 후 기수를 아프리카로 돌렸다. 내심 비잔틴의 거점인 콘스탄티노플(지금의 이스탄불)을 탐냈지만, 비잔틴 세력의 강력한 저항에 뜻을 이룰 수 없었다. 그러나 당시 북아프리카 지역은 비록 비잔틴 제국 소유로 등기(?)되어 있었지만, 사실상 무주공산에 가까웠다. 지중해변의 몇몇 큰 도시들을 제외하고는 베르베르족을 위시한 원주민들의 자유세상이나 다름없었다. 베르베르인들은 북아프리카의 터줏대감이다. 그들은 유럽의 싸움꾼인 스위스 사람에 버금가는 전사였지만, 이슬람 정신으로 똘똘 뭉친 아랍 세력의 노도와 같은 진군을 막기에는 역부족이었다. 더욱이 베르베르인들은 통일된 왕국이 아니라 부족 중심의 분권사회였기 때문에 구심력이 부족했다. 또 다른 맹주 비잔틴 제국은 초기 로마와는 달리 많이 약해져 있었고, 발칸반도와 소아시아(지금의 터키)를 중심으로 자리 잡고 있어 북아프리카를 지키기에는 역부족이었다.

이슬람 전사가 탄 아라비아 산 말들은 사하라사막 북쪽과 지중해 사이의 비옥한 초원지대를 힘차게 내달렸다. 기원전 10세기경 페니키아가 진출한 이래 숱하게 바뀌어 온 땅의 주인이 다시 교체되는 순간이었다. 이슬람 세력은 광대한 북아프리카 한가운데에 거점도시를 세웠다. 그곳이 바로 지금의 튀니지 일대다. 더 정확하게 좁히면 튀니지의 카이로완이다. 이곳에 세워진 북아프리카 이슬람 왕국은 계속 세력을 넓혀, 급기야 8세기 초에는 유럽까지 진출했다. 711년에 지금의 스페인과 포르투갈 땅인 이베리아 반도를 침입한 것이다. 그 뒤로 이슬람 왕국은 800년 이상 존속했다. 1492년 스페인 그라나다의 알람브라 궁전을 남기고 퇴각할 때까지 그곳에 이슬람 문화를 심어놓았다.

유럽을 향한 관문, 튀니지

튀니지는 위도 상으로 아프리카의 최북단이자, 시칠리아에서 가장 가까운 아프리카 땅이다. 이탈리아 반도에서 시칠리아와 몰타, 그리고 튀니지를 잇는 선을 동지중해와 서지중해로 나누는 경계로 볼 때, 동지중해와 서지중해를 모두 포괄하는 나라는 북아프리카에서 튀니지가 유일하다. 그래서 튀니지는 지중해 해상교통로의 지정학적 중심축이 되었다.

예로부터 튀니지는 유럽과 북아프리카, 나아가 사하라 지역을 포함하여 중앙아프리카까지 연결되는 교류와 개방의 관문이었다. 오늘날에도 튀니지의 성격과 역할을 규정짓는 가장 중요한 요소는, 마그레브 이슬람의 중심이자 유럽과 가장 가까운 아프리카 최북단이라는 점, 그리고 동지중해와 서지중해의 문화와 교역의 중앙통로라는 튀니지의 지정학적 위치이다.

부지런한 튀니지 사람들 예뻐요!

| 2월 13일

눈을 뜨니 새벽 4시가 조금 넘은 시각이었다. 시차 탓이다. 빨리 적응하려고 술까지 마시고 잤지만, 알코올이 신체리듬을 바꾸지는 못했다. 그러나 늦게 일어나는 것이 문제지, 일찍 일어나는 것은 문제될 것이 없다. 시차는

화려한 대문들의 향연

결국 시간이 해결할 것이다. 전날의 일기를 메모하고 당일 스케줄을 점검한 후, 여유 있게 호텔 문을 나섰다.

가장 급한 일은 북아프리카 지역을 이동하기 위한 항공편을 예약하는 일이었다. 그래야 각 나라별로 여행 일정이 확정된다. 전날 저녁에 봐 둔 카르타고 여행사로 향했다. 8시면 이른 시간이라 '과연 열었을까?' 싶었지만, 다행히 문을 열고 청소 중이었다. 항공권을 살 수 있냐고 물으니, 가능하단다. 튀니스의 여행사는 아침 8시에 문을 연다. 한국보다 오히려 부지런했다. 이미 7시경부터 거리는 출근하는 사람들로 분주한 터였다. '9시나 10시쯤 느긋하게 문 열겠지' 라고 생각했던 것은 나만의 선입견이었다. 시간을 번만큼 마음이 한결 편했다.여행 날짜를 대고 항공 스케줄을 물었다. 이틀 후 저녁에 리비아 트리폴리로 가고, 리비아에서 4박을 한 다음에 알제로 이동하기로 했다. 또 알제리에서 4박한 후에 모로코 카사블랑카로 이동하기로 하고 항공편을 확정했다. 다행히 원하는 날짜에 자리가 있었다. 아쉬운 것은 리비아 트리폴리로 가는 비행기의 도착 시간이 저녁 6시 이후라는 점이었다. 아무래도 처음 가는 나라에 저녁 늦게 도착하면 불안해진다. 그러나 별 일은 아니다. 부딪히면 어차피 다 해결될 일들이다.

세 번의 비행기 탑승(튀니스 → 트리폴리 → 알제 → 카사블랑카) 비용은 약 50만원이었다. 이 지역 물가수준에 비교하면 비싼 듯하지만, 다른 나라에 비하면 그렇지도 않다. 사실 금액보다 희망 날짜에 맞춰 항공권을 확보한 게 다행이었다. 당초 계획했던 일정과 상당히 근접해 무척 흡족했다. 짧은 여행기간을 효율적으로 운용할 수 있게 된 것이다.

입장료는 사람 따로 카메라 따로

일단, 호텔로 돌아와 체크아웃을 했다. 오전에 국립 바르도Bardo 박물관을 다녀와서 점심을 먹은 후에 수스로 이동해 둘러보고, 이어서 밤에 카이로완까지 가기로 했다. 일정이 빡빡하기 때문에 서둘러야 했다. 짐은 잠시 호텔에 맡길 수 있어서 코인로커를 찾을 필요가 없었다. 작은 배낭만 들고 간편하게 호텔을 나섰다.

택시를 타고 바르도 박물관으로 향했다. 그런데 택시기사가 출발하고도 미터기를 누르지 않는다. 미터기를 가리키며 누르라고 하자 고개를 갸우뚱하면서 그제야 눌렀다. 유럽 관광객들이 많이 드나드는 튀니지이지만, 아직 미터기 요금보다는 바가지요금(?)이 더 기승을 부리는 듯 했다. 이곳 택시는 기본요금 0.3디나르부터 시작해 출발하자마자 바로바로 요금이 올라간다. 호텔에서 박물관까지는 4디나르가 조금 넘게 나왔다.

도착하니 9시가 채 안됐다. 건물 내부로 들어가려고 하니 총을 든 경비병이 막아섰다. 영문을 몰라 지도를 꺼내 확인해보니 내셔널 어셈블리였다. 국회의사당인 것이다. 바르도 박물관과는 앞뒤로 붙어 있어 헷갈렸다. 배낭 메고 카메라를 든 외국인 여행객이 다짜고짜 국회의사당을 들어가려고 하니 경비병도 황당했을 것이다. 경비병에게 미안하다는 윙크를 날리고 뒤편으로 돌아가니 박물관이 보였다. 그런데 9시 30분에 문을 연단다. 30분 정도를 밖에서 대기해야 했다. 날씨가 따뜻해 별 문제는 없었다. 2월 중순의 겨울이지만 아침 기온은 10도, 낮에는 20도 이상이다. 햇볕이 따뜻해서 낮엔 오히려 더웠다. 티셔츠와 얇은 겉옷 하나만으로 충분했다.

기다리는 사이 대형 관광버스 두 대가 연이어 들어왔다. 유럽 사람들로 보였다. 한 그룹은 영어를 사용했고, 다른 그룹은 프랑스어를 사용했다. 우리는 첫 관객으로 입장했다. 입장료는 6디나르인데, 1디나르를 더 달란다. 카메라 입장료다. 캠코더는 3디나르 추가다. 유물과 유적을 마음대로 촬영하되 그 대가를 별도로 받는 것이다. 구경만 하는 사람보다 사진 찍는 사람에게 비용을 더 받는 것은 합리적으로 보였다. 여행객은 원하는 비주얼 컨텐츠를 마음껏 얻을 수 있어서 좋고 박물관은 입장료 수입을 늘릴 수 있으니, 누이 좋고 매부 좋은 격이다.

모자이크의 향연, 바르도 박물관

바르도 박물관은 시대별로 유물을 모아 놓았는데, 그 중에서도 고대 및 중세의 모자이크 작품이 유명하다. 사람마다 모자이크에 대한 인상은 다르겠지만, 나에게는 '모호함'과 '호기심'의 이미지로 기억된다. 예를 들어 범죄를 저지른 범인, 신상 드러내기를 저어하는 증인, 야한 영화나 동영상에서 은밀한 부분 등은 모두 모자이크로 처리된다. 대상을 보기 힘들게 만들어 호기심을 자극하는 것이 바로 이 모자이크 기법 아니던가. 그래서 모자이크는 궁금증을 유발하는 영상기법이라는 다소 부정적인 인상이 강한 것이다.

그런데 여기 와보니 모자이크는 부정적이거나 말초적인 호기심을 자극하는 기법이 아니다. 화려함과 정교함의 예술이다. 마치 두터운 터치의 유화작품을 보는 듯했다. 가까이 다가서서 보면 삐뚤 빼뚤 질서가 없어 보이지만, 적당한 거리에서 보면 그 화려함과 세련됨에 감탄하게 된다. 마치 거

바르도 박물관의 소장품들
(© 최순남)

리의 마술과도 같다. 보는 위치와 거리에 따라 느낌과 형상이 달라지는 마술 같은 예술! 그런 작품들이 박물관 전체에 가득했다.

바르도 박물관에서 가장 주목할 만한 작품은 로만 튀니지의 대부로 알려진 셉티무스 세베루스 황제를 묘사한 작품이다. 황제의 코 부분이 손상되었지만 단연 눈에 띄는 걸작이다. 관람객들이 가장 많이 몰리고, 카메라 스포트라이트도 가장 많이 받는 작품이다. 셉티무스 세베루스 황제의 이름은 마그레브 지역 여러 곳에서 만날 수 있다. 그에 대한 소개는 리비아의 로마 유적지 렙티스마그나 편에서 자세히 다루기로 한다.

박물관의 작품들은 벽면 하나를 가득 채우는 대작부터 아주 자그마한 소품에 이르기까지 크기가 다양했고, 주제와 제작 연대도 제가끔이었다. 연대 별로 방 번호를 매겨놓았다고는 하나, 그 순서가 뒤죽박죽이어서 번

셉티무스 세베루스 황제를 묘사한 모자이크 걸작

호대로 방을 찾아다니는 것이 쉽지 않았다. 결국 포기하고 그냥 발길 닿는 대로 돌아다니며 관람할 수밖에 없었다.

가톨릭 전래 이전에는 동물, 신화, 사람 등 작품의 주제가 다양했다. 그러나 가톨릭 전래 이후에는 종교를 주제로 한 작품이 압도적으로 많았다. 간혹 황제 등 당시 권력자와 관련된 작품도 있긴 했지만, 극소수였다. 종교가 창작에 대한 진지함이나 열의를 높인 것은 사실이지만, 한편으로는 창작활동의 주제를 극히 제한시키는 부작용도 발생시켰다는 점을 알 수 있었다.

바르도 박물관은 벽만 전시공간이 아니다. 발밑도 대부분 전시공간이다. 그 중 일부분은 밟고 지나갈 수밖에 없는데, 훼손될까 봐 여간 조심스러운 게 아니다. 3층짜리 공간에 꽉 찬 다채로운 모자이크 작품들을 감상하고 나면 로마가 더 대단해 보인다. 문명사 모든 분야에서 모범이 될 뿐 아니라, 후대에까지 이렇게 많은 감동과 영향을 주는 제국은 흔치 않다.

독특한 퓨전 음식 '레블렙 비~'

바르도 박물관은 그리 크지 않아서 금방 돌아볼 수 있었다. 관람을 마치고 신속하게 호텔로 돌아와 짐을 정리하고 기차역으로 향했다. 걸어서 갈만한 거리다. 시내 중심가를 가로질러서 바르셀로나 광장을 건너면 바로다. 확인해 보니 12시 5분 기차였다. 40분 정도 시간이 남아 역 주변에서 점심을 해결하기로 했다.

역 주변 바르셀로나 광장에서 조그만 레스토랑을 하나 발견했다. 자그마한 분식집 크기였는데, 튀니지 청년 둘이서 특이한 음식을 먹고 있었다. 마치 죽처럼 보였다. 주인에게 그들이 먹는 음식을 가리키며, 같은 것을 달라고 주문했다. 그러자 주인이 그릇과 빵을 갖다 줬다. 영문을 몰라서 옆자리의 음식을 다시 가리키니, 주인은 답답한 표정을 지었다. 그러자 튀니지 청년들이 우리 자리로 와서 시범을 보여줬다. 알고 보니 그릇에 빵을 잘게 뜯어 넣고 거기에 각종 향료가 들어간 스프를 부은 다음, 휘 저어서 죽처럼 먹는 음식이었다.

청년들에게 고맙다는 인사를 하고, 음식 이름을 물었다. 이름은 '레블렙 비~'였다. '레블렙 비'라고 발음을 끊어 말했더니, 고개를 가로 젓는다. 그러면서 '레블렙 비~'라고 수정해준다. '비' 발음을 길게 하라는 얘기다. 그래서 다시 '레블렙 비~'라고 했더니 박수치면서 좋아했다. 우리는 엄지손가락을 치켜 올리며 답례를 했다. '레블렙 비~'는 일종의 '빵죽'이라 할 수 있는데, 먹기는 부담 없었지만 한두 가지 향료는 입맛에 맞지 않았다. 스프의 향료를 자신이 직접 골라서 넣는 건데, 멋모르고 무조건 다 넣은 탓이다. 향료의 향을 미리 맡아보고 골라서 넣으면 한 끼 식사로 손색이 없어 보였다.

'레블렙 비~'와 요리사

식당에서 만난 젊은 친구들

북아프리카 여행에서 공통적으로 느낀 것은 사람들 대부분이 여행객을 친절하게 반긴다는 점이다. 말이 안 통해도 끝까지 들어주고, 어떻게든 도와주려고 하는 모습이 퍽 마음에 들었다. 개방적이고 편견 없는 환대, 우리에게도 꼭 필요한 덕목이다. 갈등이 많았던 역사와 많은 인종이 혼합된 환경이 그들을 개방적으로 만들었을 것이다. 우리는 순혈민족임을 강조하고 내세우지만, 그것이 다른 민족을 비하하고 자기 우월감을 드러내는 수단이라면 결코 바람직하지 않다.

그날 말이 안 통하면서도 서슴없이 식사를 도와준 그 청년들에게 진심으로 감사드린다. 그런데 그 친구들 손도 안 씻고 빵을 뜯어 넣던데, 그건 좀 그랬다.

히잡에 구애받지 않는 젊은 여성들

이날 식당에는 두 청년 외에 다른 손님이 더 있었다. 세 명의 처녀들이었는데, 나와 눈이 자주 마주쳤다. 배낭을 메고 나타난 동양 젊은이들(?)이 특이해 보였는지 연신 곁눈질이었다. 호기심과 수줍음이 얼굴에 그대로 묻어났다.

대화를 해보려고 일어나 다가갔다. 그런데 이걸 어쩌나, 영어를 전혀

튀니지 아가씨들

못했다. 말이 안 통하면 '작업'이 불가능하다. 아쉽지만 퇴각이다. 그러나 전리품 하나는 챙겨야 한다. 사진 모델을 부탁했다. 사진기로 찍는 시늉을 하니 금방 알아듣는다. 싫다고 한 손을 내저으면서도 다른 손으로는 옷매무새를 가다듬는다. 깜찍한 표리부동이다. 어느 나라를 가든 젊은 처녀들은 이렇게 풋풋하고 생기발랄하다.

북아프리카의 이슬람 여성들은 사실상 히잡으로부터 자유롭다. 히잡을 쓴 사람보다 쓰지 않은 사람이 더 많다. 젊을수록 더 안 쓴다. 식당에서 만난 처녀들도 세 명중 한 명만 히잡을 쓰고 있었다. 튀니지를 포함한 일부 이슬람 국가는 오히려 여성들에게 히잡을 쓰지 말라고 권하고 있다. 나이 지긋한 여성들에게 히잡은 종교적 관습이지만, 젊은 여성들에게 히잡은 '멋'이다. 그래서 요즘의 히잡은 아주 컬러풀하고, 소재도 다양하다.

이슬람 여성은 서구 여성에 비해 인권이 뒤처져 있다. 특히 서아시아에서는 이혼당하거나 부정을 저지른 여성은 지금도 이슬람 전통에 따라 가족이나 이웃에 의해 살해되는 경우도 있다. 이른바 '명예살인'이다. 또 일부다처제도 허용된다. 능력 있는 남성은 네 명의 아내를 거느릴 수 있다.

종교적 완고함에서 볼 때, 북아프리카 지역은 상대적으로 덜하다. 튀니지의 경우 일부다처제는 법으로 금지되어 이를 어기는 남자는 처벌 받는다. 그런데 여성에 대한 차별은 아직도 엄연한 현실이다. 그곳에서 여성들의 사진을 찍거나, 말을 걸 때는 조심해야 한다. 남자들은 그런 외국인을 싫어하고, 여성들은 외부인을 다소 경계한다. 여성에 대한 이곳 남성들의 배려와 보호의식은 대단하지만, 배려와 보호가 여성의 독립이나 인권 신장을 의미하지는 않는다. 이곳 여성들이 히잡을 벗었다고 해서 사회의 속박에서 벗어났다고 보기는 어렵다. 아직 갈 길이 멀어 보인다. 그러나 나에게 먼저 말을 건네거나 눈인사를 하는 젊은 여성들이 제법 많았다. 특히 가장 오랫동안 프랑스의 식민통치를 겪었던 알제리의 여성들이 상대적으로 적극적이었다.

이슬람 사회에서 남성은 가부장적 권한이 막강하지만, 그만큼 가족 부양 의무도 막중하다. 이러한 전통은 코란에 근거한다. 남성은 여성의 보호자다. 알라께서 여성들보다 강한 힘을 주었기 때문이다. 따라서 남성은 여

튀니지 사람들

성에 대해 모든 수단을 다해 부양해야 한다. 이것이 코란의 율법이다. 여성을 비롯한 사회적 약자에 대한 배려가 사회 전통으로 수립된 것이다.

이혼했을 때 자녀 양육권에 대한 규정이 재미있다. 보통 우리는 부모의 의사와 경제적인 능력에 따라 양육 문제가 결정되지만, 이슬람 국가에서는 딸의 경우 12살, 아들은 9살까지 엄마에게 양육권이 주어진다. 물론 양육비 등 경제적인 부담은 아버지의 몫이다. 더 자라면 아버지가 직접 부양을 맡아야 한다. 권한이 많은 만큼 책임도 많이 져야한다는 게 이슬람 사회의 가치관이다.

하비브 부르기바 대통령의 개혁노선

튀니지는 상당히 서구 지향적인 나라다. 튀니지를 가리켜 '두 발은 아프리카에, 가슴은 아랍에, 머리는 유럽을 향하고 있는 나라' 라고 한다. 일찌감치 근대화의 방향을 '서구화' 로 정했기 때문이다. 이러한 정책의 중심에는 하비브 부르기바 전 대통령이 있다.

튀니지 동전에 새겨진 하비브 부르기바 전 대통령

앞에서 밝혔듯이 튀니지 여성들은 히잡을 쓰지 않아도 된다. 1956년에는 일부다처제가 금지됐다. 또 남편에 의한 일방적 이혼과 17세 이하 여성의 조혼을 엄격히 금지하는 등 탈 이슬람 경향을 많이 찾아볼 수 있다. 또한 샤리아(이슬람법) 법원 폐지, 이슬람재단의 국영화, 이슬람 교육기관과 코란학교의 국 · 공영화 등 이슬람 전통과는 다른 세속적인 사법체계가 구축됐다. 또 서구 기독교 국가들처럼 금요일이 아닌 일요일을 공휴일로 정했다. (나라마다 공휴일이 달라 당황했다. 튀니지, 모로코는 일요일, 리비아와 알제리는 금요일이 공휴일이다.)

이렇게 서구화된 모습을 갖추게 된 것은 1956년 프랑스로부터 독립한 뒤 31년 동안 집권했던 하비브 부르기바 전 대통령의 개혁정책 덕분이다. 탈 이슬람 개혁이 가능했던 것은 부패한 이슬람 종교단체에 대한 국민들의 거부감이 컸고, 서구의 발전상을 동경했기 때문이다.

하비브 부르기바 전 대통령은 근대화 초기의 한국처럼 경제개발계획을 추진했다. 그래서 그를 터키의 케말 파샤와 비교해, '튀니지의 아타튀르크' 라고 부른다. 케말 파샤는 오스만투르크(터키)의 부활을 위해 근대화의 방향을 '서구화' 로 정하고, 제도 도입을 직접 진두지휘했다. 그는 지금도 터키에서 '건국의 아버지' 로 추앙받고 있다. 튀니지의 하비브 부르기바 전 대통령은 케말 파샤의 개혁정책을 추종했다. 아직 성공했다고 볼 수는 없지만, 반대로 실패라고 진단할 근거도 없다. 아직 현재진행형인 것이다.

하비브 부르기바 전 대통령은 프랑스 니스와 파리에서 법학과 정치학을 배운 인텔리 출신이다. 독립운동에 참여하면서 프랑스 정부에 잡혀 여러 차례 투옥과 석방을 거듭했다. 독립 후에는 튀니지왕국의 총리가 되었다가 1957년에는 공화국 수립을 선포하고 스스로 대통령에 취임했다. 이후 1969년 대통령에 재선되고, 1975년 3월에는 종신 대통령으로 권력을 연장했으나, 1987년 11월 총리 벤 알리의 무혈쿠데타로 대통령직에서 물러났다. 그의 업적을 추앙하기 위해 튀니지 정부는 우리로 치면 세종로 격인 튀니스 시내 중심거리의 이름을 하비브 부르기바 거리로 정했다.

'시헬의 진주' 수스

수스 행 기차표 1등석을 구매했는데, 지정좌석이 없었다. 승무원에게 기차표를 보여주니 옆 칸이라고 알려준다. 옆 칸으로 가보니 의자가 더 불편해 보였다. 분명히 1등석을 끊었는데, 그럼 스페셜 등급이 있나? 어쨌든 지정

좌석제가 아니었다. 허둥대다가 자리는 잡았지만 결국 역방향으로 앉아 갈 수밖에 없었다.

수스Sousse는 '사헬의 진주'라고 불린다. 사헬Sahel은 본래 사하라 사막과 열대우림지역 사이의 비옥한 녹색지대를 가리키지만, 사하라 사막과 지중해 사이에도 그와 유사한 지형이 있고, 그 중심에 수스가 있어서 붙여진 별칭이다. 지중해의 푸른 바다를 배경으로 새파란 들과 촘촘한 올리브 나무들, 그리고 하얀 집과 하늘색 창살이 눈부신 조화를 이루고 있다.

수스는 로마와 제2차 포에니전쟁을 이끌었던 카르타고의 한니발장군이 전쟁 막바지에 이곳에 진지를 구축해서 유명해졌다. 그러나 유물과 유적들은 지금 남아있는 것이 거의 없다. 땅이 비옥하고 위치가 좋다보니 주요 세력들 간 다툼이 심했기 때문이다. 특히 7세기 중반 이후 비잔틴과 아랍세력의 격돌로 이 일대가 모두 잿더미로 변하는 참상을 입기도 했다.

튀니스에서 수스까지는 기차로 2시간 남짓 걸렸다. 수스는 큰 도시가 아니기 때문에 기차역도 단출했다. 역사가 아담하고 색깔도 아기자기했다. 수스에서 처음 들른 곳은 화장실이었다. 구시가지 메디나를 돌아다니려면, 볼일을 미리미리 해결하는 것이 좋다. 이곳도 유럽처럼 화장실 문화가 대

수스 역

화장실 표식

단히 인색하기 때문이다. 수스 역에서 표를 내고 대합실로 일단 나가면 화장실이 없다. 기차에서 내려 화장실부터 들르는 게 좋다. 기차 승강장에 화장실이 붙어있다. 화장실 표지가 무척 인상적이었다. 튀니지를 상징하는 밝은 하늘색 톤이 시원한 느낌을 준다. 화장실 디자인 하나로 수스에 대한 첫 느낌이 대번에 좋아졌다.

기차역에서 옛 시가지 메디나까지는 걸어갈 만한 가까운 거리다. 기찻길 옆 도로를 따라 동쪽으로 걸어가면 큰 광장이 나타나고 그 광장을 가로지르면 바로 메디나가 시작된다. 메디나 초입에서 그레이트 모스크와 리바트가 웅장한 모습으로 여행객을 맞이했다. 아쉽게도 그레이트 모스크는 닫혀있었다. 아쉬운 마음으로 리바트 쪽으로 걸어갔다.

리바트에서 지중해와 처음 만나다

리바트는 이슬람교도들이 외침에 맞서 싸우기 위해 8세기경 지은 것으로 알려진다. 이슬람 세력은 비잔틴 세력의 반격에 대항하기 위해 자신들이 점령한 항구도시에 이와 같은 성채 겸 수도원을 여럿 세웠다. 그 중에서 수스의 리바트가 가장 잘 보존되어 있고, 가장 사랑받는 유적으로 꼽힌다. '리바트'라는 이름은 이슬람 전사를 의미하는 '무라비틴'에서 유래했다.

리바트는 견고한 사각 모양의 돌 성벽으로 이루어져 있는데, 그 주위를 해자가 둘러싸고 있다. 중앙 출입문이 인상적이다. 높고 좁다란 출입문의 좌우 기둥은 로마인들이 남긴 유적지에서 두 개의 대리석을 가져다 만들었다고 한다. 출입문을 들어서면 사각형의 마당이 등장한다. 이곳은 지금도

리바트 외관과 망루(© 최순남)

크고 작은 축제장소로 이용될 만큼 튼튼하다. 마당은 회랑으로 둘러싸여 있는데, 이 안마당은 주민들의 교육장소 겸 피난처였다. 평화로울 때는 이슬람 교리를 익히는 곳이고, 전시에는 적을 피해서 전열을 가다듬는 곳이었다.

2층에도 회랑이 있는데, 외벽의 두께가 1미터도 넘어 보였다. 두툼해서 앞으로 천년이 더 지나도 끄떡없을 것 같았다. 성벽 네 귀퉁이에는 각각 망루가 있었는데, 그 중 입구 쪽 망루가 유난히 높았다. 일흔다섯 개의 나선형 계단을 통하면 망루 꼭대기에 올라갈 수 있다. 햇볕이 따갑고 덥지만 놓칠 수 없는 코스다. 땀 흘려 올라간 보람이 있었다. 하얀 색채의 메디나 시가지와 파란 빛깔의 지중해 바다가 양 쪽으로 나뉘어 넓게 펼쳐졌다. 튀니지에 도착한 이래 처음으로 여유롭게 지중해를 감상할 수 있었다. 물론 수스에 오는 길에 기차 창밖으로 간혹 지중해를 보긴 했지만, 지나치며 본 것

리바트에서 본 그레이트 모스크(가운데) 전경과 수스 항구(© 최순남)

수스에서 본 지중해 풍광(© 최순남)

과는 감흥이 다르다.

다소 구름이 끼어 바다 빛깔이 새파랗지는 않지만, 메디나 근처까지 바싹 다가와 앉은 항구와 넓게 펼쳐진 수평선이 마음을 부드럽게 만들었다. 이곳이 옛날 치열한 전장이었다는 게 믿어지지 않았다. 시야는 너무 평화롭고, 바람은 한없이 부드러웠다.

리바트 옆 그레이트 모스크의 한적한 모습도 한눈에 들어왔다. 출입금지라 아쉬웠는데, 위에서 내려다보게 될 줄이야. 모스크 안마당은 특별한 장식 없이 돌바닥이고, 마당을 둘러싼 네 면은 아치형 기둥으로 장식된 회랑들이 차지하고 있었다. 반대쪽으로 눈을 돌리자 먼 언덕 위로 카스바의 탑이 지평선의 정점을 이루고 있었다. 내려가야 할 시간이 됐지만 발길을 돌리지 못했다. 시라고 푸른 지중해변 경치와 목덜미를 살랑살랑 파고드는 부드러운 바닷바람의 유혹 때문이었다.

리바트에서 나와 그레이트 모스크 앞의 야외 카페에 들렀다. 리바트에서 느낀 감동의 여운을 즐기고 싶었다. 따사로운 햇빛, 지중해와의 교감, 코를 슬쩍 자극하는 민트티 향기가 부드럽게 교차했다. 망루에서 찍은 멋진 풍경을 카메라 모니터로 확인하는 순간, 나도 모르게 웃음이 번졌다. 수스의 매력적인 오후였다.

세계에서 가장 큰 내해, 지중해

표면적 약 297만 제곱킬로미터(약 9억 평), 가장 깊은 수심 5,092미터, 평균 수심 1,458미터의 지중해는 세계에서 가장 큰 내해다. 지중해 바닷물이 바깥으로 나가는 길은 딱 세 곳이다. 폭 15킬로미터, 평균 수심 290미터인 모로코와 스페인 사이 지브롤터 해협이 대서양과 만나고, 터키 보스포러스의 폭 450미터, 평균 수심 55미터인 다르다넬스 해협을 통해 흑해와 연결된다. 또 폭 120미터, 수심 12미터의 이집트 수에즈 운하를 통해 홍해를 거쳐 인도양으로 나갈 수 있다.

지중해는 염분 농도가 많은 맛이 짠 바다로 알려진다. 염분이 많은 바닷물은 가라앉는다. 그래서 염분이 적은 대서양과 흑해의 바닷물이 바다 위쪽에서 지중해로 흘러들어오고, 짠 지중해물은 해저를 통해 대서양과 흑해로 빠져나가면서 순환한다. 이렇게 해서 지중해 바닷물 전체가 완전히 바뀌는 데는 70년이 걸린다고 한다. 지중해물을 한번 만져보고 70년 후에 와서 다시 만지면, 그것은 그때의 물이 아니고 이전에 흑해나 대서양에서 흘러들어온 물이라는 얘기다. 자연의 신비도 신기하지만, 그것을 밝혀내는 인간의 지혜도 대단한 것이다.

오스만투르크의 가정집을 엿보다

메디나 또 하나의 명소는 다르 에시드Dar Essid 박물관이다. 19세기 고위관리가 살던 가정집을 그대로 보존해 만든 박물관으로, 오스만투르크 시절 이슬람 부유층의 가정생활을 엿볼 수 있다. 정문에서 현관을 지나 내부로 들어서면 중앙 정원이 있고, 사방으로 개별 공간들이 나뉘어져 있다. 이 개별 공간들은 각각 침실 한두 개와 거실, 응접실 등으로 구성된다. 이런 독립된 개별 공간들이 모여 큰 집 한 채를 이루고 있는 독특한 형태의 거주공간이었다.

이 작은 공간에서도 복합문화의 전형을 확인할 수 있다. 벽은 타일, 바닥은 카펫, 실내 공간은 소품 가구들로 꾸며져 있는데, 타일의 모양과 무늬는 스페인 안달루시아 지방과 유사한 느낌이다. 일부 가구는 유럽스타일이지만, 바닥의 카펫은 이슬람 전통문양을 보여주고 있다. 19세기에 이미 이슬람과 유럽과 터키 문화가 뒤섞여 조화를 이루었음을 증명한다.

특이한 것은 방마다 색깔, 무늬, 장식, 가구 등이 각각 다르게 꾸며진 점이었다. 요즘은 좀 달라졌지만, 우리의 경우 예전에는 도배할 때 한 가지 재료로 집 전체를 똑같이 통일시켰다. 그러다보니 안방이나 건넌방이나 별다른 느낌이 없었다. 그러나 이들의 생각은 오래전부터 우리와는 달랐던 모양이다. 그 까닭은 알 수 없지만 이곳은 각 방들의 디자인과 컬러를 다양하게 꾸밈으로써 즐거운 볼거리를 제공하고 있었다.

집의 재료나 구조를 보면 그 지역의 기후를 짐작할 수 있다. 북아프리카 주택의 벽면은 대개 타일로 마감되어 있다. 높은 천장과 타일 벽은 시원함을 선사해준다. 이 지역이 여름에 덥고 겨울은 춥지 않은 기후라는 것을

위 다르 에시드 박물관 입구
왼쪽 소장된 각종 공예품들(© 최순남)
아래 앙증맞은 작은 아궁이 세 개

칼로트 엘 쿠바의 천정(© 최순남)

짐작할 수 있다. 그래서 별 다른 난방기구가 필요 없다. 유럽에서 흔한 벽난로도 보이지 않는다. 따뜻한 옷과 두툼한 카펫, 그리고 뜨거운 차 한 잔이 이들의 난방이었을 것이다. 주방의 아궁이도 소꿉장난용으로 보일 정도로 작고 앙증맞게 생겼다. 가로 세로가 각각 20센티미터 정도에 불과한 아궁이 셋이 나란히 붙어있다. 이 큰 집이 저렇게 작은 아궁이 세 개로 버틸 수 있었을까? 여하튼 이들이 불과 별로 친하지 않다는 증거다.

다음 코스는 칼로트 엘 쿠바Kalaout el Koubba로 카라반들이 사용하던 일종의 여관 건물이다. 11세기에 지어졌는데, 전시된 마네킹들은 오스만투르크 시대의 인물들로 보인다. 대단한 컬렉션은 아니었지만, 천장 쿠폴라의 우툴두툴한 조각 장식들은 매우 인상적이었다. 꿈틀거리는 것이 막 쏟아져

내릴 것 같기도, 비틀리는 것이 마치 천지사방으로 흩어져 날릴 것 같은 느낌이었다. 누구든 이곳에 들르게 되면 고개 들어 꼭 위를 봐주시기를!

포에니 전쟁의 현장, 카이로완 평원

수스의 메디나는 한갓진 편이다. 별로 복잡하지도, 분주하지도 않아서 천천히 여유롭게 걸을 수 있다. 사람이 적어 상인들에게는 불리하겠지만, 여행객에게는 편했다. 메디나 중앙부의 시장지역을 가로질러 카스바로 향했다. 메디나 문을 지나 밖으로 나가야하는데 방향을 잘못 잡아서 성벽 안쪽 골목으로 들어갔다. 한참 걸어가다가 메디나 내부에서 카스바로 직접 연결되는 문이 없다는 사실을 알게 되었을 쯤, 카스바 옆 건물 2층에 있는 카페의 젊은 주인이 다가와 삐끼질을 시작했다. 들어보니 손해 볼 장사는 아니다. 차 한 잔씩만 마시면 카페 옥상에서 카스바를 감상하게 해주겠다는 얘기였다. 차 값은 두 사람 합쳐야 우리 돈으로 오백원도 안 된다. 얼른 좇아 들어갔다. 올라가보니 카스바는 역광인데다 뒷모습이어서 마치 사람 뒤통수를 쳐다보는 느낌이었고, 오히려 반대쪽의 메디나와 지중해 쪽 풍광이 더 훌륭했다. 이곳 지대가 다소 높은데다 지중해변까지 완만한 내리막이어서 메디나의 스카이라인과 지중해가 한눈에 내려다보였다.

차를 마시고 성문을 돌아 나가 카스바로 향했다. 카스바는 고고학박물관과 붙어있다. 우선 박물관으로 갔다. 그곳에는 수스 지방을 대표하는 모자이크 걸작들이 많았다. 그런데 왠지 작품들이 그리 대단해 보이지는 않았다. 오전에 이미 튀니스 바르도 박물관을 다녀온 후유증이다. 게다가 엎

친 데 덮친 격으로 일부 전시관은 공사 중이라 출입금지였다. 그러다 보니 감동이 적었다. 관람 순서의 착오였다.

가까이 다가가서 본 카스바는 웅장했다. 마침 석양을 받아 누렇게 바랜 돌 색깔이 더욱 진하게 보였다. 11세기에 세워진 건축물이지만, 견고함이 돋보였다. 견고함의 이면에는 당시 세력다툼을 위한 전투의 치열함이 숨어 있다. 아쉽게도 카스바는 내부수리 중이었다. 자동적으로 10세기에 세워졌다는 감시탑 칼리프타워도 들어갈 수 없다. 수스의 자랑거리 중 하나인 칼리프타워의 전망을 놓치게 된 것은 몹시 안타까운 일이었다.

택시를 타고 서둘러 버스터미널로 향했다. 6시에 출발하는 카이로완행 버스를 타야했다. 말은 안 통하지만, '카이로완' 이란 단어 하나만으로도 훌륭하게 의사소통이 이루어졌다. 알고보니 그들 식 발음은 '까우루완' 에 가까웠다. 다행히 아라비아 숫자는 공용이기 때문에 버스 시간은 숫자로 적으면 되고, 어느 버스인지는 직접 안내받으면 됐다.

버스는 만원이었다. 여러 정류장을 거쳐 가는 이른바 전형적인 로컬버스였는데 다행히 카이로완이 종점이라 느긋할 수 있었다. 버스는 드넓은 평원을 달렸다. 날이 저물어 가면서 평원은 저녁놀로 붉게 물들어 갔다. 제2차 포에니 전쟁 때 피로 물든 땅이다. 이렇게 한적하고 아름다운 곳에서 역사적 전투가 벌어졌었다는 게 실감이 되지 않았다.

제2차 포에니 전쟁은 자마 전투(자마회전)를 마지막으로 끝난다. 기원전 202년의 일이니 지금으로부터 2천2백 년 전 사건이다. 한니발 장군은 카르타고 군을 이끌고 지금의 스페인 땅을 거쳐 알프스 산맥을 넘어 로마를 위협했다. 알프스를 넘어온 코끼리 부대의 거센 공격으로 로마는 풍전등화의 위기에 처했다. 이에 로마 스키피오 장군은 한니발의 빈틈을 노려 카르타

카스바 전경(© 최순남)

고(지금의 튀니스 근처) 본진을 공격했다. 그 소식을 듣고 깜짝 놀란 한니발은 할 수 없이 카르타고로 회군했다. 그리고 여기 튀니지 땅 자마에서 스키피오와 마지막 전투를 벌였다. 카르타고 군은 스키피오의 전술에 말려 대패하고 한니발 장군은 멀리 도망쳤다. 이 전투에서 카르타고 군 3만여 명 중 2만 명이 전사하고 나머지는 포로가 되었다. 로마군의 손실은 약 천오백 명 정도였다고 한다. 로마의 역사기록이다 보니 다소 과장이 섞였겠지만, 카르타고가 대패한 것만은 분명해 보인다. 그 후로 카르타고는 쇠락하다가 50년쯤 후에 멸망했다.

그때 전투가 벌어진 곳이 바로 '자마' 인데, 그곳이 어디인지는 정확히 밝혀지지 않고 있다. 그래도 튀니지가 그리 큰 나라가 아니고 더욱이 평원

고고학박물관의 모자이크 작품들(© 최순남)

을 낀 사헬지대는 지중해 해안선을 따라 그리 넓지 않으니, 그 역사적 현장은 이곳에서 반경 수십 킬로미터를 벗어나지는 않을 것이다.

세계문화유산이 호텔로 둔갑

카이로완 버스터미널에 도착한 시각은 저녁 7시경, 택시를 타고 호텔에 도착하니 30분이 더 지났다. 무엇보다 배가 고팠다. 배낭만 내려놓고 바로 나와서 메디나로 갔으나, 대부분 상점이 문을 닫았다. 신시가지로 가려면 메디나를 가로질러 멀리 나가야 하는데, 썩 마음이 내키지 않았다. 호텔 레스토랑에서 저녁을 해결하기로 했다.

뷔페 음식을 배불리 맛있게 먹기는 했지만, 1인당 20달러짜리 비싼 식사였다. 먹을 때는 좋았지만, 계산하려니 속이 쓰렸다. 카스바 호텔은 이번 여행 중에서 우리가 유일하게 이용한 별 다섯 개짜리 호텔이다. 식당 바로 앞에는 열대 야자수로 둘러싸인 환상적인 정원 풀장도 있다. 그나마 비수기에 예약한 덕에 아침식사를 포함해 트윈 룸을 75달러에 얻을 수 있었다. 그런데 한 끼 식사로 40달러를 쓰다니!

음식은 맛있고 다양해서 불만은 없었다. 특히 고추장, 또는 된장과 비슷한 진한 맛의 소스가 있어서 신기했다. 색깔은 된장, 매운맛은 꼭 고추장 같았다. 웨이터에게 이름을 물었더니 '비곤스'라고 일러줬다. 맛은 맵고 화끈했지만 고추장처럼 은은한 맛은 없다. 발효식품이 아닌 탓이다. 그러나 튀니지 사람들이 매운 맛을 즐기다니 의외였다.

호텔은 카스바 성문 안에 있었다. 마치 카스바의 한 부분을 들어내고

위 카스바 호텔 정문
오른쪽 호텔 안 풀장
아래 왼쪽 뷔페에 나온 다양한 소스
아래 오른쪽 비콘스

호텔을 지은 격이다. 그래서 호텔의 운치가 이만저만 좋은 것이 아니다. 꼭 성안으로 자리가는 느낌이었다. 파괴된 카스바 유적의 빈 공간을 호텔로 재활용했다. 짐작이지만 호텔은 국영, 또는 공영이거나 이 지역 유력자의 소유일 것이다. 세계문화유산을 상업용으로 쓸 수 있다니 놀랍다! 하지만 누구 소유건, 부정 점유건 우리와는 상관이 없다. 우린 그저 시설이 훌륭하고, 내일 구경할 메디나가 바로 붙어있어서 대만족이었다.

카이로완 메디나의 상징, 그레이트 모스크

| 2월 14일

다음날 아침 가장 먼저 찾은 곳은 메디나 북쪽 끝에 덩그러니 자리 잡고 있는 그레이트 모스크였다. 본래 이름은 시디 오크바 모스크Sidi Okba Mosque인데, 이곳에 처음 모스크를 지은 사람의 이름이라고 한다. 처음 670년에 세워졌다가 파괴되고 9세기에 다시 지은 건물이다. 이곳은 8시에 문을 연다고 해서 7시 50분에 도착해 기다렸다. 튀니스 바르도 박물관에 이어 여기도 1등 입장이다. 부지런히 다니다 보니 속칭 '일빠' 가 많다.

입장하자마자 드넓은 마당에 압도됐다. 대리석으로 포장된 중앙 마당은 가로 세로가 모두 100미터는 넘어 보였다. 마당은 담장 한 쪽에 로켓 모양의 미나렛이 서 있고, 세 면은 회랑으로 둘러싸여 있었다. 회랑은 414개의 기둥이 안달루시아 건축 양식 특유의 말발굽 아치 모양으로 장식되어 있는데, 컬러만 다소 차이가 있을 뿐 스페인 코르도바를 방문했을 때 본 메스끼따 건물 기둥의 얼룩무늬 말발굽 아치와 모양새가 아주 흡사했다.

기둥의 대부분은 카르타고와 수스 근처의 로마 유적지에서 가져다 재활용한 것이다. 로마 건축물의 견고함을 입증하는 사례이다. 2천 년 이상 되었는데도 튼튼해 보였다. 그렇지만 기둥의 모양과 색깔이 건물과 다소 이질적이었다. 우리의 눈길을 끈 아름다운 타일 장식은 당시 바그다드에서 수입한 고급품이었다고 한다.

예배당의 마당 건너편에는 미나렛이 우뚝 솟아있다. 보통 이슬람 모스크의 모양새는 날렵한 것이 특징인데, 이것은 좀 둔중했다. 아래 기단은 큼직했고 그 위로 두 단의 탑이 더 올라앉아 있는데, 맨 위에는 돔 형식의 쿠폴라가 동그랗게 덮여 있었다. 꼭 3층 탑의 모습을 하고 있는데, 구름 한 점 없는 청명한 하늘과 맞물려 훌륭한 볼거리가 됐다.

반대편에는 예배당이 있었다. 거기도 상당히 널찍했다. 수백 명이 동시

그레이트 모스크 전경 (© 최순남)

위　스페인 꼬르도바 메스끼따의 말발굽 형 아치
아래　카이로완 그레이트 모스크의 말발굽 형 아치

에 기도할 수 있는 규모였다. 예배당 역시 로마 유적지에서 가져온 기둥이 천장을 떠받치고 있는데, 이것도 역시 바닥의 이슬람 문양 카펫과 다소 이질적으로 보였다. 예배당과 미나렛은 들여다볼 수만 있을 뿐 이슬람 신자가 아니라서 출입할 수 없다.

마그레브 이슬람의 기원, 비르 바로우타

그레이트 모스크에서 나와 메디나 한 가운데에 위치한 비르 바로우타Bir Barouta로 향했다. 다른 유적들처럼 거대한 건물이 아니라서 찾기가 쉽지 않았다. 어렵사리 간판을 찾아 2층으로 올라가니 왼쪽 편은 카페였고, 오른편으로는 다양한 색깔의 스카프로 화려하게 몸단장을 한 낙타 한 마리가 퍼질러 앉아있었다. 바로 옆에는 우물이 있는데, 낙타가 우물 주위를 돌면서 물레방아를 돌려 물을 퍼 올리도록 되어 있었다. 마치 우리나라의 연자방아를 연상케 했다.

카이로완에 오면 여기에 반드시 와야 하는 이유가 있다. 이 우물은 이슬람 건국 신화에도 등장하는 신성한 곳 중 하나다. 7세기 아라비아 반도를 통일한 이슬람 세력이 북아프리카에 진출해 처음 왕국을 건설하고 도읍을 정한 곳이 바로 이 카이로완이었고 그 주인공은 우크바 알 피흐리였다. 그래서 카이로완은 메카, 메디나, 예루살렘과 더불어 이슬람 4대 성도로 불린다.

건국 당시 지도자 오크바 장군이 이 지역을 지날 때 그가 탄 말이 뭔가에 걸려 넘어졌다. 무엇에 걸렸을까 싶어 모래땅을 팠더니 금배가 나왔다.

그 금배는 수년 전 메카에서 사라진 보물이었다. 더 신비로운 일은 그 금배를 빼내자 물이 솟아올랐다는 것이다. 그곳이 바로 이곳 비르 바로우타 우물이며, 메카의 성스러운 젬젬Zem-Zem 샘물과 직접 연결된 것이었다고 전해온다.

이 우물 신화가 상징하는 것은 침략전쟁의 정당성이다. 이 우물이 성스러운 메카의 젬젬 샘물과 연결되어 있다는 것은 북아프리카 지역을 점령하고 왕국을 세운 것이 알라신의 뜻이라는 의미다. 이 신화에는 카이로완에 대한 명분도 담겨있다. 당시의 큰 도시들은 주로 해안을 끼고 발달했다. 그러나 카이로완은 해변에서 수십 킬로미터 이상 내륙으로 들어와 있는 지역이다. 주거의 핵심적 요소인 물이 있었기 때문에 가능한 일이다. 이 우물이 성스러운 샘물과 연결되어 있고, 결코 마르지 않을 것이라는 얘기는 지역

비르 바로우타의 우물

을 거점으로 삼은 세력의 정당성을 뒷받침하는 얘기로 해석할 수 있는 것이다. 카이로완의 어원은 아랍어 Qayrawan인데, 그것은 군사기지Military Camp를 뜻한다.

북아프리카 무슬림 사회에서 카이로완은 매우 유서 깊은 곳이다. 도시 분위기는 보수적이고, 상징적이다. 전통의상을 고수하는 남성이나, 히잡을 착용한 여성의 비율도 상대적으로 높다. 여행자, 순례자의 도시이기도 하다. 예로부터 순례와 교역을 목적으로 많은 사람들이 왕래했던 것으로 전해진다. 스페인의 정치적인 수도는 마드리드지만 정신적 수도를 꼽으라면 이구동성으로 똘레도를 꼽듯이, 튀니스가 경제적, 행정적 수도라면, 카이로완은 튀니지 사람들에게 정신적, 종교적 수도라고 할 수 있다.

'미스 튀니지' 음반가게 아가씨

비르 바로우타 구경을 마치고 막 나오는데, 카페 입구에 한 아저씨가 편안한 자세로 물담배를 즐기고 있었다. 눈인사를 하면서 사진기를 들이대니, 자연스럽게 자세를 취해준다. 오랜 경력의 모델처럼 느긋하면서도 노련한 모습이었다. 표정 또한 아무 근심걱정 없는 해탈한 사람 같았다. 북아프리카 이슬람의 권위를 상징하는 비르 바로우타의 전속 모델로 손색없어 보였다.

'11월 7일 거리Avenue 7 November'가 메디나 가운데를 가로지른다. 이곳이 가장 번화한 중앙 통이다. 제법 가게도 많고 사람들도 분주하다. 여기저기 구경하면서 시장을 지나 쓰리도어 모스크로 가는데, 한 골목에서 어여쁜

물담배 피우는 아저씨

음반가게 아가씨

아가씨가 미소를 보내곤 슬쩍 사라졌다. 그냥 지나치기에는 그 유혹이 강렬해 마법에 끌리듯 따라갔다. 음반가게 아가씨였다. 검은 숄을 걸친 날씬하고 참한 규수다. 눈이 크고 쌍꺼풀이 뚜렷했는데, 특히 눈웃음이 아주 매력적이었다. 갑자기 흐뭇해져서 홀린 듯 가게 안으로 따라 들어갔다. 거기까진 좋았는데 아가씨가 영어를 전혀 못했다. 손짓으로 대화할 수밖에 없었다. 튀니지 베스트 음악을 골라 달랬더니, 음반 하나를 추천해줬다. 여러 가수들의 노래를 모아놓은 CD 타이틀이다. 가격은 3디나르로, 우리 돈으로 2천원이 조금 넘었다. 흔쾌히 사들었다. 볼 일은 다 봤지만, 바로 나오기가 싫었다. 그러나 말이 안 통하니 달리 '작업'을 걸 수도 없었다. 아쉬움에 사진을 한 장 찍겠다고 했더니 웃으면서 잠시 주저했다. 하지만 이내 포즈를 취해줬다. 이번 여행에서 처음으로 젊은 아가씨를 클로즈업해서 찍을 수 있었다.

쓰리도어 모스크는 카이로완에서 가장 안달루시아적인 풍모의 모스크

쓰리도어 모스크 정문

라고 한다. 모스크 설계자가 스페인 코르도바 출신이기 때문이다. 그러나 이곳도 문이 잠겨 있어 안으로 들어갈 수가 없었다. 하지만 이 모스크는 아치형 정문의 윗 부분을 장식하고 있는 아랍 문자와 꽃문양 디자인의 띠 장식이 유명한 만큼, 정문만 보아도 반 이상은 본 셈이다. 9세기에 지어진 티가 났다. 많이 낡은 것이다. 하지만 고전적인 자태에다 위엄까지 갖추고 있어서 퍽 마음에 들었다.

다음으로는 16세기 통치자 무레이 핫산 술탄의 묘소가 있는 엘 가리아니el Ghariani를 방문했다. 목각과 벽토세공 장식으로 유명한 곳이다. 명성에 걸맞게 목각으로 만든 2층 회랑의 장식은 참 정교했다. 또 1층 미흐랍 벽면의 벽토 세공도 가지런한 세 개의 아치형 회랑 장식과 어울려 이루 말할 수 없이 세련되어 보였다. 로마를 포함한 유럽의 건축은 웅장하고 선이 굵다

가리아니의 술탄 묘소 내부

는 느낌을 주지만, 아랍풍의 건물이나 장식은 정교함에서 타의 추종을 불허한다. 북아프리카 어느 나라를 가든 공통된 느낌이다. 그래서 건물의 외관이 작거나 초라하다고 그냥 지나치는 것은 금물이다.

코란은 사진을 찍을 수 없다

아침 일찍부터 서두른 덕에 메디나 안의 많은 명소를 둘러볼 수 있었다. 시간도 넉넉하고 멀티플 티켓을 끊어서 입장료 부담도 없었다. 처음 들른 곳에서 6디나르짜리 티켓을 구입하면 카이로완의 명소 대부분을 그것으로 입장할 수 있다. 카메라를 맘대로 사용하려면 1디나르만 추가하면 된다. 그런데 메디나 외에 다른 곳은 제법 멀어서 택시나 버스를 이용해야 하기 때문에 다 갈 수는 없고, 그 중 한 군데만 골라 방문하기로 했다. 대상은 두 곳으로 압축됐다. 하나는 아글라비드 바신Aghlabid Basins이라는 분수정원이고, 또 하나는 라까다Raqqada 박물관이다. 아무래도 분수정원은 둘러보는데 시간이 걸릴 것 같아 박물관으로 정했다.

라까다 박물관은 시내에서 약 10킬로미터 정도 떨어져 있다. 한적한 교외라 돌아오는 차편에 문제가 있을 수 있어 타고 간 택시를 대기시켰다. 그래도 별도의 대기비용을 받지 않아 부담은 없었다. 라까다 박물관은 본래 909년 이후 아그라비드Aghlabid 왕조가 왕궁으로 사용하던 곳이다. 그때가 카이로완의 황금기였다. 아침에 둘러 본 그레이트 모스크도 이 왕조 때 지어진 것이다.

박물관은 정문을 통과해서 한참 걸어 들어가야 했다. 기대했던 것보다

라까다 박물관 정문과 내부 장식들

팔을 얹은 채 포즈를 취한 청소 아주머니

는 아담했다. 왕실에서 쓰던 가구 등 유물이 전시되어 있지만, 보다 인상적이었던 것은 현대적 아라베스크 문양과 장식이었다. 이번 여행에서 그보다 더 화려하고 정교한 문양은 볼 수 없었을 만큼 대단했다. 돔 천장의 문양, 그리고 스테인드글라스 창문과 조화된 벽장식은 단색 톤임에도 불구하고, 아니 단색이어서 더 장엄하고 엄숙했다. 그 독창성과 예술성에 감탄을 금할 수 없었다.

일부 전시실에는 코란이 전시되어 있는데, 이 지역에서 매 시대마다 실제 사용했던 유물들이었다. 그런데 코란만큼은 사진을 찍지 못하게 했다. 선글라스를 낀 늙수그레한 경비 아저씨가 전시실마다 쫓아다니며 우리를 열심히 감시했다. 말이 통하지 않아 촬영을 금지하는 이유를 물어보지는 못했지만, 그만큼 신성하게 여기기 때문이리라 짐작했다. 대신 그 아저씨와 계단을 청소하던 아주머니들을 찍었다. 포즈를 취해달라니까 한 아주머니가 그 아저씨 어깨에 팔을 척 얹는다. 두 사람이 부부는 아닌 것 같은데, 어떤 사이일까? 말이 안 통하니 물어 볼 수도 없다. 누나였나?

바가지요금은 참을 수 없다

호텔로 돌아와 체크아웃하고 잠시 호텔 함맘Hammam에 들렀다. 이슬람 사회에서 가장 궁금한 곳 중 하나다. 시간이 부족해 함맘을 즐기는 일은 다음으로 미뤘지만, 잠깐 구경만 하기로 했다. 머리를 빡빡 깎은 훤칠한 미남 관리인에게 구경 좀 시켜 달래자, 마침 손님이 없다며 흔쾌히 문을 열어줬다. 그런데 탕에서 발생하는 수증기가 너무 많아 사진을 제대로 찍을 수가 없었다. 여러 컷을 찍었지만, 카메라 렌즈에 김이 서려 대부분 뿌옇게 흐려졌다. 그렇다고 열기가 다 빠지도록 문을 열어둘 수도 없는 일, 대충 구경만 하고 다음을 기약할 수밖에 없었다. 함맘에 대한 얘기는 다음의 모로코 카사블랑카 편에서 다루기로 한다.

카이로완에서 튀니스까지는 버스로 2시간 30분쯤 걸렸다. 요금은 8.2디나르, 우리 돈으로 6천원 남짓이다. 이번에는 고속버스였다. 어제 수스에서 카이로완으로 올 때와는 달리 중간 정류장을 거치지 않고 직행했다. 도로는 제법 잘 닦여있지만, 차는 많지 않았다. 도착 예정시각은 2시 30분. 튀니스에 도착하면 바로 메디나에 가기로 했다. 저녁까지 튀니스 메디나를 구경하고 다음날 오전에는 카르타고와 시디 부 사이드를 다녀올 계획이다. 이후 오후 4시에 비행기를 타고 트리폴리로 출발하게 되니 잠시도 여유가 없는 강행군이다. 튀니지와 모로코는 언제든 여권만 있으면 방문할 수 있지만, 리비아와 알제리는 입국비자 때문에 다음을 기약하기가 쉽지 않나. 그래서 리비아와 알제리에 상대적으로 많은 시간을 할애했다.

버스에서 내리니 역시 삐끼 택시운전사가 다가왔다. 속는 셈치고 올라탔더니 예상대로 미터기를 작동시키지 않았다. 미터기를 가리키며 누르라고 쏴붙였더니 그제야 슬며시 작동시켰다. 그런데 기본요금 4.1디나르부터 작동하기 시작한다. 이건 도를 지나친 사기다. 영화배우 안소니 퀸의 용모를 빼다 박은 노회한 택시기사는 우리를 튀니스에 처음 온 사람으로 보았던 모양이다. 벌써 튀니지 일대를 3일째 여행을 하고 있는데, 한참 잘못 짚은 것이다. 말은 안 통해도 언성을 높이니 좀 긴장하는 눈치가 보였다. 5디나르만 내란다. 괘씸해서 2디나르만 내겠다고 하자 그도 덩달아 흥분했다. 운전대를 잡은 손을 마구 흔들며 같이 언성을 높였다.

고집스럽게 2디나르만 주고 내렸다. 미터기를 제대로 작동시켰다면 4디나르쯤 나오지 않았을까 싶었다. 여하튼 그는 손해 봤다. 2디나르를 던지다시피 하곤 뒤통수에 따가운 시선을 느끼며 걸었다. 다행히 쫓아오지는 않았다. 이런 경우 혼자였다면 대응하기 어렵다. 둘이었기에 가능한 일이다.

튀니스 메디나의 주 출입구는 '프랑스의 문'이 위치한 작은 광장이다. 중심가인 하비브 부르기바 거리와 직선으로 연결된다. 출입문을 지나 안으로 조금 들어가면 메디나의 중심이라 할 수 있는 지투나Zitouna 모스크가 나온다. 그레이트 모스크라고도 한다. 튀니스 메디나의 초입에 위치하고 있다. 그러나 잠겨 있어 입장하지는 못했다.

이슬람과 커피의 함수

버스로 두 시간 이상을 달려왔고, 택시에서 내리고도 한참을 걸어온 만큼 카페에 잠시 들러 한 숨 돌리기로 했다. 안내 책자에 소개된 지투나 모스크 근처 무라베트M'rabet 카페를 찾았다. 전형적인 터키식 카페였다. 실내 중간

메디나 무라베트 카페 (© 최순남)

중간에 굵직한 기둥이 자리 잡고 있는데, 붉은 색과 검은 색, 그리고 흰 색의 3색 띠가 기둥을 휘감고 있어 분위기가 독특했다. 의자와 테이블 없이 카펫이나 돗자리가 깔린 허벅지 높이의 콘크리트 바닥에 퍼질러 앉도록 되어있는 인테리어도 인상적이었다. 분위기는 다소 엄숙했다. 사람들은 주로 민트티나 커피를 마시고 있었다. 민트티를 주문하니, 박하 잎을 띄워 나왔다. 박하 잎 없이 차만 내주는 여느 카페들보다 운치가 있었다. 차 맛도 더 좋은 느낌이다. 보는 즐거움이 미각에도 즐거움을 준다.

이곳 사람들에게 민트티는 토속음료에 가깝고 커피는 아랍에서 전래된 음료다. 우리에게도 이미 대표적인 기호품이 된 커피는 본래 무슬림의 음료였다. 최초 산지는 에티오피아의 산악지역이라고 한다. 이것이 15세기

초 홍해를 건너 예멘으로 전파되면서 본격적인 재배작물이 되었다. 이때 커피의 명칭은 '카베'였다. '모카커피'의 모카는 예멘의 커피재배지 지명이다.

16세기 초에는 아라비아 반도 전역에서 커피를 마실 수 있었고, 이후 오스만투르크 시대에 중동과 서남아시아에 걸쳐 애용되면서 본격적인 무슬림의 음료가 됐다. 술을 마시지 않는 무슬림들에게 커피는 사교의 수단이었다. 이 당시 커피는 '카파'로 불렸다.

그러나 커피의 확산은 순탄하지만은 않았다. 명상과 수도에 치중하는 수피 무슬림들에게는 환영을 받았지만, 16세기에 들어서는 많은 커피 자루가 버려지고 불태워졌다. 알제를 포함해 카이로, 이스탄불, 다마스커스 등 대도시의 '카페'가 정치적 모의를 하거나, 성적 타락의 온상이 되었다는 이유였다. 물론 성적 타락보다는 '반란'을 꿈꾸는 장소였던 것이 박해의 주원인이었다. 유럽으로 전래된 이후에도 커피는 냉대를 받았다. 시민혁명을 꿈꾸는 신흥 부르주아지들이 파리 시내 카페에 모여 진한 커피 향과 매캐한 담배연기 속에서 혁명을 모의했기 때문에 귀족들은 커피를 거부하고 저주했다. 지금은 만국인의 기호식품이 됐지만, 당대에는 '반역'의 음료였던 것이다.

아이러니하게도 무슬림의 음료였던 커피의 세계 최대 소비 국가는 미국이다. 미국에서 커피는 반(反) 영국의 상징이었다. 건국 초기 미국인들은 홍차 대신 커피를 마셨다. 전통적으로 홍차를 마셔온 영국인들에 대한 반감, 저항의 의미로 커피를 택한 것이다. 그러나 카리브해 아이티에서 커피 농장 노동자들이 반란을 일으켜 커피 공급이 차질을 빚자, 미국 커피상인들은 브라질로 눈길을 돌렸다. 그리고 커피 원료 값으로 흑인 노예를 내주었다. 이것이 미국 무역업자들이 주도한 노예무역의 시발이었다. 커피가 결코 지울 수 없는 죄악인 흑인 노예무역을 촉발했으니, 커피는 '혁명'의 음료인 동시에 '반인권'의 음료이기도 했다.

삐끼는 여행의 감초

지투나 모스크를 지나 남동쪽으로 향하면 메데르사 세 개가 나란히 붙어있다. 각각 팜 트리Palm Tree, 바키아Bachia, 슬리마니아Slimania 메데르사라고 한다. 메데르사는 이슬람 교육기관, 또는 연구기관을 의미한다. 그러나 하비브 부르기바 전 대통령의 세속화 정책 이후 메데르사의 기능은 많이 약화됐다. 이제 대부분의 메데르사는 다른 용도로 사용되고 있다. 바키아 메데르사는 예술학교로 전환됐고, 슬리마니아 메데르사는 튀니지 의학협회가 점유했다. 그래서 건물 내부는 들어갈 수 없고, 정원과 건물 외관만 구경할 수 있다.

《론리 플래닛》에서 소개한 경로를 따라 걷는데, 흑인 청년 한 명이 다가왔다. 영어를 곧잘 했다. 그는 자신을 '굿맨'이라며 몇 군데 명소들을 소개해 주겠다고 나섰다. 아무래도 미심쩍어 우리끼리 다니겠다며 사양했더니, 걱정 말라며 자신은 튀니스 메디나에서 최고의 굿맨이라고 강조했다. 진드기처럼 달라붙는 데다 영어로 대화할 수 있다는 이점 때문에, 속는 셈 치고 그를 따라갔다.

그는 근처의 한 카펫가게로 우리를 데려가더니 사지 않아도 된다며, 건물 옥상에 가면 지투나 모스크와 미나렛 전망이 좋다고 들어올 것을 권했

카펫가게 옥상에서 본 지투나 모스크 (© 최순님)

다. 그의 말을 믿고 따라 올라갔다. 그의 말대로 옥상에서는 입장하지 못해 아쉬웠던 지투나 모스크와 미나렛이 위용을 드러내고 있었다. 뿐만 아니라 메디나 전체의 스카이라인을 조망할 수 있었다. 지투나 모스크는 카이로완의 그레이트 모스크를 닮았다고 하나 규모는 많이 작아 보였다. 지금은 튀니스가 국가 수도지만, 아랍의 진출 초기에는 카이로완이 중심지였다는 증거로 충분해 보였다.

10여 분 동안 사진 찍고, 주위를 감상하다 내려왔다. 이어서 카펫가게를 구경했다. 다행히 구매 강요는 없었다. '굿맨' 은 시장 안으로 들어가 여러 가지 정보들을 친절하게 알려주었다. 경계심이 풀리면서 점차 그 친구를 믿고 싶었다. 그러나 그 기대가 깨지기까지는 그리 오래 걸리지 않았다. 아니나 다를까, 우리를 한 골목으로 데려가더니 향수가게로 향했다. 그곳이 그의 상점이었다. 방금 전 카펫가게 옥상에서 본 유럽인 부부도 그곳에 있었다. 유럽인 부부는 향수 한 병을 집어 들고 막 지갑에서 돈을 꺼내는 중이었다. 정황을 살펴보니 그 부부를 데려온 것은 흑인 굿맨의 파트너 '백인 굿맨(?)' 이었다.

그러나 우리가 누군가? 우리는 향수는 필요 없다며 미안하다고 말하곤 가게를 나왔다. 흑인 굿맨이 쫓아 나와 호들갑스럽게 향수를 사달라고 졸라댔다. 우리가 단호하게 거절하자, 그는 가이드 팁으로 10디나르를 달라고 요구했다. 황당했다. 목소리가 커지자 지나가는 사람들이 우리를 쳐다보기 시작했다. 이럴 땐 빨리 수습하는 게 상책이다. 얼른 2디나르를 꺼내 흑인 굿맨 손에 쥐어주고는 재빨리 자리를 피했다. 뒤에서 뭐라고 떠드는 소리가 들렸지만 무시하고 그냥 걸었다. 괘씸한 짓거리로 봐선 한 푼도 주고 싶지 않았지만 후환을 없애려면 최소한의 대가를 지불하는 게 낫다고 판단했다. '메디나 삐끼에는 흑백노소가 따로 없다'는 표현이 갑자기 생각났다. 그런데 희한한 것은 우리가 만난 수많은 삐끼들 중에서 여성 삐끼는 한 명도 없었다는 점이다.

자리를 피하며 '이젠 절대 삐끼에게 말려들지 않을 것'이라고 굳은 다짐을 했다. 그러나 메디나 여행을 해보면 그 다짐은 결국 공염불이 되고 만다. 안내 가이드(공식적인 삐끼)를 쓰든 삐끼(비공식 가이드)를 쓰든, 그들 도움 없이 복잡한 거리를 다니는 것은 거의 불가능하다. 시간이 아주 많아서 발길 가는대로 다닌다면 모를까, 그렇지 않다면 그들의 도움을 받을 수밖에 없다. 물론 길을 잃었을 때만 '원 포인트 삐끼'를 활용할 수도 있겠지만, 어쨌든 삐끼는 필요악이다. 그럴 땐 차라리 긍정적으로 생각하는 게 좋다. 공식 가이드와 택시기사를 포함해서 삐끼는 여행에서 '감초' 역할을 한다고 생각하면 편하다.

튀니지 아이들도 '지셍 빠륵'을 안다

다음 코스는 다르 오스만Dar Othman이었다. 17세기 오스만 데이가 지은 행정관청 건물로 지금도 사무실로 쓰이고 있기 때문에 정원과 건물 외관만 구경할 수 있다. 당대를 대표하는 건축양식과 장식으로 아주 유명한데, 특히 검은색과 흰색 띠가 교차하는 회랑과 출입문 아치 장식이 무척 인상적이다.

이어서 다르 벤 압달라Dar Ben Abdallah 박물관으로 향했다. 입장료 3디나르와 카메라 입장료 1디나르를 받는데, 다른 곳과는 달리 카메라 입장료를 퇴장할 때 내라고 했다. 소장품에 자신이 없어서였을까? 이곳은 19세기 이탈

다르 오스만 (© 최순남)

벤 압달라 박물관

리아 출신 부르주아지들의 생활이 담긴 박물관인데, 들러본 유적 중에서 가장 최근 것이어서 그런지 감흥이 적었다. 중앙 정원에서 사진 한 장만 찍고 나왔다. 고민하다가 카메라 입장료는 내지 않았다. 양심에는 좀 걸렸지만 달랑 한 장 찍고 돈을 내기에는 너무 아까웠다.

거기서 나와 최 선생과 헤어졌다. 최 선생은 시장을 한 번 더 돌아보겠다고 했다. 기대보다 유적지들의 볼거리가 적었던 탓이다. 저녁에 호텔에서 만나기로 했다. 혼자 지투나 모스크 쪽으로 향했다. 메디나에 들어서면 뒤로 가는 건지, 앞으로 가는 건지 헷갈릴 때가 너무 많다. 골목도 너무 많아서 계속 목적지를 물어보고 가지 않으면 엉뚱한 곳으로 가기 십상이다.

삐끼 신세를 지지 않으려고 몇 번을 물어물어 찾은 곳은 유세프 데이 Youssef Dey 모스크였다. 1616년 튀니지에 처음으로 세워진 터키식 모스크라고 했다. 알고 보니 방금 전 민트티를 마신 터키식 카페 무라베트 근처였다. 주변에는 터키식 시장이 있다. 튀니스 메디나에는 오스만 투르크 통치 당시의 흔적이 고스란히 남아있었다. 유세프 데이 모스크 바로 맞은 편 건물에는 총을 든 경비병이 서 있었다. 지도를 보니 다르 엘 베이 Dar el Bey 였다. 후문쯤 되는 모양이었다. 예전에는 왕궁의 게스트하우스로 사용됐지만, 지금은 총리 Prime Minister 집무실이다. 총 들고 지키는 것이 당연했다.

정문 쪽으로 향했다. 드넓은 거버먼트(정부) 광장이 나타났다. 둘러보니 광장의 세 면을 여러 부처 장관들의 집무실이 차지하고 있었다. 이 광장이 메디나의 서쪽 경계였는데, 길 하나 사이로 드넓은 카스바 광장이 이어지고 있었다.

기버먼트 광장은 젊은이들의 천국이었다. 아이들과 젊은이들이 삼삼오오 짝을 지어 바쁘게 놀고 있었는데, 그 중 중학생쯤으로 보이는 몇 친구들이 필자에게 관심을 보였다. 어디서 왔느냐고 물어 와 코리아에서 왔다고 하니 월드컵을 바로 떠올렸다. 한국 대표 팀이 한일 월드컵에서 이탈리아를 이겼다는 것과 독일 월드컵에서 프랑스와 비겼다는 것을 알고 있었다.

축구광들인 모양이다. 프랑스와의 경기에서 골을 넣은 선수를 아느냐고 물으니, 바로 대답했다. '지셍 빠륵(박지성)' 이라며 영국의 맨체스터 유나이티드 소속이라는 것도 알고 있었다. 대단하다. 하긴 북아프리카도 축구의 나라들이다. 영국, 스페인, 이탈리아 등 유럽 축구 강국들의 프로리그가 집집마다 생중계되면서 그 영향을 받고 있는 것이다.

30년 만에 본 국기하강식

거버먼트 광장에서 도로를 하나 건너면 카스바 광장이다. 광장 남쪽 끝 지점에 카스바 모스크가 있다. 미나렛 왼쪽에 비스듬히 깃대가 서 있고 줄이 매달려 있는데, 이것이 기도시간을 알리는 장치다. 흰 깃발을 게양하여 예배시간을 알린다고 한다. 잠시 후 카스바 광장에 총을 든 군인이 나타나더니 사람들을 광장 가장자리로 쫓아냈다. 곧 이어 빨간 제복에 흰 망토를 걸친 세 명의 군인이 이어지는 군악대의 음악 반주에 맞춰 걸어 나오더니 광장 중앙 국기게양대로 향했다. 거창한 국기하강식이 시작됐다. 별로 맘에 들지 않는 의식이지만 여행객에게는 재미있는 볼거리였다.

국기하강식을 마지막으로 본 게 언제였는지 되짚어 보았다. 시골 학창시절 이후로 튀니지에 와서 처음 보는 것 같다. 한 30년쯤 됐을까? 그때는 국기하강식을 알리는 시그널 음악이 나오면, 하던 일을 멈추고 애국가에 맞춰 부동자세로 서 있어야 했다. 당시 나는 무슨 생각을 했을까? '나는 애국자야. 국가에 충성해야지' 였는지, 아니면 '어! 벌써 6시나 됐네. 아직 집에 가기 싫은데…' 라고 낙담했는지, 지금은 아리송하다.

카스바 모스크

국기하강식 모습

저런 의식이 언제까지 지속되어야 할까? 국가의 경계를 허물고 인종 간, 민족 간 차별을 없애가고 있는 인류 역사의 보편적 흐름을 생각하면 국기하강식과 같은 국가동원 체제는 그다지 바람직해 보이지 않는다.

국기하강식이 끝난 후 서둘러 발길을 돌렸다. 재무부 건물 옆 골목에 있는 디완Le Diwan이란 건물로 향했다. 디완은 18세기에 지어진 고급 맨션으로 지금은 고급 수공예품 상점 겸 연회장으로 이용되고 있다. 점잖고 섹시한 중년 마담이 반겨줬다. 문을 닫으려던 참인지 불이 꺼져 있었는데, 내가 들어서자 방마다 따라다니며 불을 밝혀줬다. 인테리어가 무척 고급스럽고 아늑했다. 중앙 정원이 2층까지 뻥 뚫려있는데 2층 회랑에서 본 반대편 회랑 장식이 아주 훌륭했다. 인테리어만 카메라에 담는 게 허전해서 마담에

르 디완의 마담

게 모델을 청했더니 기꺼이 응해줬다. 파스텔 톤의 녹청색 창틀과 은은한 주황색 샹들리에 불빛, 그리고 그녀의 벽돌색 스웨터가 잘 조화된 사진 한 컷을 얻을 수 있었다. 늦은 시간이지만 한 군데라도 더 들른 수고가 아깝지 않았다.

이 일대는 메디나에서 가장 고급스럽고 말쑥한 동네로 알려져 있다. 하얀 담과 잘 장식된 대문, 그리고 곳곳에 매달린 꽃 장식이 마치 스페인 코르도바의 유대인 마을 '꽃의 거리'를 보는 느낌이었다. 그저 돌아다니는 것만으로도 흐뭇해졌다. 마지막이 좋으면 하루가 다 만족스러워진다더니 꼭 그런 경우가 됐다. 좋은 느낌을 마음에 쟁여 넣고 기분 좋게 호텔로 퇴각했다. 튀니지에서의 마지막 밤이 찾아오고 있었다.

튀니스의 4대 자랑거리

| 2월 15일

아침 일찍 일어나 체크아웃을 했다. 큰 배낭은 호텔에 맡기고 카르타고와 시디 부 사이드 행 기차를 타러갔다. 역 이름은 TGM 튀니스 머린 역으로 길이서 10분쯤 걸렸다. 시내를 다니는 전철과는 독립된 별도의 기차 노선이다. 이 기차를 타고 30분 정도 가면 카르타고에 도착하고, 10분가량 더 가면 시디 부 사이드가 나온다.

튀니스에는 4대 명소가 있다. 바르도 박물관, 튀니스 메디나, 그리고 카르타고와 시디 부 사이드가 그것들이다. 오늘은 4대 명소 중 나머지 두 곳을 방문한다. 카르타고는 고대 로마 유적지이고, 시디 부 사이드는 '튀니지안 블루' 를 맛볼 수 있는 북아프리카에서 손꼽히는 전망 명소이다.

카르타고에 가려면 방문지를 명확히 정하고 가는 것이 좋다. 목적지가 불분명하면 헤맨다. 역 간 거리가 가깝기는 하지만 '카르타고' 라는 이름이 붙은 역이 여섯 개나 되는데다 각 역마다 유적지가 고르게 퍼져 있기 때문이다. 우리는 카르타고 역 시리즈 중 네 번째인 '카르타고 한니발' 에서 내렸다. 유적지의 중심이라 할 수 있는 비르사Byrsa 언덕에서 가장 가까운 역이다. 요금은 0.65디나르, 약 5백원이었다.

카르타고는 기원전 822년 소아시아에서 망명한 디도 여왕이 페니키아 해상세력과 함께 세운 것으로 전해진다. 페니키아 세력은 트로이 전쟁에서 패한 잔병을 받아들였는데, 과부였던 디도 여왕은 '트로이의 망명 용사' 아이네아스와 사랑에 빠졌다. 그러나 아이네아스는 카르타고에 정주하지 못하고 곧 이탈리아로 떠나버렸다. 이에 실망한 디도 여왕은 장작불 구덩이에 스스로 몸을 던져 죽었다고 한다. 안타까운 사랑이야기지만, 뒤집어 보면 카르타고를 세우고 유지한 세력의 기원을 짐작할 수 있는 이야기이기도 하다.

평일 오전이어서인지 카르타고 한니발 역은 아담하고 조용했다. 카르타고 유적지 일대가 편안한 분위기의 큰 공원 같았다. 기차역에서 약 10분 정도 걸어 올라가면 비르사 언덕에 이른다. 카르타고 유적지 일대를 조망할 수 있는 곳이다. 파란 지중해와 조화된 아름다운 숲과 유적지 일대가 넉넉하고 포근해 보였다. 그래서 비르사 언덕은 카르타고 유적지의 심장으로 불린다.

언덕에 오르면 아크로폴리움L' Acropolium이 가장 먼저 눈에 띈다. 예전 세

비르사 언덕의 아크로폴리움

인트루이스 성당이다. 1884년 프랑스가 지었고, 돔을 아이스크림 모양처럼 특이하게 설계한 고딕양식의 건물이다. 이 성당에는 사연이 있다. 중세 십자군전쟁 당시, 가톨릭 신심이 깊은 프랑스의 한 왕이 8차 십자군 전쟁에 참여하기로 하고 긴 원정을 출발했다. 그러나 사고가 생겨 선단이 좌초하게 되었고, 결국 그는 1270년 카르타고 앞바다에서 시체로 발견된다. 그 후 600년이 지난 시점에 왕의 신심을 기리기 위해 이곳에 성당을 지은 것이다. 전쟁을 하다 죽은 것도 아니고 뛰어난 업적을 세운 것도 아닌데, 죽어서나마 복을 받고 있는 행운의 왕이다.

카르타고에는 카르타고가 없다

비르사 언덕을 내려와 북쪽으로 조금 가면 고대 극장Roman Theatre이 나온다. 매년 로마 국제 페스티발이 열리는 곳이다. 입구에 들어서니 빨간 모자를 쓴 할아버지 한 분이 반갑게 맞아준다. 흰 콧수염이 독특하다. ID카드를 목에 걸고 있는 것을 보니 이곳의 공식 가이드인 것 같았다. 환영의 웃음을 지으며 지팡이를 앞세워 우리를 안내했다. 극장은 많이 부서진 데다 규모도 그리 크지 않아 인상적이지 않았다. 극장보다는 할아버지가 쓰고 있는 빨간 모자에 더 관심이 갔다. 모자를 쓴 모습을 찍어도 되겠냐고 물으니 바로 승낙했다. 모자 이름은 '세쉬'라고 했다. 챙이 없는 모자다. 이슬람 신자들의 모자는 모두 그렇다. 종교적인 이유다. 이슬람 신자는 예배할 때 신체 아홉 곳이 바닥에 닿아야 한다. 그 중 한 곳이 이마 부분이다. 그래서 모자에 챙이 없는 것이다.

고대 극장에서 해안 쪽으로 내려오면 왼편으로 안토니우스 목욕탕Antonine Bath이 나온다. 카르타고 유적지의 핵심 중 하나다. 이 목욕탕은 2세기 중반에 세워진 것으로 로마시대 목욕탕 유적 중에서 세 번째로 규모가 크다고 한다. 그러나 지금은 지상 부분이 거의 파손되고 15미터 높이의 기둥 하나만 달랑 남아있다. 지하 부분은 그나마 살펴볼 수 있을 정도이다.

이 안토니우스 목욕탕은 반달족이 파괴했다. 반달족은 게르만족의 일파로, 지금의 독일 부근에서 계속 남하해 이곳 카르타고까지 내려와 왕국을 건설했다. 이들은 가는 곳마다 심한 파괴와 약탈 행위를 벌여, '반달리즘'이라는 용어를 낳았다. 철저하고 이유없는 파괴를 상징한다. 파괴된 채 나뒹굴던 이 건물의 잔재들은 훗날 아랍세력 진출 이후 모스크 건설에 재

위 안토니우스 목욕탕. 튀니지 국기가 있는 곳이 대통령 궁이다.
왼쪽 아래 고대 극장 안내원과 세쉬를 쓴 필자
오른쪽 아래 야릇한 모양의 테이프커터

활용됐다. 일부는 프랑스 베르사이유 궁전 건설에도 사용되었다고도 한다.

이곳은 말이 카르타고 유적이지, 순수한 카르타고 유적은 거의 찾아보

시디 부 사이드에서 본 대통령 궁 (© 최순남)

기 힘들다. 유적과 유물 대부분이 로마시대의 것들이다. 전통적인 카르타고 유적은 로마가 파괴했고, 로마시대 유적은 반달족이 파괴했다. 특히 카르타고와 세 번에 걸쳐 포에니 전쟁을 벌인 로마는 카르타고가 다시 부흥하지 못하도록 철저히 파괴했다. 확인 사살 식으로 소금까지 뿌렸다고 한다. 그래서 순수한 카르타고의 유적은 전혀 남아있지 않은 것이다. 그런데 왜 '반달리즘' 이란 용어만 생겨났고, '로마이즘' 이란 말은 없을까?

안토니우스 목욕탕 북쪽 지역은 대통령 궁이다. 궁전은 울창한 숲에 가려 보이지 않고, 봉긋 솟은 빨간 튀니지 깃발만 보인다. 주변은 경계가 삼엄했다. 목욕탕 유적에서 남쪽 방향에 있는 출구를 나오면 왼편으로 바다가 보이고, 바로 앞에는 기념품 가게가 몇 개 있다. 그 중 한 곳에 들어갔다. 최 선생이 머그 컵을 하나 사겠다고 했다. 같은 종류인데도 왼쪽 가게에서는 10디나르를 부르고 오른쪽 가게에서는 4디나르를 부른다. 이해가 가지 않았다. 머그컵을 구입해서 포장하는데, 진열대 위의 테이프커터가 눈길을 끌었다. 청바지를 입은 여성 하반신 모습을 변용한 것이다. 야릇한 모양이 특이해 사진을 찍으려 하자 가게 주인이 함께 포즈를 취해줬다.

튀니지안 블루가 아라베스크 문양을 만나다

다시 카르타고 한니발 역으로 돌아와 시디 부 사이드 행 기차를 탔다. 세 정거장만 가면 된다. 철길이 푸른 잡초 밭이 될 정도로 철로관리가 부실하지만, 오히려 운치는 제법이다. 얼마 후 시디 부 사이드 역에 내리자 동네 분위기가 완연 달라졌다. 별세계였다.

튀니지안 블루와 눈부신 화이트의 조화

지중해 해변은 햇빛이 찬란하기로 유명하지만, 여긴 더하다. 지붕과 담이 온통 흰색이라 반사된 햇빛이 더욱 강렬해진다. 눈이 부신 정도가 아니라 따갑다. 굳이 지도를 꺼내지 않아도 사람들이 가는 길을 따라 언덕을 천천히 올라가면 동네에 다다른다. 서두를 필요가 없다. 서두르면 아름다움을 마음에 담을 수가 없다. 다른 사람들처럼, 스스로 솟아오르는 감흥에 맞춰 천천히 나지막한 언덕을 올라갔다.

새하얀 동화 나라 풍경이 슬라이드 필름처럼 연속해서 지나갔다. 걸음을 멈출 수가 없었다. 필름이 중도에 끊기면 몹시 아쉬울 것 같아 조바심이 났다. 카메라가 바빠졌다. 문득 카메라가 기특해진다. 이 멋진 풍경을 눈으로만, 그리고 마음에만 담아가면 서서히 잊혀 질 터인데, 이 감동을 오래 기억시켜줄 동반자다. 무작정 나아가니 아담한 동네가 끝나고 바다가 넓게

محمد
الله

94쪽 파란 창문과 아라베스크 문양의 계단 (© 최순남)
오른쪽 튀니지안 블루

보이는 전망대가 나타났다. 이곳에서는 세 가지가 하얗고, 세 가지가 파랗다. 지붕과 담벼락이 하얗고, 하늘의 구름이 하얗고, 햇빛이 반사된 바다가 눈부시게 하얗다. 반면 바다 색깔이 파랗고, 구름 사이의 하늘이 파랗고, 하늘과 바다의 푸른빛이 흰 담벼락을 넘어와 박힌 듯 창문과 대문 색깔이 온통 파랗다. 이 여섯 가지의 색조가 무한한 조화를 이루며, 말로 표현하기 어려운 장관을 연출하고 있었다.

튀니지안 블루! 황홀한 빛깔이다. 블루가 이렇게 화려한 줄은 미처 몰랐다. 마치 하늘로 날아오를 듯 가뿐하다. 블루가 눈부신 태양을 만나 화려한 색감으로 되살아난 것이다. 조화다! 이 여러 가지 요소 중에서 단 한 가지라도 빠지면 균형이 깨질 것 같다. 강렬한 빛 때문에 자꾸 눈이 가늘어지고 인상을 쓰게 되지만, 그러나 이 순간은 선글라스를 꺼낼 수가 없다. 자연 그대로의 빛깔을 눈에 담고 싶은 것이다.

전망대에선 서로 끌어안고 귓속말을 소곤대는 연인들 빼고는 입을 여는 사람들이 없다. 모두 감동에 취해, 지치도록 푸르면서도 강렬하게 햇빛을 반사하는 지중해를 엄숙하게 응시하고 있다. 카메라 셔터 소리 외에는 적막하다. 비록 적막하지만 마음속의 감동은 폭발 일보 직전이다.

튀니지, 특히 이곳 시디 부 사이드는 하늘과 바다와 창문 색깔이 푸르다 하여 '3창의 나라' 라고 부른다는데, '3백' 을 더해서 '3창과 3백의 나라' 로 불러야 할 듯하다.

오래 지나서야 정신이 돌아왔다. 창문과 대문은 아치와 장식무늬가 전형적인 아라베스크 디자인이다. 그동안 보아온 튀니지 다른 지방의 대문들은 모양새는 비슷해도 색깔은 매우 다양했다. 그런데 이곳은 온통 파란 색뿐이다. 블루 컬러와 아라베스크 문양의 황홀한 데이트였다.

앙드레 지드의 추억, 카페 데 나트

지중해 전망대를 끝으로 발길을 되돌렸다. 해변으로 내려가는 길이 있지만, 더 이상 그럴 필요가 없다. 이미 감동 백배다. 돌아오는 길에야 비로소 동네의 모습이 눈에 들어왔다. 오른쪽으로 멋진 레스토랑이 보인다. 바다가 내려다보이는 테라스로 유명한 곳이다. 대문도 그에 못지않게 예뻐 보였다. 그러나 앙드레 지드가 자주 들렀다는 카페 데 나트Cafe de-Nattes를 가기

카페 데 나트 전경

로 했기 때문에 그 레스토랑은 지나쳤다.

카페 데 나트는 동네 중앙지점에 있었다. 그 앞에는 조그만 광장이 조성되어 있다. 시디 부 사이드 광장으로 가장 붐비는 곳이다. 카페는 2층이고 1층에 조그만 도넛가게가 있다. 테이크아웃만 가능한 미니 가게이다. 도넛의 이름을 묻자 열심히 도넛을 만들던 주인이 고개를 들어 '밤바로니' 라고 알려줬다. 하나에 0.3디나르인데 설탕을 듬뿍 발라 많이 달다. 그렇지만 상당히 맛이 있었다. 출출한 김에 두 개나 사먹었다.

넓은 계단을 올라가 카페 데 나트에 들어섰다. 내부는 바다가 보이는 조그마한 야외 테라스와 실내 공간으로 구분되어 있다. 빨간색과 녹색 띠가 기둥을 휘감고 있는 터키식 카페였다. 마침 출구 옆 테라스에 앉았던 사람들이 자리를 비워줘서 그늘지고 시원한 자리를 차지할 수 있었다. 출입구 옆에 앉으면 지나다니는 관광객의 모습을 재미있게 내려다 볼 수 있다. 민트티를 주문하니 특이하게도 잣 한 종지가 함께 나왔다.

배낭에서 '비장의 카드'를 꺼냈다. 한국에서 공수해간 것 중 마지막으로 남은 팩소주 하나와 육포 한 봉지다. 아랍 사람들이야 종교적인 이유로 술을 즐기지 않지만, 문화가 다른 우리야 위축될 이유가 없다. 이 카페는 비록 술을 팔진 않지만, 가져온 술을 마실 수는 있지 않는가. 날씨가 더운 만큼 맥주 한 잔이 제격이겠으나, 근처에 술을 파는 상점이 아예 보이질 않는다. 소주를 나눠서 한 잔씩 마시고 육포를 씹으며 쉬노라니, 세상에 부러울 것이 없었다. 아주 적은 양의 술이지만 시디 부 사이드의 감동과 앙드레 지드에 대한 추억을 더욱 진하게 해주는 촉매제가 됐다.

카페 데 나트에서 기차역 방향으로 조금 걸어 내려오면 오른쪽으로 다르 엘 안나비Dar el-Annabi가 있다. 19세기에 지어진 공개 가정집이다. 파란대문 안에 숨어있는 집안 내부를 속속들이 구경할 수 있다. 넓은 공간은 아니지만, 아기자기하게 잘 꾸며져 있다. 뒤뜰 정원에는 자스민과 헤나 나무가 있다는데, 어느 나무가 어느 나무인지 분간은 할 수 없었다. 헤나 나무는 이곳 여성들이 즐기는 헤나 문신의 원료로 사용된다. 다니다 보면 손이나 팔뚝에 짙은 갈색 문신을 한 여성들이 더러 눈에 띈다. 그것이 헤나 문신이다. 헤나 문신은 일주일 정도 지나면 자연적으로 없어진다고 한다.

이 집의 옥상도 놓쳐서는 안 될 곳이다. 하얀 세상을 가장 잘 즐길 수 있는 곳이기 때문이다. 하얀 세상 중간 중간을 수놓고 있는 파란 장식들이 너무도 아름답다. 누구든 한 번 올라가면 내려가기 싫어질 것이다. 스페인 안달루시아 지방의 하얀 집들도 인상적이었는데, 여기도 마찬가지다. 하얀 빛깔은 지중해의 상징이다. 지중해변에서는 이슬람 사람도 유대인도 모두 하얀 집에 산다. 그런데 여기서는 대문과 창틀에 파란색을 입혀 독특한 개성을 추가했다. '튀니지안 블루' 다. 옥상에 올라앉아 있자니 하얗고 파란 판타지 세상에 앉아 있는 것 같다. 문득 리비아로 가야할 시간이 다가오고 있음을 느낀다. 계단을 내려오는 발걸음이 무거웠다. 감동과 미련이 여전히 남아있는 탓이다.

리비아

아프리칸 로마의 매혹적인 유혹

(2007. 2. 15~19)

(튀니지 튀니스) → 트리폴리 → 렙티스마그나 → 사브라타 → 트리폴리 → 벵가지 → 프톨레마이스 → 벵가지 → 트리폴리 → (알제리 알제)

긴장감 속의 입국수속

| 2월 15일

튀니스에서 오후 4시 30분에 출발한 비행기가 리비아 트리폴리 공항에 도착한 시각은 저녁 6시 40분, 2시간 10분이 걸렸다. 그러나 시차 1시간을 빼면 실제 비행시간은 1시간 10분에 불과할 정도로 두 도시는 가깝다. 늦은 시각은 아니지만 이미 트리폴리에 어둠이 내렸다. 늘 그렇듯이 낯선 세상에 처음 도착하면 마음이 설레고 긴장감도 만만치 않다. 특히 리비아처럼 이색적이고 생소한 나라는 더하다.

몇 해 전까지만 해도 미국과 적대 관계여서 민간 항공기조차 마음대로 띄울 수 없던 나라. 20대 나이에 혁명을 성공시켜 37년째 집권하고 있는 가다피 대통령으로 대표되는 나라. 테러 배후지원 혐의로 국제사회에서 왕따를 당했으며 이라크 전쟁 이후 미국의 공격 대상 1, 2순위를 다투던 나라. (80년대 미국은 리비아 대통령궁을 폭격해 가다피 대통령을 살해하려 했으며, 그 폭격으로 양녀 등 가족 일부가 희생되기도 했다) 이슬람과 사회주의가 결합된 이슬람사회주의의 나라. 그리고 세계 8위 산유국으로 많은 석유자원을 보유한 나라 등이 우리가 아는 리비아의 모습이다.

물론 우리에게는 국내 민간 기업이 사하라 사막의 지하수를 지중해변 대도시로 끌어들이는 대수로 공사를 맡고 있어 친숙함도 없지는 않다. 그러나 여행 준비과정에서 비자 발급절차가 까다로워 거리감이 느껴졌다. 그런 나라를 배낭 하나 달랑 메고 들어가는 것이다.

입국 절차가 쉽지 않을 거라고 지레 짐작했다. 입국수속 현장, 기다리는 승객은 많지 않지만 적막감이 흐른다. 둘러보니 동양인은 우리 단 둘이다. 수속 창구는 겨우 대여섯 부스. 우선 입국 수속 직원의 인상을 살폈다. 까다로워 보이지 않는 늙수그레한 직원 앞으로 가서 줄을 섰다. 그런데 이게 웬일? 필자 바로 앞 사람 차례부터 창구 직원이 바뀌는 것이 아닌가. 거무튀튀한 콧수염을 기른 날카로운 인상의 젊은 사내다. 긴장감이 더 고조된 가운데 차례가 되어 앞으로 다가섰다. 그 콧수염의 사내가 여권과 필자 얼굴을 번갈아 살피더니, 빙그레 웃으며 말을 건다.

"코리안?"

"예스."

"웰컴."

끝났다! 이번 여행의 입국 수속 중에서 가장 쉬웠다. 허탈할 정도로 간단했다. 한국 사람에 대한 믿음인가? 아니면 자신들의 치안 시스템에 대한

아침에 본 트리폴리 해변

자신감인가? 이유는 모르지만, 물 흐르듯 순조로웠다. 필자의 경험만으로 입출국 수속이 까다로운 나라를 순서대로 꼽으면 1위 튀니지, 2위 알제리, 3위 모로코, 4위 리비아다. 의외였다. 내심 긴장했는데, 별다른 에피소드 없이 리비아 땅을 밟았다.

공항 청사에는 여행사가 많이 입점해 있었다. 인터넷으로 확인한 바로는 리비아는 관광 목적의 경우 여행사에서 도착 비자를 알선해준다는 정보가 있었는데, 맞을 수도 있겠다는 생각이 들었다. 몇 가지 서류를 인터넷으로 여행사에 보내고 비용을 온라인으로 송금하면 비자 관련 서류를 보내주는데, 그것을 입국 수속할 때 제출하면 된다는 것이었다. 한국 사람도 해당되는지는 확인해 보지 않았는데, 여행을 하고 싶다면 확인해 보시기 바란다. 믿을만한 리비아 여행사는 인터넷으로 찾을 수도 있고, 《론리 플래닛》 정보지에도 여러 회사가 소개되어 있다.

지중해 바다를 '소리'로 보다

여기도 삐끼 천국은 마찬가지였다. 택시기사가 가장 먼저 달라붙었다. 트리폴리는 호텔 예약을 하지 않았기 때문에 시내로 들어가 직접 찾아야 했다. 고심하다가 여행정보지를 활용해 시내 중심가에서 멀지 않은 바닷가 부근 3성급 호텔을 선택했다. 택시기사와는 미화 10달러로 합의했다. 공항에서 호텔까지 20킬로미터가 넘는 만큼 그리 비싼 요금은 아니라고 판단했다.

호텔은 바닷가 근처에 있었다. 아직 개발 중인 한적한 신시가지여서 교통은 다소 불편했다. 그러나 다른 호텔을 알아볼 여유는 없었다. 일단 하루는 그 호텔에서 묵으면서 이동 여부를 생각하기로 했다. 어디를 둘러봐야 할지 여행 대상지와 일정을 확정하지 않은 상황이라 많은 것이 유동적이었다. 호텔에 들어가서 먼저 시설을 둘러보고 숙박요금을 알아보니 트윈 룸이 70디나르였다. 리비아 환율은 튀니지와 거의 비슷해 우리 돈으로 5만원이 조금 넘는 금액이었다. 침실과 거실이 나뉘어 있고 간단한 주방시설도 갖춰져 있어 편리해 보였다. 대신 할인은 없었다.

리비아에서는 호텔을 푼드크Funduq라고 한다. 어떤 택시기사는 '호텔'을 알아듣지 못했다. 해서 '무슨 무슨 푼드크'라고 했더니, 그래도 못 알아들었다. 발음의 문제였다. 영문 표기대로 읽으면 '푼드크'지만, 실제 발음은 '흔드흐~'에 가깝다. 아랍어 발음이 새는 발음과 굴리는 발음이 많다는 것을 이번 여행에서 새삼 느꼈다. 영어나 다른 유럽 언어보다 더 발음하기 힘들다. 유명한 유적지인 '렙티스마그나'나 '사브라타'를 말해도 우리의 발음을 한 번에 알아듣는 사람들은 드물었다. 발음을 달리해서 몇 번을 반복한 끝에야 겨우 소통이 되었다.

방으로 들어와 창문을 열어젖히니 시원하고 부드러운 지중해 바닷바람이 불어왔다. 2월 중순이지만, 전혀 춥지 않다. 북아프리카 지중해변 일대는 대부분 아열대 기후에 가깝다. 물론 밖은 어두컴컴해 바다는 보이질 않는다. 멀리 해안선의 불빛만 가물가물했다. 그러나 파도소리는 오케스트라 연주를 현장에서 듣는 듯 음향이 생생하다. 물 밖으로 튀어나오는 금속성 고음과 바다 속에서 울려나오는 듯한 저음이 절묘한 조화를 이루고 있다. 잠시 창가에 기대서서 파도소리를 듣자니 소리가 보이기 시작한다. 흰 파도의 주기적인 진격이 선연하게 떠오른다. 소리가 상상을 만든다. 보이지 않기 때문에 더욱 깊숙하게 들리는 것이다.

몇 해 전, 몽골에 갔을 때의 일이다. 울란바토르 시내에서 몽골 민속공연을 관람했다. 거기서 '후두음'이라는 연주를 본 적이 있다. 한 남자가수가 현악기나 관악기 연주처럼 성대를 떨면서 소리를 내는데, 고음과 저음이 함께 나왔다. 한 사람이 고음과 저음을 동시에 발성하는 것이었다. 놀랍고 신기했다. 그 가수는 우리로 치면 인간문화재였다. 트리폴리 해변의 파도가 그 가수의 후두음 노래처럼 고음과 저음을 함께 연주하고 있는 것이다. 그렇다면 트리폴리의 파도소리는 자연문화재인가?

리비아는 금요일이 공휴일

| 2월 16일

하필 금요일이었다. 아침에 여행사를 찾아갔는데 문이 굳게 닫혀있었다. 벵가지 행 항공편 예약 건과, 트리폴리 주변의 로마 유적지 관람일정을 여행사와 협의하려 했는데, 낭패였다. 돌아와 호텔에 물어보니 금요일은 공휴일이라 쉬고, 토요일에 문을 연다고 했다.

이슬람의 휴일은 금요일이다. 유대인들은 토요일을 공휴일로 정했다. 일요일은 가톨릭 교단이 정한 휴일이다. 가톨릭 국가가 세계의 주류로 자리잡으면서 일요일이 공휴일로 보편화되었다. 우리나라는 조선 말기 갑오개혁 때 정해졌다. 이전에는 농경사회라 공휴일이 별도로 필요하지 않았다. 그러다가 국가 공무원들의 휴일이 문제가 되어 공휴일이 정해진 것이다.

이번 여행에서는 휴일 때문에 두 번 곤란을 겪고 한 번 덕을 봤다. 리비아와 알제리에서 금요일을 한 번씩, 그리고 모로코에서 일요일 한 번을 맞이했다. 리비아와 모로코에선 여행사가 문을 닫아 곤란을 겪었고 알제리에선 덕을 봤는데, 시내투어를 나간 날이 마침 휴일이라 알제 시내의 지옥 같은 교통정체를 피할 수 있었다.

우선 여행 일정부터 짰다. 리비아에 배정한 일정은 도착한 당일(목요일)을 빼고 금요일부터 월요일까지 꽉 찬 4일이다. 화요일 오전에 알제리로 떠난다. 하루하루가 황금 같은 시간인데, 이미 몇 군데 여행사를 찾느라 아침시간을 허비해 아까웠다. 결국 항공 예약 등의 문제로 당일 금요일과 토요일은 트리폴리 시내와 근교를 둘러 볼 수밖에 없게 됐다. 토요일에 여행사

트리폴리 시내

와 협의를 하더라도 바로 다른 도시로 움직이기는 쉽지 않기 때문이다. 고민 끝에 결론을 내렸다. 첫째, 금요일은 수단과 방법을 가리지 않고 근교 로마 유적지 렙티스마그나와 사브라타를 다녀온다. 둘째, 토요일은 일찌감치 여행사로 직행해서 일요일, 월요일 일정을 결정한다. 셋째, 내일 여행사 방문 이후 시간에는 트리폴리 시내의 메디나, 국립박물관, 카스바 성을 차례로 방문한다.

까막눈 택시기사 칼리파

우선 현지 화폐 환전이 급했다. 그러나 공식적인 환전 창구는 문을 닫은 상

엄청나게 큰 리비아 지폐

황이다. 호텔 프론트에 문의하니 지배인이 한 귀퉁이로 데려가 비공식 환전을 제의했다. 비공식 환전은 보통 환전하려는 사람이 유리한 법인데, 이 친구 제안은 오히려 그 반대였다. 어쩔 수 없이 공식 환율보다 1~2퍼센트 정도 손해보고 환전했다. 나중에 알게 됐지만, 리비아에서도 관광지 근처에 가면 '환전 삐끼'들이 있다. 차라리 그들과 거래했다면 더 유리했을 수도 있다. 그러나 직접 거래해본 것이 아니라 정확한 실정은 모른다. 지배인은 흡족한 표정으로 '택시 기사들과 협상하면 렙티스마그나와 사브라타를 하루 만에 다녀올 수 있다'고 귀띔했다.

3성급 호텔이지만 호텔 앞에는 택시가 항상 진을 치고 있었다. 새벽부터 밤늦게까지 택시가 늘 대기하고 있는 것이다. 항상 같은 택시가 눈에 띄는 것으로 보아 자기들끼리 영역 조정이 되어 있는 듯했다.

우리는 영어가 되는 기사를 물색했지만, 예상대로 한 명도 없었다. 결국 순해 보이는 기사들을 대상으로 흥정을 시작했다. 온갖 커뮤니케이션 수단을 다 동원해서 협상을 하는 동안 자연스럽게 후보자가 떠올랐다. 중요한 것은 우리가 요구하는 코스를 이해했느냐와 가격 문제였다. 대충 전달은 된 것 같은데, 그래도 분명하게 해 놓아야겠기에 기사를 데리고 호텔로 들어갔다. 지배인을 불러 통역을 부탁했다. 우선 우리가 원하는 코스를 설명했다.

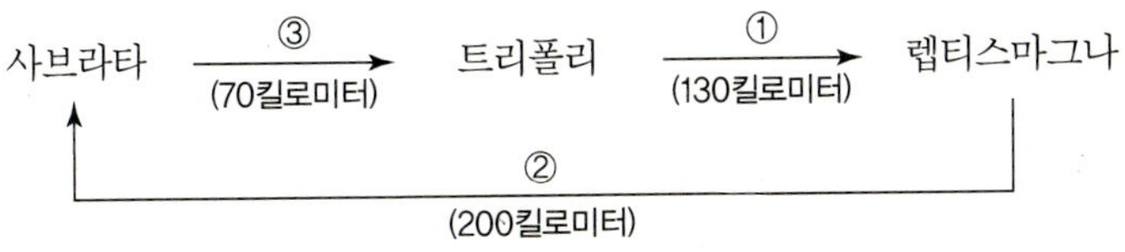

우선, 트리폴리에서 출발해 렙티스마그나Leptis Magna까지 이동한다. 약 130킬로미터 정도의 코스다. 거기에서 2시간을 머문 후, 사브라타Sabratha까지 이동한다. 약 200킬로미터 정도 거리다. 사브라타에 가려면 트리폴리를 거쳐야 한다. 트리폴리와 사브라타 간 거리는 70킬로미터 정도지만 렙티스마그나에서 가면 200킬로미터를 움직이는 것이다. 사브라타에서도 2시간을 대기한다. 그리고 다시 트리폴리로 돌아오는 것이 우리가 제시한 코스였다.

총 이동시간은 4~5시간, 관람시간은 약 4시간으로 총 8~9시간 정도 소요되는 일정이었다. 그때가 10시를 조금 넘긴 시각이었으므로 빠르면 6시, 늦으면 7시쯤 도착하는 셈이다. 택시기사는 150디나르를 불렀다. 11만 원 남짓 된다. 그냥 받아들일 수는 없는 법, 눈 질끈 감고 100디나르를 질렀다. 옥신각신하다가 결국 100디나르로 결정되었다.

출발하기 위해 택시로 향했다. 기사가 택시를 보여주는데, 순간 한숨이 절로 나왔다. 한 20년은 된 듯 찌그러지고 낡은 고물차였다. 한심하다는 표정을 짓자 그는 차를 가리키며 엄지손가락을 치켜 올렸다. 걱정 말라는 뜻이다. 그나마 차종이 대우의 '누비라'여서 반가운 마음이 들기는 했다. 주위를 둘러보니 리비아 택시 대부분이 누비라였다.

택시 기사 이름은 칼리파였다. 그 외의 신상은 말이 통하지 않아 알기 힘들었다. 그런데 어처구니없는 것은 이 친구가 영어만 모르는 것이 아니라 아예 까막눈이었다. 로마 유적지에 도착해서 주차장에 대기시켰는데, 혹시 엇갈릴지 몰라 휴대전화 번호를 적어달라고 했다. 그랬더니 주차장 관리요원을 불러서 종이와 펜을 주고 써달라는 게 아닌가? 그러나 까막눈과 별개로 그의 운전 솜씨는 카레이서 못지않았다. 그 친구의 대단한 활약으로 우리는 예정보다 한 시간 가량 빨리 저녁 5시 30분쯤 트리폴리로 돌아올 수 있었다. 완전히 리비아 판 총알택시였다. 그러나 불안하거나 불편하지는 않았다. 절묘한 운전솜씨를 가진 노련한 드라이버였던 것이다.

우선 급한 대로 로마 유적부터

이번 여행 도중 여러 사람들과 통성명을 했는데, 같은 이름이 많았다. 운전기사의 이름 칼리파도 흔한 이름 중 하나다. 특히 알리, 무함마드, 압둘라 등의 이름이 많다. 이는 예언자 무함마드나, 성서의 성인들에게서 따온 이름들이다. 이름을 통해서도 유럽인과 유대인과 아랍인이 종교적으로 한 뿌리임을 발견할 수 있다. 아랍 이름인 '야흐야'의 어원은 요한이다. 이 이름이 영어로는 '존'이고, 프랑스어로는 '쟌'이다. 아랍 이름 '다우드'는 '다윗'에서 나왔는데, '데이비드'나 '다비드'도 모두 유래가 같은 이름이다. 모세-무사, 솔로몬-술라이만, 요셉-유수프 등도 마찬가지다. 종교적으로 같은 문화에서 파생된 이름들이 유럽과 아랍에 걸쳐 각 언어권마다 조금씩 다르게 존재하고 있는 것이다.

아랍 사람들의 이름은 보통 세 단어로 구성된다. 예를 들면, 예언자 무함마드의 정식 이름은 무함마드 압둘라 압둘무딸립이다. 무함마드는 자신의 이름, 압둘라는 아버지의 이름, 압둘무딸립은 할아버지의 이름이다. 경우에 따라서는 세 번째 이름이 가족의 성이나 직업, 또는 출신 지역일 수도 있다. 그러나 대개는 아버지와 할아버지의 이름을 붙이는 것이 관례다.

트리폴리 동쪽 해안에 있는 렙티스마그나로 향했다. 지중해변을 따라 길이 나 있다. 빨리 달리기 때문에 창문을 열어놓을 수는 없지만, 창을 닫아도 지중해의 싱그러운 바람을 느끼기에는 충분했다. 밝은 태양, 파란 바다, 무한대로 펼쳐진 평원, 그리고 총알같이 질주하는 택시, 모든 것이 훌륭했다. 한 가지 아쉬운 것은 그 풍경을 여유 있게 즐기지 못하고, 방문지인 렙티스마그나에 대해 공부를 해야 한다는 점이었다. 영어 책을 읽어야 하니 시간도, 집중력도 몇 곱절이 필요해 고달프기만 했다.

리비아는 다른 마그레브 국가들과는 달리 이탈리아 식민지를 경험했다. 튀니지와 알제리, 모로코는 프랑스 식민지(알제리)나 보호령을 겪었다. 그러나 그 외의 역사적 경험은 비슷하다. 리비아도 페니키아, 그리스, 카르타고, 로마, 반달, 비잔틴, 아랍, 오스만투르크 순으로 지배세력이 변해왔고, 이탈리아 식민지를 거쳐 현재에 이르렀다. 가장 큰 영향을 남긴 지배세력 셋을 꼽으면 아랍, 로마, 오스만투르크다. 렙티스마그나와 사브라타는 그 중 로마와 관련된 유적지이다.

트리폴리는 지중해에서 가장 아름답고 매력적인 항구도시 중 하나로 손꼽힌다. 아랍어로는 타라블루스Tarablus라고 한다. 터키와 이탈리아의 영향을 받아 '지중해의 하얀 신부' 라는 별칭도 있다. 로마 지배 당시 트리폴리의 정식 명칭은 트리폴리타니아Tripolitania였다. '세 개의 도시' 라는 뜻인데, 렙티스마그나와 사브라타가 중심 도시였고, 지금의 트리폴리는 '오에아Oea' 로 불렸다. 당시 오에아는 위성도시에 가까웠다. 그러나 반달족에 의

올드포럼에서 바라본 렙티스마그나 유적지 전경 (ⓒ 최순남)

해 두 도시는 집중 타격을 받았고, 아랍이 진출한 뒤에 오에아만 트리폴리로 다시 개발되었다.

청출어람, 렙티스마그나

깜짝 놀랐다. 정말 충격이었다. 두 눈으로 직접 확인하기 전에는 북아프리카 지역에 이렇게 거대한 로마 유적지가 있다는 것을 믿을 수 없었다. 로마의 숨결이 그대로 살아있는 듯했다. 이탈리아 로마를 방문했을 때 역사 속의 로마가 현실로 다가와 엄청난 충격을 느꼈었다. 거대한 기둥과 지붕들, 화려한 조각과 장식품들. 비록 절반 이상이 훼손되고 땅 속에 묻혀있지만, 로마의 위용을 느끼기에 모자람이 없었다. 그런데 이번엔 그 이상이다. 지중해 건너 아프리카 땅에 로마의 역사가 더 크고 웅장하게 남아있다는 것이 도저히 믿기질 않았다.

유적지 트래킹을 시작하자마자 정신이 아득해졌다. 입구에 들어서자 거대한 아치 유적이 나타났다. 마치 만화영화에서 로봇 태권브이가 지하요새에서 등장하듯 거대한 유적이 서서히 모습을 드러냈다. 입을 다물 수가 없었다. 다리가 얼어붙었다, 한참을 서서 감동을 가라앉힌 후에야 정신이 돌아왔다. 그것은 셉티무스 세베루스 황제의 아치였다. 로마 역사상 유일한 북아프리카(정확히는 리비아) 출신 황제인 셉티무스 세베루스의 고향 방문을 기념해 건립한 개선문이다. 유럽인들은 이곳을 유럽의 한 부분이라고 생각할지 모른다. 그러나 유럽과 아프리카를 구분한 것은 근래의 일이고, 당시는 그런 개념이 없었다. 그냥 지중해 건너편에 있는 같은 문화권의 살

셉티무스 세베루스 아치

기 좋은 땅이었을 뿐이다.

렙티스마그나의 기원은 페니키아 시대로 거슬러 올라간다. 북아프리카 주요 항구도시들이 대부분 그러하듯 이곳도 지중해 해상무역 거점을 찾아 다니던 페니키아 사람들이 기원전 10세기경 개척했다. 이후 포에니 전쟁에서 이긴 로마에 속하게 되었고, 아우구스투스 황제 때 도시로 발전했다. 렙티스마그나의 발전에 결정적인 기여를 한 로마의 황제는 두 사람으로 하드리아누스와 셉티무스 세베루스이다. 하드리아누스 황제는 이곳에 자기 이름의 목욕탕을 남겼고, 셉티무스 세베루스 황제는 아치를 남겼다. 그때가 렙티스마그나를 포함한 트리폴리타니아의 전성기였다.

셉티무스 세베루스 아치에서 네 갈래로 길이 갈린다. 관람은 어느 길로 시작하든 상관없다. 어차피 관람은 이곳에 도착하는 것으로 끝난다. 우리는 오른쪽 길로 가기로 했다. 붉은색 돌담을 따라 걸어갔다. 돌담이라기보다 바위 담이라고 해야 할 만큼 돌이 컸다. 유적 초기에 사용된 사암Sand-stone 계통이다. 건축에서 석회암Limestone이나 대리석Marble이 사용된 것은 한참 후대의 일이라고 한다. 한참 가다보면 돌담이 왼쪽 직각으로 꺾인다. 거기서 해안까지 폭 20미터의 대로Great Colonnaded Street가 직선으로 뻗어 있다. 이곳의 주산물인 올리브 열매를 나르던 항만도로였다. 지역 특산물 중 하나인 올리브 열매는 이곳 항구에서 로마로 해상 운송됐다.

대로를 따라 걸어가면 오른쪽으로 하드리아누스 황제의 목욕탕Hadrian

하드리안 목욕탕 (© 최순남)

Bath이 있다. 반쯤은 허물어졌지만 남아있는 기둥과 벽이 얼마나 큰 건물이었는지 짐작하게 한다. 로마 이외의 지역에 만들어진 목욕탕 중 가장 큰 규모라고 한다. 로마시대의 목욕탕이 큰 까닭은 목욕탕이 운동과 사교의 장으로 이용되었기 때문이다. 한때 로마 시내에는 1천 개에 가까운 목욕탕이 있었다고 한다.

목욕탕 한 쪽에 있는 화장실이 특이해 보였다. 스무 개 가까운 대리석 변기가 일렬로 죽 늘어서 있는데, 변기 사이에 칸막이가 없었다. 볼 일을 보면서 옆 사람과 문화교류(?)를 즐겼다는 증거다. 변기 밑으로는 물이 흐르면서 배설물을 쓸어간다. 그 물은 세척용으로도 쓰인다. 긴 막대기에 수세미를 꽂아 물에 적셔서 뒷마무리를 했다고 전해진다.

위대한 글로벌 제국 로마

하드리안 목욕탕 옆에는 님프신전이 있고, 대로를 따라 더 가면 왼쪽에 이곳 유적의 핵심인 세베란 포럼과 바실리카가 나타난다. 지붕과 기둥이 대부분 쓰러져 있어 폭격당한 도시처럼 어지럽다. 세베란 포럼은 길이 100미터 너비 60미터의 대형 구조물로 축구장과 비슷한 크기다. 높은 벽돌담 안으로 들어서면 메두사 머리를 한 얼굴 조각들이 죽 늘어서 있는데, 일부만이 온전하게 남아 있다. 세베란 포럼을 지키는 수호신인 듯했다.

바실리카는 세베란 포럼과 바로 이어져 있다. 세베란 포럼에 버금가는 규모다. 길이 92미터, 너비 40미터나 되는데, 양쪽의 높은 벽과 거대한 기둥으로 그 크기를 짐작할 수 있다. 이 건물은 셉티무스 세베루스 황제가 짓

(왼쪽 위부터 시계 방향으로) 님프 신전, 세베란 포럼, 극장, 바실리카 (© 최순남)

기 시작해 그 아들인 카리칼라 황제 때 완성되었다. 처음엔 재판정과 집무실로 사용되었으나, 비잔틴 유스티니아누스 황제 때부터 성당으로 전환됐다. 거대한 건물 잔해들이 곳곳에 나뒹굴고 있었다. 이 건물 잔해 하나하나가 모두 값진 문화재라는 생각이 들어 밟고 다니기가 미안했다.

여기서 바닷가 쪽으로 나가면 올드 포럼이다. 초기에 정착한 사람들이 거주하던 가장 오래된 구역이다. 바닷가와 직접 맞닿아 있다. 규모는 작지만 가장 오래된 유적인 셈이다. 많이 훼손되었지만 경치는 그만이었다. 세월에 바랜 라임스톤 빛깔이 지중해의 파란 바다 색깔과 잘 어울렸다. 건축물이 무너져내린 곳은 잡초와 관목이 우거져 있었다. 그 사이로 군데군데 샛길이 나 있는데, 일부러 돌담을 넘어 관목 수풀 사이로 다녔다. 유적지 입구는 관광객들로 붐볐지만, 드넓은 유적지에 들어서면 사람 흔적 찾기가 힘들 정도로 한적했다. 그만큼 장대한 것이다.

입구 쪽으로 되돌아 나오면 몇 개의 구경거리를 더 만날 수 있다. 광장 겸 시장과 신전, 그리고 극장이다. 이 구역은 지대가 다소 높아 바다가 내려다보인다. 시장은 별도의 넓은 공간에 자리 잡고 있었다. 많은 사람들이 모여 살았다는 증거다. 시장 안쪽에는 극장이 자리하고 있다. 이곳에서 가장 보존상태가 좋은 건물이다. 아프리카 지역에서 가장 오래된 극장이면서 두 번째로 큰 극장으로 알려져 있다. 가장 큰 것은 이어서 방문할 사브라타에 있다. 관객석에 올라가면 무대 뒤로 멀리 바다가 보였다. 관객들이 공연뿐만 아니라 지중해를 굽어볼 수 있도록 친절하게 배려한 구조였다. 그 외에도 원형극장, 학교, 신전 등을 더 볼 수 있다. 물론 어떤 것은 멀리 떨어져 있고, 어떤 것은 건물터만 남아있지만, 이곳 전체가 완결된 생활터전이자 소우주였다는 사실을 실감할 수 있었다.

셉티무스 세베루스 아치 쪽으로 천천히 걸어오면서 로마를 다시 생각해봤다. 이탈리아 로마에 버금가는 이곳의 유적을 보면서 세계제국 로마에 대해 감탄하지 않을 수가 없었다. 서구문명의 시작이자, 스탠더드 모델이 된 로마는 분명히 세계국가였다. 또 개방된 글로벌 사회였다. 로마의 위대함이 2천 년 세월이 흐른 지금도 생생하게 느껴졌다. 분명 렙티스마그나는 마그레브의 로마였다.

'수순 착오', 사브라타에 먼저 올 것을…

온 길을 되돌아 사브라타로 향했다. 마음속에는 렙티스마그나의 여운이 그대로 남았다. 리비아는 렙티스마그나 유적 하나만으로도 관광대국의 자격이 충분하다는 생각이 들었다. 이번 여행을 계획하면서 렙티스마그나를 필수 방문코스로 꼽긴 했지만, 이 정도로 훌륭할 줄은 몰랐다. 홍보가 잘 되고 관광 인프라가 갖춰진다면, 로마를 보고자하는 사람들이 반드시 들러야 할 곳 1순위로 손색이 없다.

택시는 빠른 속도로 달려갔다. 트리폴리 시내를 거쳐야 사브라타로 갈 수 있다. 약 200킬로미터의 거리지만, 채 두 시간이 걸리지 않았다. 잘 포장된 고속도로가 아니라 4차선 국도임을 감안하면 굉장히 빠른 이동이었다. 주위는 온통 평원으로 산을 찾아보기 어려웠다. 북아프리카의 지중해안 일대는 사막과 정글로 연상되는 아프리카와 달리 푸르른 축복의 땅이다.

사브라타 역시 페니키아인들이 정주하여 카르타고 왕국을 거쳐 로마의 식민도시로 번성한 고대 유적지이다. 렙티스마그나와 유사한 과정을 겪었

사브라타 유적지 전경 (© 최순남)

다. 카르타고 시대의 4대 도시를 꼽으면, 튀니지의 카르타고와 더불어 트리폴리타니아의 세 도시(렙티스마그나, 사브라타, 오에아)가 손꼽힌다. 사브라타도 훌륭한 유적지이지만, 렙티스마그나보다는 다소 떨어진다. 아무래도 감동이 덜하다. 역시 '수순 착오'였다. 사브라타를 본 후 렙티스마그나에 갔으면 느낌이 달랐을 것이다. 둘 중 한 곳을 선택해야 한다면 역시 렙티스마그나가 우선이다.

출입구에서 바닷가 방향으로 가다보면 마졸레움 베스Majoleum Bes가 보인다. 장례식장 겸 묘지다. 그 주변은 주거공간으로 알려진다. 마졸레움 베스는 민간신앙과 관련된 제례문화를 볼 수 있는 곳이다. 베스는 이집트의 여러 신중 하나로서 악령이나 사나운 동물로부터 사람을 보호해주는 수호신 역할을 한다. 당연히 가톨릭 전래 이전의 일이다. 비잔틴 점령기에 가톨릭이 전래되면서 우상숭배로 치부되어 철거됐다. 높이 20미터의 탑이 해체되어 다른 건물의 건축 자재로 사용됐다고 한다. 지금은 그 원형을 복원해 놓았다. 복원된 탑에는 사자와 헤라클레스가 수호신 역할을 하고 있다. 기물이 작아 가물가물하지만, 자세히 살펴보면 탑 중앙부에서 헤라클레스의 얼굴과 뒷발을 구부리고 앉아있는 사자를 발견할 수 있다.

복원도 예술이다

마졸레움 베스에서 바닷가까지가 사브라타에서 가장 오밀조밀한 공간이다. 여러 포럼과 신전, 바실리카, 거주지, 목욕탕 등이 남아있지만, 보존 상태는 그리 좋지 못하다. 대부분 기둥과 건물터만 남아있다. 설명 자료의 안

해변에서 만난 아이들과 젊은 부인

내도를 보면서 담장과 기둥의 주춧돌 위치를 살펴야 그 유적의 용도와 이름을 구분할 수 있을 정도였다. 그렇지만 유적 하나하나가 거대하고 아름다워 보기 좋다. 그 중 안토니우스 신전Antonine Temple은 높이 솟아 있어 유적 전체를 내려다 볼 수 있는 전망 포인트가 됐다.

유적지 끝에는 완만한 제방이 있고 그 제방을 넘으면 작은 해수욕장이 나온다. 마침 동네 아이들 몇 명이 물놀이를 하고 있었다. 여자 아이 셋에 남자 아이 셋이다. 가까이 다가가도 노는데 여념이 없어 우리를 신경 쓰지 않았다. 카메라를 들이대자 여자 아이들은 뒤로 도망가고 남자 아이들만 남는다. 아무래도 여자 아이들이 소극적이다. 리비아에서도 여자는 뒤로 보호받는 존재로 여겨지는 것이다. 아이들의 태도에서도 여실히 드러난다.

마침 주변 건물터에서 전통 복장에 히잡을 쓴 여성들을 만났다. 분위기가 좋아 보이고 주변에 남자들이 없어 사진 모델을 부탁했다. 서로 눈치를 보더니 중년 아줌마들은 슬슬 뒤로 빠지면서 아이를 안고 있는 젊은 부인의 등을 떠민다. 모두를 찍고 싶었지만 허락 없이는 어렵다. 다행히 젊은 부인이 다소 수줍은 표정으로 아이와 함께 포즈를 취해줬다. 리비아에서 히잡 쓴 여성을 단독으로 찍기는 처음이었다.

유적지에서 여러 개의 사람 또는 신 조각상이 보였는데, 대부분 머리가 없었다. 그 이유에 대해서는 두 가지 설이 있다. 하나는 무게 균형설이다. 조각상을 만드는 과정에서 가장 중요한 것은 무게의 균형을 맞추는 일이다. 조각상을 보면 대개 머리는 무거운데 반해 목이 가늘다. 가는 목이 머리의 무게를 견디지 못하는 것이다. 그것이 고대 유적지 조각상의 머리가 대부분 실종된 이유다. 그러나 다른 주장이 더 현실적이다. 서구 선진국들이 고대 유적지를 발굴하면서 일부러 머리 부분만 떼어갔다는 주장이다.

유물 전체를 가져가려다 보니까 힘들고 비용도 많이 발생해 조각상의 핵심인 두상만 떼어 갔다는 것이다. 그 두상들이 오늘날 선진국 박물관에 많이 전시되어 있는 것을 보면 어느 정도 타당한 주장으로 보인다.

S라인이 멋들어진 머리 없는 여신상

여하튼 이곳 조각상들 중에 머리가 온전하게 남아있는 것은 하나도 없었다. 특히 바닷가 목욕탕에 있는 여신 조각상은 'S라인'이 정말 훌륭했는데 머리가 없기는 마찬가지였다. 여신의 얼굴을 볼 수 없는 것이 못내 안타까웠다.

사브라타 유적지의 꽃은 단연 극장이다. 극장은 무대 위편으로 3층 규모의 연주장이 있다. 높이가 20미터나 된다. 이 무대 뒤로 지중해가 펼쳐져 있고, 황토색과 분홍색이 섞인 독특한 빛깔의 코린토식 기둥 108개가 3층 연주장의 발코니를 받치고 있다. 무대 아랫부분에는 철학자와 헤라클레스, 춤추는 무희 등을 묘사한 부조가 새겨져 있다. 반원형의 관람석은 5천 명을 동시 수용할 수 있는 규모라는데, 복원된 지금은 1천5백 명이 정원이다. 무대 사이로 언뜻언뜻 보이는 지중해의 파란 빛깔이 특히 아름다웠다. 눈길을 떼지 못하게 하는 묘한 매력이 있었다.

이 극장은 20세기 초에 복원되었다. 이탈리아 고고학자들의 공이다. 벽

복원된 사브라타 극장 (ⓒ 최순남)

체나 기둥이 매끈해서 복원된 것이라는 느낌은 들지만, 품위와 멋은 전혀 훼손되지 않았다. 복원도 이 정도면 예술이다. 덕분에 북아프리카에서 가장 큰 극장을 원형에 가깝게 감상할 수 있는 것이다.

돌아오는 길은 너무나 행복했다. 렙티스마그나와 사브라타에서 느낀 감동이 꿀맛처럼 되살아났다. 로마에서 본 로마 유적과는 느낌이 색다르다. 이곳이 북아프리카이기 때문에 그렇다. 사실 이슬람 국가인 북아프리카 마그레브 지역에서 가톨릭 문화인 로마의 유적은 그다지 존중받지 못하고 있다. 복원이나 관광지 개발이 늦어지고 있는 이유다. 그러나 관광객의 대부분을 차지하는 서구인들에게는 너무나도 값진 유산이다. 여기에 딜레마가 있다. 북아프리카 국가들이 종교적, 민족적 폐쇄성에서 벗어나 인류 전체의 소중한 문화유산을 잘 보존하고 가꾸기를 기대해 본다.

아랍어 모르면 운전 불가

리비아는 관광국가가 아니다. 관광객을 유치하는 노력은커녕 정치적 문제로 국경선 출입조차 자유롭지 못했다. 그러나 이제는 출입이 자유로운 나라가 됐다. 리비아 정부도 관광객 유치 경쟁에 뛰어들 태세다. 그 첫 번째 조치가 영어 공용 간판의 허용이다.

하지만 아직도 도로표지판은 온통 아랍어로만 되어있다. 따라서 아랍어를 모르는 외국인은 자동차 운전이 거의 불가능하다. 면허증보다도 언어 문제가 큰 걸림돌이다. 방문기간 동안 리비아에서 영어 간판을 본 것은 세 손가락을 넘지 않는다. 두갈 호텔(Dogal Hotel)과 터키식 레스토랑 정도였다. 그런 마당에 리비아에서 외국인 관광객이 렌터카를 빌려 여행을 한다는 건 꿈도 꿀 수 없다.

아랍어로만 된 표지판만이 문제는 아니다. 운전 관습도 리비아에서 운전을 힘들게 만드는 요소다. 마그레브 국가의 공통된 사항이기도 한데, 도로에 횡단보도가 거의 없다. 사람들은 아무데서나 길을 건넌다. 차가 오히려 보행자를 피해서 지나가 준다. 도로교통법이 있기나 한지, 교통사고가 나면 어떻게 되는지 모르겠다. 참 희한한 동네다. 고속도로조차도 무단횡단의 천국이다. 운전하면서 바짝 긴장해야하는 이유다. 북아프리카 지역 전체가 다 비슷하다.

벵가지 행 비행기는 늘 만원

| 2월 17일

토요일이다. 공휴일 다음 날이라 우리로 치면 월요일인 셈이다. 여행사 문 여는 시간은 9시인데, 조금 일찍 찾아갔다. 일부는 열고 일부는 닫혀있었다. 당연히 부지런한 사람들이 돈을 벌기 마련, 일찍 문 연 여행사를 찾아 들어갔다. 벵가지 항공권 예매가 최우선이다. 우리 계획은 당장 벵가지로 출발해 일요일 저녁 트리폴리로 복귀하는 것이었다. 그리고 월요일에는 트리폴리 메디나와 박물관 등 시내를 구경하고, 화요일 아침에 알제리로 출발하면 된다.

그런데 출발부터 삐걱거렸다. 희망하는 시간에 좌석이 없었다. 벵가지 행 비행기는 하루에 대여섯 편이 있는데, 당일 저녁, 그리고 일요일 오후 좌석만 남았다는 것이다. 돌아오는 항공편도 중요한 고려사항이었다. 항공은 언제나 결항 가능성이 있기 때문에 대체 방안을 생각해야 한다.

가능한 일정을 이리저리 조합한 결과, 밤 10시 비행기로 출발해 이틀 밤을 잔 후, 월요일 첫 비행기로 돌아오는 것이 가장 나아 보였다. 일찍 돌아오려는 것은 비행기가 결항하더라도 버스나 택시 등 대체 교통수단을 이용할 여유시간이 필요하기 때문이다. 다행히 비행기 요금은 저렴했다. 왕복요금은 75디나르로 5만원이 조금 넘는 수준이다.

항공권 구매를 위해 여권을 가지러 호텔로 돌아갔다. 리비아에서는 숙박을 할 때 호텔에서 여권을 맡겨야 한다. 그 이유는, 나중에 알고 보니 숙박비 안내고 도망갈까 염려 때문이다. 관광 선진국에서는 볼 수 없는 공급자 편의적 발상이다.

체크아웃을 하고 큰 배낭을 저녁까지 맡기려 했더니 곤란하다고 했다. 이틀이나 묵어 얼굴을 알면서도 원칙에서 한 발짝도 물러나지 않는다. 융통성 없는 원칙주의가 몸에 밴 것이다. 결국 25디나르를 내고 싱글 룸을 얻어야 했다. 괘씸하지만 도리가 없었다.

최 선생은 고민 끝에 다른 선택을 했다. 스케줄이 좋지 않은 벵가지보다는 베르베르인의 도시 가다메스Ghadames가 더 끌리는 모양이었다. 대신 가다메스는 항공편이 없다. 결국 택시나 버스로 가야 하는데, 편도 여섯 시간 이상의 장거리 여행이다. 최 선생은 일요일 아침 일찍 출발해 카바우Kabaw 등을 거쳐 가다메스를 둘러보고, 월요일 저녁에 돌아오겠다고 했다. 우리의 전속 기사격인 칼리파와 협상을 시작했다. 호텔 지배인의 도움을 받아 300디나르로 합의했다. 20만원이 좀 넘는 돈이다.

비로소 여행 일정이 확정되었다. 나는 밤에 벵가지로 출발하고, 최 선생은 다음날 새벽 가다메스를 가기로 했다. 다행히 짐 보관을 위해 얻은 싱글 룸은 최 선생이 이용하게 됐다.

비즈니스는 때와 장소를 가리지 않는다

예약과 스케줄 조정 문제로 토요일 오전이 거의 지나갔다. 서둘러 메디나와 트리폴리 성, 그리고 국립박물관을 둘러봐야 했다. 시내로 나가자마자, 우선 벵가지에서 돌아와 묵을 호텔 물색에 나섰다. 그린 스퀘어(녹색 광장)에서 멀지 않은 알 케비르 호텔Al Kebir Hotel을 선택했다. '그랜드 호텔'이란 뜻이다. 별 다섯 개짜리 최고급 호텔이다. 예약을 하려하자, 위 아래로 훑어보더니 방이 없다고 했다. 배낭여행객은 사절한다는 뜻이다. 이곳은 주로 고급 관료와 비즈니스맨들이 머무는 곳이다. 사람을 가려 장사를 하겠다는 데야 도리가 없었다. 결국 묵었던 호텔을 그대로 이용하기로 했다. 씁쓸한 마음으로 그린스퀘어 방향으로 걸어가는데, 전통적인 아랍복장을 한 중년 남자가 말을 걸어왔다.

"어디서 왔어요?"

"한국에서 왔습니다."

그러자 그는 리비아에 뭐 하러 왔느냐, 직업은 뭐냐, 혹시 국제 비즈니스에 관심 있느냐며 꼬치꼬치 물었다.

"그냥 광광 목적으로 놀러 왔는데, 국제적 비즈니스엔 항상 관심이 있습니다."

리비아 사업가 알리

"근처에 내 사무실 있는데, 차 한 잔 하실래요?"

"그거 좋죠."

그를 따라 사무실로 갔다. 그의 이름은 알리였고, 회사 이름은 알 니세르였다. 회장 직함의 명함을 건네받았다. 그보다 나이가 많아 보이는 남자 비서가 민트티를 내왔다.

알리는 리비아뿐만 아니라 튀니지, 알제리 등 북아프리카 일대에서 자동차 임대 및 지입, 노선버스 사업을 한다고 했다. 사무실 안에는 유명 인사들과 함께 찍은 사진들이 붙어있었다. 이집트 무바라크 대통령, 주 리비아 이집트 대사 등의 모습이 보였다. 자신의 인적 네트워크를 과시하기 위한 소품들이다.

10여 분 정도 이야기를 나누고 사무실을 나섰다. 그는 모든 종류의 사업과 아이템을 다룰 수 있으니 리비아에서 비즈니스를 하려면 자신에게 꼭 연락해 달라고 당부했다. 명함에는 전화번호와 팩스번호만 있고, 이메일 주소는 없었다. 리비아를 포함한 북아프리카 일대 인터넷 사정은 아주 안 좋다. 화면 넘어가길 기다리다가 굶어 죽을 정도로 느리다. 메일 하나 확인하는데 거짓말 안 보태고 몇 분씩 걸린다. 인터넷 접속환경 만큼은 우리나라가 최고다.

리비아에서 녹색의 의미

트리폴리의 상징은 단연 그린스퀘어, 즉 녹색광장이다. 녹색은 리비아에서 추앙받는 색깔이다. 혁명의 이미지이며, 리비아의 미래를 상징하는 컬러

트리폴리의 상징 그린스퀘어, 오른쪽부터 차례로 국립박물관, 트리폴리성, 메디나 입구 (© 최순남)

37
تحية للقائد الأمين
في العيد السابع والثلاثين

다. 사하라 사막의 지하수를 지중해 연안으로 끌어들여 사막을 옥토로 바꾸자는 인공 대수로 공사GMR, Great Man-made River의 로고색이며, 혁명정신과 권력체계를 집대성해 놓은 이론서 《그린북》의 상징 색깔인 것이다.

대수로 공사는 한국의 건설업체가 20년 이상 공사를 해온 대규모 공사다. 리비아는 사하라 사막 남부 지역에서 대규모 지하수맥을 발견했다. 지하 500미터 깊이에 나일강 수량 200년분에 해당하는 막대한 지하수가 흐르고 있었던 것이다. GMR 프로젝트는 총 연장 5,524킬로미터에 달하는 송수관을 매설하는 인류 역사상 최대의 토목공사 중 하나로 손꼽힌다. 이 사업은 단순히 리비아만이 아니라 가난한 아프리카 국가들을 함께 먹여 살리겠다는 원대한 포부가 담긴 '사막의 녹색혁명'으로 지칭된다. 벵가지 남쪽의 1차 사업과 트리폴리 남쪽의 2차 사업은 이미 완료됐고, 지금은 3, 4, 5차 사업을 진행하고 있다. 이는 아랍연맹의 창설을 꿈꿨던 이집트 나세르 대통령의 꿈을 이어받아 이슬람의 맹주가 되려는 가다피 대통령의 야심찬 사업이기도 하다.

가다피 대통령은 아랍의 유목민족인 베두인족 출신으로 14살 때부터 반외세 시위에 참가한 열정적인 인물이다. 그는 반외세 자주 국가를 모토로 혁명을 일으켜 국왕을 몰아내고 권력을 장악했다. 1969년, 그의 나이 27세 때의 일이다. 당시 새로 임명한 각료들 나이의 평균이 25세였다고 하니 세계에서 가장 젊은 정부가 들어선 셈이다. 이후 그는 문화혁명을 추진, 외국 서적을 모조리 불태우는 등 리비아 판 분서갱유를 통해 반외세 의식을 고취시키고, 사회주의와 아랍민족주의 및 이슬람 사상을 혼합한 독특한 정치철학을 만들었다. 그리고 그것을 세 권짜리 책으로 집대성했다. 《그린북》이다.

가다피의 혁명구상

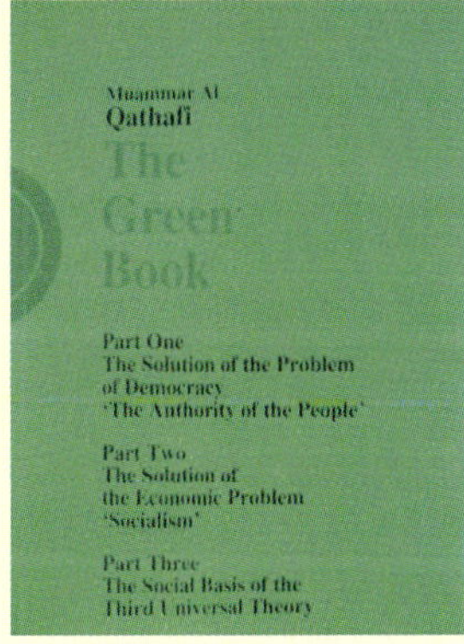

《그린북》(왼쪽)과 가다피 집권 37주년 플래카드(오른쪽)

《그린북》에는 가다피 대통령의 혁명구상이 담겨있다. 골자는 아랍식 사회주의라고 할 수 있다. 서구식 의회 및 정당제도를 거부하고, 진정한 민주주의의 실현을 위해 국민에 의한 새로운 권력기구를 제안했다. 전 국민은 지역 국민회의로 조직되고 각 국민회의는 각각의 서기를 선출한다. 서기들은 여러 단계의 국민회의를 구성하는데, 이를 통해 동심원 형태의 커뮤니케이션 구조가 마련된다. 서구식 간접민주주의의 대안으로 제시된 일종의 직접민주주의체제이다. 또 그는 사회가 성문화된 법보다는 종교와 관습에 의해 유지되어야 한다고 주장했다. 경제체제로는 공산주의 방식을 채택해 이윤과 화폐를 폐지하는 것을 궁극적인 이상으로 정했다.

그의 원대한 녹색의 꿈은 아직 현재진행형이다. 사막을 옥토로 바꾸는 대역사는 착착 진행되고 있다. 《그린북》 이론은 현실성이 의심되기는 하지만, 많은 리비아 국민이 지지하고 있다. 자기들만의 방식으로 근대화하겠다는 자주의식은 가다피 정신의 핵심이다. 그러나 2003년 미국의 이라크 침공을 계기로 리비아가 미국에 굴복하면서 방향전환이 시작되었다. 아직은 리비아 방식이 비서구식 발전 모델로 자리 잡을 수 있을지는 예단하기 어렵다.

순진무구한 메디나의 아이들

그린스퀘어 서쪽 편에 메디나 주출입문이 있다. 그 옆에는 트리폴리 성과 국립박물관이 잇따라 붙어있다. 트리폴리 성의 정식 명칭은 앗사이 알 함라Assai Al Hamra 성이다. 바로 그 옆에 메디나 입구가 있다. 주요 명소가 한 군데 몰려 있어서 구경하기는 편했다. 트리폴리 성벽 앞에는 그린스퀘어 방향으로 무대와 연단이 놓여 있는데, 2차 대전 당시 리비아를 점령하고 있던 이탈리아의 무솔리니가 대중연설을 한 장소로 유명하다.

트리폴리 메디나는 주로 오스만투르크 시대의 영향을 많이 받았다. 대부분의 건물이 흰색이다. 트리폴리의 별칭 '지중해의 하얀 신부' 가 여기에서 유래했다고 한다. 메디나에서 처음 눈에 띄는 것은 오스만 시계탑이다.

그린스퀘어에서 바라본 메디나 입구

19세기에 만들어진 이 시계탑은 메디나의 자존심이다.

메디나 입구는 투르크 시장Souq Al Turk으로 불리는 상가 밀집지역이다. 금속, 목재, 장신구 등 가내 수공업 제품 상점과 작은 공방들이 줄지어 있다. 여행객에게 시장은 많은 볼거리를 제공해준다. 값진 기념품들도 많고 간혹 신기한 장면도 생긴다. 시장 귀퉁이에서 한 노인이 요상한 악기를 연주하고 있었는데, 그 소리가 하도 커서 지나가는 사람들의 발길을 붙잡았다. 낙타 가죽으로 만든 통을 대롱으로 연결해 입으로 불어 소리를 내는 관악기의 일종이었다. 크기에 비해 소리가 굉장히 크고 고음이었는데, 악기 이름은 알 수 없었다.

투르크 시장을 지나 메디나 중심부로 향했다. 골목에 작은 탁자와 의자를 길게 늘어놓고 음식을 파는 야외 식당이 있었다. 마침 출출해서 음식을 먹으면서 골목 풍경과 행인을 구경하기로 했다. 이 집의 주 메뉴는 해물 요리였다. 문어 스파게티와 오징어순대 비슷한 것을 주문했다. 이름은 기억이 나지 않지만, 맛은 기가 막혔다. 간판이 변변치 않아 식당 이름을 알 수는 없었지만, 여하간 '강추'다! 메디나 중앙부 주 통로 샤리아 자마Sharia Jama에 있는데, 지붕 밑에 자그마한 카펫 기념품들이 주렁주렁 매달

오스만 시계탑

위 메디나에서 만난 아이들
아래 왼쪽 악기를 연주하는 노인
아래 맛있는 해물요리

려 있는 곳이다. 메디나에서 골목에 앉아 음식을 먹을 수 있는 곳은 그 곳밖에 없었으니 쉽게 찾을 수 있을 것이다.

메디나는 시장이자 관광지이며, 주거지다. 지금도 수천 명의 사람이 이곳에 살고 있다. 미로 같은 좁은 골목들은 아이들의 놀이터다. 메디나 내부로 깊이 들어갈수록 주거지역 분위기가 물씬 풍기고, 뛰노는 아이들이 늘어났다. 아이들은 낯선 이방인을 별로 의식하지 않았다. 눈이 마주쳐도 어색해하거나 두려워하지 않는다. 오히려 친근하게 다가와 카메라를 가리키며 찍어 달라고 했다. 사진을 찍자마자 액정에 바로 모습이 나타나는 게 신기한 듯 깔깔거리며 웃었다. 말은 통하지 않지만 정이 느껴졌다. 순진무구한 어린이들의 표정과 웃음은 세계 어느 곳엘 가나 한결같다.

처음 맛 본 물담배 '시샤'

메디나 북쪽에는 마르쿠스 아우렐리우스 아치가 있다. 그는《명상록》으로 우리에게 잘 알려진 인물이다. 이 유적은 AD 163년경 지어진 건물로 옛 도시 오에아의 위상을 보여준다. 개선문 형식의 아치는 렙티스마그나에만 다섯 개가 있었고, 사브라타에는 하나도 없었다. 오에아가 당시 렙티스마그나에는 미치지 못했지만, 사브라타 못지 않은 도시였음을 느낄 수 있었다. 개선문은 많이 훼손되고 규모도 그리 크지는 않지만 1800년 이상 꿋꿋하게 버텨온 유적이라는 점에서 가치가 크다.

마르쿠스 아우렐리우스 아치 안쪽으로 아담한 규모의 모스크가 보인다. 구르기Gurgi 모스크다. 1833년 지어져서 그리 오래된 것은 아니지만 이곳 사람들의 많은 사랑을 받는 모스크라고 한다. 정문을 열고 들어가면 작은 정원과 예배당이 있다. 마침 문이 반 쯤 열려 있어 예배 중인 무슬림 신자들을 볼 수 있었다. 예배를 마치고 나오는 젊은 사람에게 내부 사진을 찍어도 괜찮으냐고 물으니 고개를 끄덕였다. 불과 대여섯 컷 찍었을까. 갑자기 한 노인이 나타나서는 사진을 찍지 말라고 제지했다. 재빨리 카메라를 내렸다. 다행히 몇 장은 건졌다. 이슬람 사회도 역시 젊은 사람들은 개방적이고, 노년층은 보수적인 느낌이 들었다.

메디나의 주요 골목을 둘러보고, 애초 출발했던 곳으로 돌아왔다. 박물관과 트리폴리 성이 문을 다시 여는 오후 3시까지 약 20분이 남았다. 카페를 찾아 나섰다. 햇빛도 좋고, 기온도 적당한 만큼 야외 찻집이 적격이다. 트리폴리 성벽이 끝나는 지점에 작은 광장이 있는데, 그 앞에 그럴싸한 야외 카페가 보였다. 오스만 시계탑 근처다. 1, 2층을 모두 쓰는 제법 큼직한 카페였다. 사람도 많았다. 야외에 마침 두 자리가 보여 잽싸게 자리를 차지했다. 이젠 이력이 제법 붙어서 자연스럽게 차를 주문할 수 있다. '민트티 투, 프리즈.'

옆 테이블에 앉은 젊은 친구가 물담배를 피우며 전화를 받고 있었다. 자글자글 물 끓는 소리와 뭉실뭉실 피어나는 담배 연기가 호기심을 자극했다. 한 번 피워보고 싶었지만 맛이 어떨지 몰라 일단 옆 친구의 도움을 받기로 했다. 물담배를 가리키며 웃었더니 다가오라고 손짓하며 담배 빨대를 내줬다. 호기롭게 받아 한 모금 피워보니 연기 양에 비해 맛은 독하지 않았다. 게다가 박하향이 그윽했다. 아예 옆자리에 앉아 계속 피워댔더니 그 친구도 재미있었는지 휴대전화를 꺼내 내 모습을 찍었다.

물담배는 시샤shisha로 불린다. 숯으로 담뱃잎을 태워 연기를 물에 투과

마르쿠스 아우렐리우스 아치

구르기 모스크 내부

물담배 시연

시킨 후 긴 빨대로 빨아들이는 운치 만점의 담배다. 주로 중동 지역 사람들이 많이 즐긴다. 물로 필터링하기 때문에 순하고, 좋아하는 향료를 섞기 때문에 맛이 좋다. 이 친구는 박하 향을 좋아하는 모양이다. 몇 모금 들이킨 후 휴지를 꺼내 빨대를 닦아서 건네주자 '씩' 웃으며 손바닥을 펴 보인다. 빨대가 여러 개 있었다. 그것만 갈아 끼우면 되는 것이다. 하나를 주문해서 여러 명이 돌아가며 피우는 '공동체 담배'이기도 한 것이다. 맛도 좋고 즐기는 모양새도 그럴싸해 맘에 들었다.

리비아의 전화방

리비아에서 또 하나 재미있던 것은 전화방이다. 젊은 사람들은 제법 휴대전화를 갖고 다니지만, 서민들은 휴대전화는커녕 집 전화도 많이 보급되지 않은 모양이었다. 거리 곳곳에 전화방이 많았다. 한국으로 전화를 걸기 위해 전화방에 들어갔더니 전화 부스 몇 개가 나란히 붙어있고, 정면에는 접수창구가 있었다. 접수창구에는 메모지와 펜이 놓여있다. 메모지에 전화번호를 적어내고 대기의자에 앉아 있으면 된다. 창구 직원은 접수 순서대로 전화를 건 후 연결되는 대로 신청한 사람을 부른다. 그러면 그가 지정해주는 전화 부스에 들어가 통화하면 된다.

전화방

한 5분쯤 기다리자 "코리안" 하고 불렀다. 그리곤 "넘버 에잇"이라고 전화 부스를 지정해줬다. 첫 전화는 불통이었다. 아마도 집에서 외국어를 쓰는 사람이 뭐라 하니까 끊은 모양이었다. 한 번 더 걸어달라고 부탁하고 아예 전화 부스 앞에서 기다리다 잽싸게 수화기를 들었더니 연결이 됐다. 전화기는 다이얼이나 버튼이 없는 일종의 먹통 전화기였다. 통화가 끝나면 창구로 가서 교환기에 찍힌 시간에 따라 요금을 지불하면 된다. 요금은 그리 비싸지 않았다. 1분에 우리 돈으로 몇 백원 정도였다.

문 닫은 트리폴리 성

트리폴리 성 입구를 찾을 수가 없었다. 두 번이나 빙빙 돌았는데, 모든 출입구가 굳게 잠겨 있었다. 분명 개방 시간은 지났는데, 영문을 알 수 없었다. 광장 쪽에 작은 쪽문이 하나 있어 무작정 그리로 들어갔다. 담벼락을 따라가니 정원이 나오고 그 옆에 사무실이 있었다. 공사를 하던 인부들이 빤히 쳐다봤다. 사무실로 들어갔더니 정복을 입은 젊은 사람들 몇몇이 한가롭게 앉아서 노닥거리고 있었다. 한 친구가 일어나 뭐라고 말을 했다. 무슨 뜻인지는 대강 짐작할 수 있었다. 보수 중이니 다음에 오라는 얘기였을 것이다.

트리폴리 성은 견고하기로 유명하고, 스페인과 오스만투르크의 영향을 받아 내부 모습이 독특하다고 한다. 본래 이름인 앗사이 알 함라 외에도 성벽과 내부 담이 붉은 빛이라 붉은 성Red Castle이라고도 불린다. 사연이 어찌됐든 입장할 수 없어서 몹시 아까웠다.

트리폴리 성은 리비아 근세 역사의 축소판이다. 오스만투르크 시대에

수리 중인 트리폴리 성의 정문

지어져 유럽 열강들의 침입을 막는 거점으로 사용됐지만, 리비아가 이탈리아의 식민지가 되면서 총독부 건물이 됐다. 영욕이 함께 담긴 건물이다. 우리나라에서 일본의 총독부로 사용된 중앙청은 욕된 역사의 청산 차원에서 철거됐지만, 리비아는 그럴 생각이 없는 듯했다. 오히려 관광자원으로 활용하고 있다.

독립 영웅 오마르 무크타르

국립박물관 차례가 됐다. 박물관의 정식 명칭은 자마히리야Jamahiriya 박물관이다. 유네스코에서 막대한 재원을 지원받아 건립한 현대식 박물관이다. 리비아의 역사가 이 박물관 안에 모두 담겨 있다. 선사시대부터 페니키아, 로마와 아랍, 오스만투르크 시대를 거쳐 식민지 시대, 그리고 최근의 녹색혁명에 이르기까지 연대순으로 전시되어 있다. 한 가지 아쉬운 것은 설명이 아랍어로만 된 점이다. 각 전시실 입구에 있는 메인보드에만 영어 설명이 조금씩 붙어 있다. 아랍어 유일 정책이 수정됐으니, 곧 개선될 거라 기대해본다.

박물관의 가치는 역사를 연대순으로 보여준다는 점도 있지만, 그보다는 지중해 문명의 복합적 성격을 한눈에 볼 수 있다는 점이 더 의미가 크다. 물론 루브르 박물관이나, 대영 박물관에서는 전 세계의 유물과 유적을 볼 수 있지만, 그것의 대부분은 다른 문명의 문화재를 사거나 약탈해온 것들이다. 그러나 이곳의 유물은 모두 이 땅에서 발굴된 것들이다. 그럼에도 이곳에는 유럽과 아시아와 아프리카가 공존한다. 페니키아, 카르타고, 그

자마히리야 박물관 소장 예술품들 (© 최순남)

리스, 로마, 베르베르, 아랍, 터키 등 지중해 문명의 다양성과 복합성을 한눈에 볼 수 있는 훌륭한 전시공간이다.

박물관에서 특히 필자의 눈길을 끈 것은 반 이탈리아 투쟁의 영웅 오마르 알 무크타르Omar al-Mukhtar의 전시관이었다. 그는 영화 〈사막의 라이온〉의 주인공으로 전설적인 독립 운동가이다. 이탈리아가 리비아를 점령하자, 1911년부터 20년간 저항운동 지도자로 신출귀몰한 게릴라전을 전개했다. 결국 1931년 이탈리아 점령군에 체포되어 처형당했는데, 그는 리비아 반식민지 해방투쟁의 영웅이 되었다. 그는 "승리가 아니면 죽음이다. 우리에겐 결단코 굴복이란 없다."고 유언했는데, 이 말은 가다피 대통령의 좌우명이 되었다. 이것이 국립박물관에 그를 기리는 독립 전시관이 설치된 배경이다. 가다피 대통령은 존경하는 인물로 두 명을 꼽았는데, 오마르 무크타르와 이집트의 나세르 전 대통령이다. 오마르 무크타르에게서 리비아 민족주의를, 그리고 나세르 전 대통령으로부터 아랍 민족주의를 이어받았다고 한다.

조그마한 전시관에는 무크타르의 초상화와 체포 당시의 사진, 당시 사용하던 소품과 무기 몇 점이 전시되어 있다. 더욱 눈길을 끈 것은 전시관 맞은편에 매달려 있는 처형 당시 사용된 통나무였다. 서까래 마냥 가로로 매달려 있다. 밧줄을 걸었던 고리와 통나무를 감았던 천 조각이 그대로 남아있어 처형 당시의 비정함을 느낄 수 있다. 식민지 지배를 받은 나라에는 이렇게 어김없이 영웅적인 독립투사가 있다. 그들은 후대의 존경을 받고 있다. 무크타르의 초상화를 보자 우리나라의 독립투사들 얼굴이 떠올랐다. 우리는 그들을 어떻게 대접하고 있는가?

오마르 무크타르의 초상과 유품, 처형대

북아프리카엔 동상이 없다

이번 여행에선 동상을 거의 볼 수 없었다. 유럽에서는 어디서나 흔히 볼 수 있는 동상이 북아프리카에서는 보이질 않는 것이다. 종교와 지리적 환경이 그 이유다.

이슬람 창시자 무하마드는 '하느님 대신에 사람의 그림이나 동상을 만들지 말라'고 훈시했다. 초상이나 동상이 자칫 형상에 대한 경배, 즉 우상숭배를 초래할 수 있다고 경계했던 것이다. 초상이나 동상 제작 금지는 예언자 무하마드에게만 해당되는 게 아니다. 아담과 모세, 아브라함, 예수까지도 그림이나 동상 제작을 금지하고 있다. 영화에서도 예언자 무하마드는 아예 배역 자체가 없다고 한다.

동상이나 조각상 문화는 본래 그리스, 로마시대로부터 전래된 것이다. 다신교의 유산이다. 다양한 신을 경배하기 위해서 각각의 조각상을 만든 것이다. 이러한 종교적 전통은 로마시대에 가톨릭이라는 유일신 체제 하에서도 사라지지 않았다. 그리스, 로마의 다양한 신들이 가톨릭 성인들로 대체된 셈이다.

이슬람 세계에 동상 문화가 없는 또 하나의 이유는 그들이 본래 유목민이기 때문이다. 풀이 무성한 초원을 찾아 계속 옮겨 다녔기 때문에 머물던 자리에 동상이나 기념비를 세우는 게 별 의미가 없었던 것이다. 그래서 이슬람 세계뿐만 아니라 유목이나 산악 민족들은 기념물 문화와 거리가 멀다.

리비아에서는 동상을 발견하지 못했다. 독립 영웅 오마르 무크타르도, 리비아 최고 통치자 가다피 대통령도 동상이 없었다. 그러나 알제리에서는 동상을 볼 수 있었다. 알제리가 100년 이상 프랑스 식민지로 있었기 때문에 프랑스의 문화가 알제리에 이식된 것이다. 물론 알제리에도 유럽처럼 동상이 흔하지는 않다. 더러 눈에 띄는 정도다. 리비아에도 동상이 몇 개는 있다고는 하는데, 본 적은 없다.

'사하라의 진주' 로 불리는 가다메스

국립박물관에서 호텔로 돌아와 저녁식사를 하고 혼자 공항으로 출발했다. 벵가지 행 리비아 국영항공 비행기 예약시간이 밤 10시였다. 밤에 이동하면 낮 시간을 효율적으로 활용할 수 있어 좋다. 대신 몸은 좀 고달프다. 이번 여행에서 최 선생과 처음 헤어져 잠을 자게 됐다. 나는 벵가지에서 이틀

가다메스 풍경 (© 최순남)

밤을 자고 돌아오고, 최 선생은 다음 날부터 1박 2일로 가다메스 일대를 여행한다.

최 선생이 선택한 가다메스는 리비아에서 꼭 들러야 할 여행지 중 하나다. 트리폴리에서 서남쪽으로 약 610킬로미터 정도 떨어진 국경지대에 있다. 일정이 빡빡해서 베르베르의 도시 가다메스와 혁명의 도시 벵가지 중 한 곳을 선택할 수밖에 없었다. 애초 벵가지 일대를 1순위, 가다메스 일대를 2순위로 계획했는데, 결국 가다메스를 포기했다. 그러나 최 선생이 대신 방문한다고 해서 반가웠다. 각자 다른 곳을 다녀오면 소감과 사진을 공유할 수 있는 것이다.

가다메스는 오아시스 도시, 또는 지하 도시로 알려져 있다. '사하라의 진주'로 불린다. 튀니지와 알제리, 그리고 리비아의 접경지역에 있는데, 오아시스 덕분에 교통요충지로 발달했다. 유명한 관광지로 각광받게 된 것은 독특한 주택구조 때문이다. 여름에는 덥고 겨울에 추운 기후에 적응하느라

가옥구조가 특이하게 발달한 것인데, 그 모습이 사진으로 외부에 알려지면서 유명세를 타게 되었다. 나중에 사진으로 확인해보니 다닥다닥 붙어 있는 가옥 모습이 매우 이색적이었다. 3층짜리 연립주택을 닮았다. 주로 진흙과 야자수 줄기 등을 사용해서 3층으로 짓는데, 그것이 잇따라 물려 있는 형태다. 당연히 골목도 좁다. 마치 지하를 파서 조성한 것 같은 느낌이 들기도 한다. 이들 가옥의 1층은 응접 공간, 2층은 거실과 침실, 3층은 주로 주방과 테라스로 사용된다고 한다. 층마다 불규칙한 모양의 작은 창들이 있어 마치 벌집을 연상케 하는데, 최 선생이 찍어온 사진으로 신기하고 이색적인 풍광을 편안하게 감상할 수 있었다. 이 책에 게재된 가다메스의 사진들은 모두 최 선생의 작품이다.

스물여섯 살 치과의사 벨라

트리폴리 국내선 공항은 예전의 우리나라 김포공항처럼 국제선과 한울타리에 있고 청사만 별도로 분리되어 있다. 리비아의 인구가 적어서 그런지 국내선 터미널은 자그마했다. 우리나라의 웬만한 지방공항보다도 작아 보였다.

공항에 도착한 시각은 저녁 8시경. 혹시 돌발변수가 발생할지 몰라서 서둘렀다. 일찍 도착한 덕에 수속도 빨랐다. 수속은 모든 과정이 수작업이었다. 카운터에는 중년의 남자들 여러 명이 둘러 서 있었는데, 항공권 담당, 수하물 담당, 짐 들어주는 사람 등 제각기 하는 일이 달랐다. 그러다 보니 복잡하고 어수선했다. 정신없이 수속을 마치고 항공권을 건네받았는데,

웬일인지 좌석번호가 없었다. 달랑 비행기 번호와 탑승 게이트만 표시되어 있다. 어찌된 일일까? 혹시 출발은 제대로 하려나 궁금해졌다. 좌석번호가 없는 이유는 잠시 후 알게 됐다. 탑승이 선착순이라 좌석번호가 없었던 것이다.

리비아에는 항공사가 리비아 국영항공사 하나뿐인 줄 알았는데, 공항에 와보니 그게 아니었다. 스케줄 전광판을 보니 벵가지 행은 리비아 국영항공 비행기가 저녁 8시와 10시에 있고, 뷰락이라는 항공사 비행기가 9시에 있다. 뷰락은 최근에 생긴 민영 항공사라고 했다. 새로 생겨서인지 리비아 국영항공보다 서비스도 좋고 연착도 별로 없는 듯했다.

일단 대합실 중간쯤에 자리를 잡고 앉았다. 공항은 다소 소란스러웠다. 비행기 스케줄 전광판 외에는 온통 아랍어 일색이라 언제 탑승하는지 알 수가 없어 답답했다. 누군가에게 물어봐야겠다고 생각한 순간 마침 갈색 전통 복장에 울긋불긋한 히잡을 쓴 한 여성이 눈에 띄었다. 영어가 될지는 운명에 맡기고 고전적인 수법으로 말을 걸었다.

"실례합니다. 지금 몇 시나 됐습니까?"

그 여인은 잠시 쳐다보더니 무덤덤하게 "8시 30분"이라고 응답했다.

'앗 영어가 된다!' 마주 보니 얼굴도 예쁘장하고 후덕해 보였다.

잠시 뜸을 들이다 말을 이었다.

"벵가지에 가세요?"

"예. 벵가지에 갑니다."

"10시 출발하는 비행기인가요?"

"아니요, 8시 출발 비행기인데 연착해서 기다리고 있는 중이에요."

"저런. 안됐군요. 왜 연착한대요?"

"모르겠어요. 아버지가 알아보러 가셨어요."

그때 리비아 항공사 창구에서 갑자기 큰 소리가 났다. 한 남성이 항공사 직원에게 삿대질을 하며 고함을 지르고 있었다. 상황은 뻔했다. 연착에 관한 항의인 것이다.

잠시 후 소란은 멈췄고 우리는 대화를 계속했다. 그녀는 씩 웃으며, 아마도 자신과 내가 같은 비행기를 타게 될 것 같다고 말했다. 아무렇지도 않게 얘기하는 것으로 보아 비행기 연착이 빈번한 듯했다.

그녀는 벵가지 푼드크 마켓 근처에서 일하는 치과의사였다. 한국에서는 치과의사가 돈을 많이 버는 부유층이라고 하니, 리비아도 마찬가지라고 대답했다. 얼굴에 고생한 흔적도 별로 없고 미소가 해맑은 것으로 보아 중산층 이상의 가정에서 자란 것 같았다. 리비아를 무슨 일로 왔냐고 해서 구

치과의사 벨라

경하러 왔다고 하니, 좀 놀라는 눈치였다. 한국 사람이 리비아에 배낭여행을 많이 오냐고 묻는다. 거의 없지만 앞으로 많이 늘어날 것이라고 대답했다. 무척 신기한 모양이었다.

그동안 20여 개국 이상 여행을 다녔고, 이번에 마그레브 4개국을 방문하러 왔다고 하자 벨라는 튀니지, 유고, 이집트 등 세 나라만 가봤다며 부러워했다. 왜 이슬람 국가만 방문했냐고 물으니 대답은 않고 씩 웃었다. 함께 사진을 찍자고 제안하자 기꺼이 허락했다. 지나가는 청년에게 부탁해서 사진을 찍었다. 그런데 청년의 표정이 떨떠름했다. 왜 순진한 리비아 처녀에게 찝쩍거리느냐는 뜻일 것이다. 북아프리카 남자들의 공통점이다. 여자들과 대화하는 외국인을 좋게 보지 않는다.

이메일 주소를 알려달라고 하자 이름과 이메일을 직접 적어 줬다. 그녀의 이름은 벨라 이브라힘 파라지Bela Ibrahim Faraj였다. 그녀의 나이도 알게 됐다. 적어준 이메일 아이디에 33이란 숫자가 있어 혹시 서른세 살이냐고 물으니, 펄쩍 뛴다. 솔직히 말해달라고 웃으면서 얘기하자, 스물여섯이라고 실토했다.

그녀의 예견대로 우리는 한 비행기를 탔다. 뷰락 항공사 비행기는 9시 정시에 떠났고 리비아 국영항공 비행기는 8시와 10시 승객을 함께 태우고 10시에 출발했다. 연착이 잦은 이유는 비행기가 모자라기 때문인 것 같았다. 오랫동안 항공운항이 금지되었는데, 갑자기 해제되면서 항공수요가 늘어난 탓이다. 모자라는 비행기를 튀니지 등에서 빌려서 쓴다고 한다. 우리가 탄 비행기도 튀니지 국적 비행기였다.

여성이 먼저 탑승하기 때문에 벨라가 먼저 탔다. 내가 탑승했을 때는 벨라 일행이 옆 자리를 하나 비워놓고 있었다. 그녀와 많은 대화를 나눴다.

우리말로 하면 10분이나 20분이면 다 할 얘기를 오랜 시간에 걸쳐 영어로 하자니 갑갑한 면도 있었지만, 벵가지 가는 길은 내내 즐거웠다.

헤어질 때쯤 알았는데, 놀랍게도 그녀는 오마르 무크타르의 후손이었다. 어머니가 오마르 무크타르의 손녀라고 했다. 놀란 표정으로 "리얼리?" 하고 여러 차례 되묻자, 여유 있게 웃으면서 사실이라고 했다. 그러면서 한국 사람이 오마르 무크타르를 아는 것에 놀라는 눈치였다. 벵가지에 오마르 무크타르와 관련된 특별한 기념물이 있느냐고 묻자, 한참 생각하다가 오마르 무크타르 거리가 있다고 했다.

반가운 영어 간판 Dogal 호텔

벵가지 공항에 도착해 배낭을 찾는 등 수속을 마치고 보니 밤 12시에 가까웠다. 벨라에게 시내 가까운 곳에 있는 호텔을 추천해달라고 하자 그녀는 까얌 호텔을 추천했다. 벨라 일행과 아쉬운 작별을 하고, 까얌 호텔로 향했다. 택시요금은 알고 있던 정보를 토대로 10디나르를 불렀더니 쉽게 합의됐다. 리비아 물가를 잘 아는 것처럼 처신한 게 잘 먹힌 것 같았다.

까얌 호텔은 벵가지 항에서 멀지 않은 구 시가지에 위치하고 있었다. 별 네 개짜리였다. 해변과는 한 블록 사이였고, 유명한 벵가지대학과도 가까운 거리였다. 건물 밖에는 조그만 아랍어 간판만 있어 찾기 어려웠다. 택시에서 내려 두리번거리자 택시 운전사가 따라 내려 호텔 안까지 안내해줬다. 늦은 시간이라 직원 한 사람만이 남아 있었다. 그런데 만원이라 방이 없었다. 낭패였다.

활처럼 휘어진 벵가지 해변, 오른쪽 건물이 두갈 호텔

프론트 직원에게 다른 호텔을 추천해달라고 졸랐다. 그러자 '두갈 호텔'을 알려줬다. 하지만 호텔 이름 외에는 더 이상 알아들을 수가 없었다. 난처한 표정을 짓자 그 친구가 따라오라며 밖으로 나갔다. 그는 택시를 세우고는 기사와 얘기를 하더니 나더러 타라고 손짓했다. 얼른 1달러짜리를 꺼내 팁으로 건네고는 택시를 탔다.

두갈 호텔까지는 채 500미터를 넘지 않았다. 해변에 위치한 5층짜리 신축 건물이었다. 보기 드물게 호텔 간판에 영어가 병기되어 있어 반가웠다. 싱글 룸이 없어 트윈 룸을 배정받았는데, 가격은 싱글 룸 가격인 30디나르였다. 우리 돈으로 2만원이 조금 넘는 수준인데도 방이 넓어서 대만족이었다. 별 세 개짜리 호텔임에도 냉장고 안에 미니바도 있고, TV도 누워서 볼 수 있게 공중에 설치되어 있었다. 서비스 마인드가 마음에 들었다. 샤워를 마치고 잠자리에 누우니 새벽 1시 30분이었다.

벵가지 오마르 무크타르 거리

| 2월 18일

새벽에 일어나 커튼을 걷자 도로 건너편으로 바다가 보였다. 경치 좋은 시사이드 호텔이었다. 만사 제켜놓고 바닷가로 나갔다. 해변에는 10미터 폭의 보행도로 겸 방파제가 있다. 멀리 왼쪽 편으로 벵가지 항이 보이고 오른쪽 해변 끝에는 이색적인 둥근 건물이 눈에 띄었다. 벵가지 항 쪽으로 걸었다. 갈수록 보행도로가 넓어지면서 널따란 해변공원으로 연결됐다. 바다를 바라보며 크게 심호흡을 했다. 짭조름한 바다 향기가 코끝을 스쳤다. 지중해의 싱그러운 바람이 환영 인사처럼 느껴졌다.

벵가지에서 이틀 밤을 자기로 했지만, 시간은 넉넉하지 않다. 전날 밤 늦게 도착한데다 출발은 다음날 아침 비행기여서 실질적인 체류시간은 만 하루밖에 되지 않는다. 고민 끝에 오전은 벵가지 시내 구경에 할애하고, 오후는 외곽의 그리스, 로마 유적지를 돌아보기로 했다. 유적지는 비교적 가까운 프톨레마이스Ptolemais(현지 이름은 톨메이타Tolmeita)로 정했다. 유적이 많은 키레네Cyrene를 가고 싶었지만, 벵가지에서 200킬로미터나 떨어진 곳이어서 시간이 허락하질 않았다.

코딱지만 한 호텔 레스토랑에서 빵만으로 아침식사를 해결하고 서둘러 시내로 나갔다. 걸어서 갈만한 거리에 구 시가지가 있었다. 이른 시간이라 사람은 그리 많지 않았다. 벵가지가 혁명과 저항의 도시로 알려졌지만, 그런 느낌은 별로 들지 않았다. 벵가지엔 그 흔한 메디나도 없다. 여러 차례 전쟁을 겪어 도시 상당 부분이 파괴되었기 때문이다. 유럽식 회색건물과 옛 교회, 그리고 모스크가 더러 자리 잡고 있을 뿐이었다.

시내 골목을 따라 호텔 방향으로 거슬러 올라가니 조그만 여행사가 보였다. 오후 유적지 여행을 위해 택시를 대절할까, 아니면 렌터카를 빌릴까 잠시 고민하다가 여행사로 들어가 상담하기로 했다. 다행히 사장이 영어를 했다. 프톨레마이스는 벵가지에서 100킬로미터가 조금 넘는 거리로 왕복 세 시간이면 충분했다. 사장은 기사 포함해 60디나르를 달라고 했다. '라스트 프라이스' 니 깍지 말아달라고 덧붙였다. 추가 팁이 일절 없는 조건으로 받아들였다. 오후 1시에 출발하기로 약속하고 여행사를 나왔다. 렌터카가

오마르 무크타르 거리

택시보다는 깨끗할 테고, 4만원이 조금 넘는 정도라서 괜찮은 조건이라고 판단했다.

호텔에서 두 블록 쯤 시내 방향으로 가면 벵가지에서 가장 유명한 거리가 있다. 오마르 무크타르 거리다. 길이가 200미터 남짓 되는, 도로 양쪽에 아치형 회랑이 길게 늘어선 보행자 전용 도로였다. 아담한 분위기라 특별히 정감이 갔다.

사누시아 운동과 오마르 무크타르

키레나이카 지역은 고대 그리스가 개척한 것으로 알려져 있다. 페니키아가 카르타고를 건설하자 그리스 세력은 카르타고를 차지하려 호시탐탐 노리다가 성공하지 못하고 다른 곳에 전략적 거점을 마련했다. 기원전 7세기에 리비아 동쪽 지역에 키레네를 건설한 것이다. 이어서 주변 지역을 차례로 정복했는데, 이 지역을 모두 합쳐 '키레나이카'로 부른다. 이후 이 지역은 이집트 프톨레마이오스 왕조의 지배를 받다가 기원전 1세기경 로마가 점령할 때까지 번성했다.

키레나이카 지방에서 독립운동이 활발해진 것은 사누시아 운동과 관계가 깊다. 사누시아 운동은 1837년 알제리인 무함마드 알 사누시에가 메카에서 시작한 운동이다. 그는 알제리가 프랑스에 점령당하자 벵가지에 정착했다. 그리고 제자들과 함께 1843년부터 키레나이카 지방을 중심으로 사누시야 운동을 시작했다.

사누시야 운동은 수피의 틀 속에서 이슬람을 부흥시키기 위한 사회개혁 및 정신수양을 실천하는 운동이다. 그 운동이 점점 확산되면서 이슬람 사회에서 하나의 종단으로 자리 잡았다. 사누시야 종단은 모든 외세를 배격했다. 프랑스뿐만 아니라 오스만투르크에 대해서도 적대적인 입장이었다.

이러한 반외세 전통은 이탈리아 점령 당시 저항운동으로 발전했고, 오마르 무크타르의 해방투쟁도 그 연장선상에서 이루어졌다.

약 20년에 걸친 키레나이카 지방의 저항에 고전해 온 이탈리아는 키레나이카 남부지역의 오아시스 거점에서부터 사누시야 종단의 영향력을 없애는 방향으로 전략을 바꿔, 후미를 공격해 성공을 거뒀다. 결국 배후 지원이 끊긴 오마르 무크타르는 체포되어 처형되고 말았다.

리비아 화폐 속의 오마르 무크타르

옛 권력의 향수, 올드 타운 홀

오마르 무크타르 거리가 끝나는 지점에 프리덤 스퀘어, 즉 자유 광장이 있다. 북쪽의 아티크Atiq 모스크와 서쪽의 올드 타운 홀로 둘러싸인 예쁘고 아담한 광장이다. 아티크 모스크는 15세기에 지어졌는데, 이후 여러 번의 증개축이 이뤄졌다. 그레이트 모스크라고도 한다. 이 주변이 벵가지의 종교 중심지다. 설교 테이프를 파는 노점상과 코란을 파는 상점이 어우러져 경건한 분위기가 느껴졌다. 아티크 모스크 뒤편으로는 오스만Osman 모스크가 자리를 잡고 있는데, 이 모스크는 오스만투르크 양식의 미나렛이 독특하

오스만 모스크

다. 대개의 미나렛이 사각, 또는 육각 탑인데 비해 이것은 원통형이다. 마치 발사 직전의 로켓을 보는 느낌이었다.

광장 정면의 올드 타운 홀은 많이 낡아 보였다. 이탈리아 식민지 시절에 지어져서 시청사로 사용된 건물이다. 지금은 방치되어 있다. 2층에는 발코니가 있는데, 이 발코니는 유명 인사들이 연설했던 일화로 유명하다. 이탈리아의 독재자 무솔리니가 이곳에 서서 시민들을 선동했고, 2차 세계대전 때는 독일군의 영웅 롬멜 장군도 여기서 부대원들에게 연설했다. 또 가다피 대통령의 혁명으로 실권한 이드리스 왕 또한 시민들을 설득하는 장소로 애용했다고 한다. 그러나 이것은 모두 옛날의 일들일 뿐, 이곳을 거쳐 간 유명 인사들처럼 이 건물도 점점 잊혀져가고 있다.

올드 타운 홀

프리덤 스퀘어부터 알 즈리드 시장Souq al Jreed이 시작된다. 시장 입구에는 많은 젊은이들이 모여 있었다. 청년 두 명이 바싹 다가왔다. '머니 익스체인지' 라며 돈 세는 흉내를 냈다. 암달러상이다. 이미 환전을 해서 필요 없다고 했더니 사진을 찍어 달랬다. 그건 항상 오케이다. 웃어 달랬더니 주위 눈치를 보면서 활짝 웃지는 못한다. 떳떳하지 못한 직업 때문이다. 어쨌든 암달러상이 있는 것은 관광객이 많다는 증거다. 시장구경에 대한 기대감이 갑자기 커졌다. 그러나 조심할 것이 있다. 배낭을 가슴 쪽으로 돌려 맸다. 사람들로 붐비면 소매치기가 많은 법이다.

알 즈리드 시장은 관광객을 위한 시장이 아니다. 현지 사람들이 이용하는 전형적인 로컬시장이다. 입구부터 끝까지 지붕이 덮여 있는데, 골목 양

옆으로 상점이 죽 늘어서 있었다. 그 가운데는 노점이 자리 잡고 있는데, 우리나라의 남대문 시장과 비슷한 모습이었다. 이곳에서는 의류, 잡화 등 갖가지 생필품을 팔고 있었다. "골라! 골라!"를 외치며 음흉한 미소와 함께 여자 속옷을 노골적으로 들어 보이는 짓궂은 젊은 친구도 보였다.

오전인데도 시장은 인산인해였다. 상점주인 중에 여성이 없다는 것이 특이했다. 아직 보수적인 탓이다. 돈 버는 일은 남자의 일로 여겨진다. 사회가 많이 바뀌고 있다지만, 관습은 쉽게 바뀌지 않는다.

중간에 음반가게가 눈에 띄기에 들렀다. 익숙한 DVD 타이틀이 눈에 들어왔다. 성룡 영화다. 이곳에서도 성룡은 인기가 많다고 한다. 이소룡과 성룡 때문에 동양 사람 대부분이 무술을 잘 하는 줄 안다. 길거리에 다니다 보면 아이들이 '재키 찬' 하면서 발차기를 하는 모습을 더러 볼 수 있는데, 모두 영화 덕분이다.

사진 찍기 좋아하는 젊은 친구들

1킬로미터가 족히 넘는 알 즈리드 시장을 통과하면, 또 하나의 큰 시장이 나타난다. 푼드크Funduq 마켓이다. 알 즈리드 시장이 골목시장인데 반해, 푼드크 마켓은 광장형 시장이다. 시장은 세 부분으로 나뉘어 있는데, 도로를 따라 생필품과 철물 등을 주로 취급하는 긴 옥내시장이 있고, 그 안쪽으로 과일과 채소를 파는 울타리내 노천시장이 있다. 울타리를 벗어나 그 바깥으로 나가면 왁자지껄한 들판 노점시장이 나온다. 이곳이 가장 영세하면서도 독특한 분위기를 갖고 있는 곳이다. 이곳에서는 주로 과일, 채소류와 육류 등을 판다. TV에서 가끔 보았던 전형적인 아프리카 시장 느낌이 났다. 소란스럽고, 너저분하고, 무질서했다. 그러나 다른 어느 장소보다도 시골스러운 정취가 느껴졌다.

야외시장을 향해 천천히 걸어 들어가니 좌판을 펼쳐놓고 장사하던 젊은 친구들이 신기한 듯 모여들었다. 여기서 일하는 사람들은 주로 젊은 친구들이다. 어림잡아 초등학교 고학년에서 20대 초반 사이로 보인다. 리비아에서 3D 업종에 종사하는 사람들은 이집트, 알제리, 또는 사하라 이남지역 등에서 온 사람들이다. 흑인들도 제법 끼어 있다. 그들은 내게 많은 관심을 보였다. 순식간에 필자를 둘러싸더니 아랍어로 물어왔다. 아랍어를 못한다고 손을 내젓자 이런저런 영어 단어가 튀어나왔다. 간신히 한국에서 왔다는 것 정도만 전달됐다.

모두들 카메라에 관심이 많았다. 사진을 찍어달라고 포즈를 취하기도 하고, 어떤 친구는 팔을 잡아끌기도 했다. 그냥 지나칠 수가 없었다. 사진을 찍고 즉석에서 보여주자 더 많은 사람들이 순식간에 구름처럼 모여들었다. 한 30컷쯤 찍었을까? 더 이상은 곤란했다. 어차피 대부분의 사진은 지워질 운명이라, 그게 미안해서도 더 받아줄 수가 없었다. 정중하게 사양하면서 부랴부랴 도망치듯 빠져나왔다. 시장 어느 구석엘 가든 이 사람들의 호기심은 극성맞았다.

들판 노점시장에서 벗어나 울타리 안쪽 노천시장으로 들어가니 이쪽은 그리 심하게 달려들지는 않았다. 그러나 집중되는 시선은 마찬가지였다. 마치 공연중인 패션모델이 된 기분이었다. 애써 외면하며 걷는데 한 노인이 말을 걸어왔다. 유창한 영어다.

"헬로우. 훼어 아 유 프롬?"

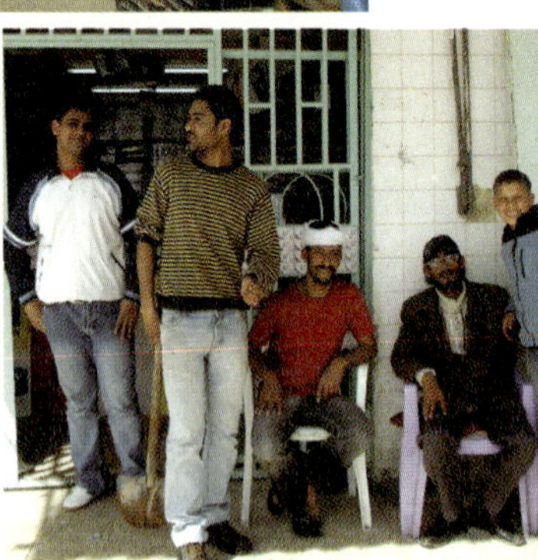

푼드크 시장에서 만난 사람들

"프롬 코리아."

"어퍼, 오어 언더?"

"언더. 아임 프롬 사우스 코리아."

"웰컴. 아임 글래드 투 미트 유."

한창 분위기가 좋다가 노인이 대뜸 물었다.

"하우 두 유 씽크 어바웃 아메리카?"

"아임 쏘리. 아이 캔트 언더스탠드 홧 유 텔 미."

스스로 흥분하기 시작한 이 노인은 '미국의 이라크 침략은 잘못된 일이며, 북한은 미국과 맞서는 대단한 나라이고, 미국은 아주 나쁜 침략국가'라는 얘기를 쉴 새 없이 쏟아냈다. 그리곤 나에게 동의를 구했다. 그 사이 몇몇 사람들이 우리 주위를 둘러쌌다. 그러나 내 짧은 영어로 유창한 그와 토론하는 것은 불가능했다. 이럴 땐 빨리 자리를 피는 것이 상책이다. 고민할 필요가 없다.

"아이 씽크 쏘우."

그 말을 던지고 서둘러 자리를 떴다. 순간 만족해하는 노인의 표정을 느낄 수 있었다. 반미 정서가 강한 것이다. 이 노인뿐만 아니라 리비아 사람들의 많은 수가 이와 같은 생각을 가지고 있을 것이다. 유럽인이라면 몰라도 미국인들은 리비아에서 국적을 드러내고 다니기는 어려울 것 같다. 미국은 스스로 세계의 경찰이자 자유민주주의의 수호자를 자처하지만, 이곳에서는 증오하는 침략국가 중 하나일 뿐이다.

언제 먹어도 맛있는 터키식 케밥

되돌아서 푼드크 마켓 쪽으로 걸어 나왔다. 도로 건너편에 허름한 식당과 야외 카페들이 줄지어 있다. 식당을 보니 갑자기 배가 고파졌다. 벌써 12시가 넘었다. 뭘 먹을까 둘러보니 마침 터키식 케밥을 파는 식당이 눈에 띄었다. 케밥용 회전구이를 가리키며, 손가락 두 개를 펴보였다. 회전구이가 두 종류인 것을 보니 하나는 양고기고, 또 하나는 닭고기인 것 같았다. '램(양고기)' 을 달라고 하니 알아듣지 못했다. 양손으로 가위표를 그리며 '낫 치킨' 이라고 하자 말이 통했다. 캔 콜라 하나와 케밥 두 개의 가격은 1디나르, 750원도 안 된다. 아주 저렴한 점심이다.

중앙아시아나 중동과 마찬가지로 마그레브 지역도 양고기 음식이 발달

맛있고 저렴한 터키식 케밥

했다. 양고기를 잘 먹으면 여행이 편하다. 한국 사람들은 특유의 노린내 때문에 질색을 하지만, 필자는 양고기가 너무 좋았다. 대개 돼지고기 좋아하는 사람들은 양고기가 입에 맞고 쇠고기를 좋아하는 사람들은 양고기를 싫어하는 경향이 짙다. 여행 가서 현지 음식이 입맛에 맞는 것은 너무나 큰 축복이다.

이슬람은 돼지고기를 먹지 않는다. 코란에 의해 금지되어 있다. 특히 죽은 고기와 피와 돼지고기가 금기시된다. 이슬람 국가에 돼지고기를 가지고 들어가는 것은 이슬람을 모독하는 것으로 간주된다. 리비아, 사우디아라비아에서는 입국이 거부될 수도 있다. 카사블랑카에서 파리로 갈 때 비행기 기내식 위에는 '이 음식에는 돼지고기가 들어있지 않음을 보증한다'는 쪽지가 붙어있었다. 이슬람 신자들을 위한 배려다.

비행기에서 만났던 벨라는 자신이 다니는 치과가 푼드크 마켓 근처에 있는 '세븐 옥토버 호스피탈'이라고 했다. 찾을 수 있을 거라고 생각했는데, 막상 와보니 그게 아니다. 온통 아랍어 상호 뿐이다. 행인에게 물어보아도 다들 고개를 젓는다. 아랍어 상호도 챙겼어야 했다. 포기할 수밖에 없었다. 리비아에서 어딘가를 찾아갈 때는 영어, 프랑스어 이름뿐만 아니라 아랍어 이름도 반드시 챙기기 바란다. 아예 현지인에게 아랍문자로 적어달라면 더 좋다. 어쨌든 영어식 이름이나 상호로 현지인에게 물어서 찾는 것은 거의 불가능하다.

방치된 유적지 프톨레마이스

렌터카를 예약한 여행사로 돌아오니 약속시간 20분 전이었다. 그런데 이미 출발준비가 끝나 있었다. 차와 운전기사를 소개받았다. 30대 초반의 성실해 보이는 사람이다. 이름은 살라 헤딘이라고 했다. 차는 역시 대우의 누비라였다. 택시 대부분이 누비라였는데, 렌터카도 많다. 같은 누비라라 해도 택시보다는 렌터카가 아무래도 새차들이다. 누비라가 저렴하고 튼튼한 차로 알려져서 많이 팔린다고 한다.

프톨레마이스 가는 길은 지중해 해변을 따라 끝없이 뻗어있었다. 도로는 트리폴리 지역보다 더욱 한산했다. 지나가는 차를 마주치기 힘들 정도였다. 왼편으로는 지중해의 파란 파도가, 오른편으로는 푸른 평원과 누런 황토색 산맥이 쉬지 않고 함께 달려갔다.

거칠 것이 없었다. 점차 속도를 올리는데 100마일을 슬쩍 넘긴다. 박찬호 선수가 던졌던 160킬로미터 강속구보다도 더 빨리 질주했다. 좁은 2차선 도로이기 때문에 속도감은 더했다. 지중해를 느껴보려고 창문을 조금 내렸는데 엄청난 바람소리에 파도소리가 묻혀버린다. 파도소리는 그저 상상할 수밖에 없다. 70킬로미터 지점에 있는 작은 도시 토크라Tocra를 지나면서 경치는 더 좋아졌다. 이후 30킬로미터의 코스는 마치 꿈길을 가듯 환상적인 드라이브가 됐다.

한 시간 남짓 걸려 프톨레마이스 유적지에 도착했다. 여행정보지에는 입장료 3디나르와 카메라 입장료 5디나르를 내야 하는 것으로 나와 있지만, 매표소도 출입구도 보이지 않았다. 처음엔 잘못 온 줄 알았다. 알고 보니 창고같이 생긴 허름한 건물 뒤로 돌아서 그냥 입장권 없이 입장할 수 있었다. 방

양들의 천국이 된 프톨레마이스

방치된 유적지

치되어 있는 것이다. 관람객도 달랑 나 혼자뿐이었다.

처음에 본 광경은 양떼들이었다. 부드러운 둔덕과 풀밭 사이로 오롯이 나 있는 황톳길로 들어섰다. 길 좌우로는 양떼들이 평화롭게 풀을 뜯고 있었다. 멀리 세 명의 청년들이 보였다. 양치기 청년들이다. 길을 점령한 양떼 사이를 뚫고 지나가는데 갑자기 개들이 달려들었다. 양을 지키는 개들이다. 사납게 짖어댔다. 당황했다. 그때 청년 중 하나가 자리에서 일어나며 개들을 진정시켰다. 개들은 짖기를 멈추고 나를 빤히 쳐다봤다. 겁이 나긴 했지만, 양떼 사이를 그냥 뚜벅뚜벅 걸어 나갔다. 다행히 개들의 공격은 없었지만, 바짝 졸아든 가슴을 쓸어 내려야 했다.

한가로운 양떼들은 프톨레마이스 유적의 현주소를 여실히 보여준다. 아무나 자유롭게 드나들 수 있을 정도로 유적은 전혀 관리되고 있지 않았다. 리비아 정부는 대수로 공사 등 실용적인 사업에는 석유로 벌어들인 막대한 자금을 투입하지만, 유적지 관리에는 인색해 보였다. 역사적 배경 때문일 수도 있다. 이곳은 이슬람 유적이 아니고 그리스와 로마의 유적지다. 우리 땅에 있는 일본 식민주의의 잔재들과 같은 처지로 보인다. 그것이 아니라면, 이 정도의 유적지는 리비아 국토 전역에 숱하게 널려 있기 때문에 우선순위에서 밀렸을 수도 있다. 이유가 무엇이든 소중한 유적지가 방치되고 있는 것은 안타까운 일이다.

벵가지를 중심으로 한 키레나이카 지역은 다섯 개의 고대도시로 유명하다. 트리폴리타니아 지방에 맞선 개념으로 '펜타폴리스'라고 불린다. 프톨레마이스도 그중 하나다. 나머지 네 개는 키레네Cyrene, 아폴로니아Apolonia, 데르나Derna, 그리고 오는 길에 지나온 토크라Tocra 등이다. 모두 그리스 유적지면서 로마 시대에 번성했던 도시들이다. 프톨레마이스는 BC 4

세기에 세워졌고 7세기 아랍의 점령 이후 쇠퇴하기 시작했다. 펜타폴리스 다섯 도시 중에서 가장 오랫동안 번성했다. 현재 전체 규모의 10퍼센트 정도만 발굴되었다는데, 나머지 부분은 발굴계획이 아직 없다고 한다.

처음 찾은 곳은 그리스 아고라, 즉 시장이었다. 로마시대에는 포럼과 신전으로 쓰였던 곳이다. 지금은 큰 기둥 일부와 폐허가 된 건물터만 남아 있다. 이리저리 둘러보며 사진을 찍는데, 한 청년이 나를 불렀다. 뭔가 싶어서 따라갔더니 폐허가 된 건물 한 구석의 작은 층계로 안내했다. 지하로 내려가는 통로다. 으슥한 곳이라 주춤했다. 주위에 아무도 없는데, 청년이 해코지를 하면 어쩌나 하는 생각이 퍼뜩 들었다. 그 친구 기색을 살폈다. 눈이 마주치니 천진하게 웃었다. 눈에 살기도 욕심도 없어 보였다. 믿기로 하고 따라 들어갔다. 관광객들이 오면 안내를 해주고 팁을 받거나 작은 물건들을 파는 청년일 거라고 생각했다.

지하엔 동굴 저수지가 있었다. 수십 미터 길이의 정방형 건물 지하에 좌우 네 개씩의 회랑이 있고, 중앙에는 제법 큰 광장이 있었다. 이 지하공간들은 머리를 숙여야 지나갈 수 있는 작은 통로로 모두 연결되어 있었다. 북아프리카에서 가장 큰 지하공간인데 지금은 흙이 쌓이고 물이 차서 마치 저수지처럼 보이지만, 이름 그대로 시장으로 쓰였던 곳이다. 혼자 다녔더라면 지상에서만 사진 몇 장 찍고 돌아갔을 텐데, 청년 덕분에 좋은 곳을 구경할 수 있었다.

말은 전혀 통하지 않지만, 자신의 안내에 만족한다는 것을 알아차린 이 청년은 더욱 의기양양해서 앞장섰다. 발굴조차 제대로 안 됐고 관리도 부실해서 초라했지만, 청년은 가는 유적지마다 구경할 곳과 사진 포인트를 세심하게 지정해줬다. 가이드 역할을 훌륭하게 한 셈이다. 말만 통했으면

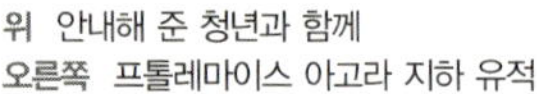

위 안내해 준 청년과 함께
오른쪽 프톨레마이스 아고라 지하 유적

더욱 좋을 뻔 했다. 주요 포인트를 쉽게 찾아 다녔기에 예정보다 빨리 관람을 마칠 수 있었다. 약간의 가이드 비용을 주었더니 그는 고마워했다.

여행객이 많이 찾지 않는 소외된 유적지라 안타까웠지만, 오랜 세월의 더께가 쌓인 자연그대로의 모습은 편하게 보였다. 언젠가 나머지 유적이 발굴되고 울타리가 쳐지면 보다 화려해지겠지만, 이 편안한 분위기만큼은 그대로 보존되었으면 좋겠다.

대중교통은 이방인에게 무용지물

| 2월 19일

벵가지에서 트리폴리로 돌아오는 비행기 출발시각은 아침 7시 30분이었다. 새벽 6시에 호텔 문을 나섰다. 이른 시간이라 택시가 눈에 띄지 않았다. 호텔로 다시 들어가 택시를 불러 달랬더니 직원이 밖으로 따라 나와 택시를 세우기 시작했다. 우리와 같은 콜택시 제도가 없는 모양이었다. 5분이 지나도록 택시가 안 잡히자, 지나가는 차를 세웠다. 운전사에게 자초지종을 얘기하더니 나더러 타라고 했다. 택시가 없으면 아무 차나 붙잡고 택시 대신 타는 것이 이곳의 관행이었다. 요금은 시내에서 공항까지의 협정요금(?)인 10디나르를 지불하면 된다. 이걸 전근대적이라고 해야 할까, 융통성이 좋다고 해야 할까?

공항에는 제법 사람이 많았다. 역시 만석이었다. 첫 비행기부터 사람이 많은 것을 보면 비행기 수가 수요에 미치지 못하는 모양이었다. 수속을 마치고 버스를 타고 나가 비행기 트랩 앞에 도착했는데, 항공사 직원이 올라가지 못하게 막고 있었다. 비행기 탑승에는 순서가 있는 것이다. 첫 순서로는 휠체어 탄 장애인이 탑승한다. 두 번째는 어린 아이가 딸린 엄마들이다. 그리

거리에서 만난 청년들

리비아의 택시와 쉐어택시

고 그 다음은 여성이다. 물론 여성과 동행한 남자도 함께 배려된다. 이들이 다 탑승한 후에야 성인 남자들이 탑승할 수 있다. 외국인도 예외는 아니다.

트리폴리에 도착해 호텔에 들른 후 리비아 비자발급에 도움을 주신 코트라 트리폴리 무역관 송 관장님을 만나 함께 점심식사를 했다. 식사를 마친 후 다녀보지 않은 거리를 골라 걸었다. 메디나 근처의 시장과 알 라시드 Al Rashid 거리를 방문했다. 알 라시드는 소매치기가 많기로 유명하다. 이곳은 메디나의 남쪽 지역으로 메디나와 오마르 무크타르 거리 사이에 위치한다. 트리폴리에서 가장 붐비고, 교통수단이 집중된 곳이기도 하다.

트리폴리의 주요 시내 교통수단은 택시와 쉐어택시다. 시내 노선버스는 없다. 쉐어택시는 우리나라에도 있던 합승과 비슷한 교통수단이다. 같은 곳을 가는 사람들을 모아 요금을 나눠서 받는다. 그러나 외국인이 이용하기는 쉽지 않다. 행선지 표지판과 호객이 전부 아랍어로 이루어지기 때문이다. 라시드 거리에는 리비아에서 가장 큰 합승 터미널이 있다. 주로 봉고차와 미니버스가 사용되는데, 현대 트라제의 모습도 보였다. 도요타, 벤

자동차 기름 값이 1리터에 100원

리비아 경제는 사회주의체제다. 정부가 대부분의 경제를 관장하거나 통제한다. 그래서 정부는 강력한 권한과 막대한 국가재정으로 대수로 공사와 같은 인프라 사업을 벌일 수 있다. 대신 민간경제는 상대적으로 활발해 보이지 않았다. 제조공장이 부족해 생필품이나 공산품을 대부분 수입에 의존한다. 그동안 많은 수입품이 유럽에서 들어왔지만, 이제는 가격경쟁력에서 앞선 중국 등 아시아 제품들로 대체되고 있다. 물론 자동차, 가전, 휴대전화 등 고급기술 제품은 유럽과 일본 등이 앞서고 있다. 우리나라 제품도 리비아에서 유럽, 일본 제품들과 경쟁하고 있다. LG 에어컨은 리비아 시장에서 시장 점유율 1위라고 했다. 삼성의 휴대폰이나 현대, 대우의 자동차들도 높은 시장 점유율을 자랑한다.

리비아의 생필품 가격은 매우 저렴하다. 저소득층의 기초생활은 정부에 의해 철저히 보장되고 있다. 예를 들어 주식인 빵이나 식자재 가격은 정부에서 강력하게 통제하고 지원하기 때문에 매우 싸다. 식당에서 음식을 주문하면 빵은 거의 무한정 줄 정도다.

사회보장제도도 잘 되어 있다고 한다. 교육, 의료 서비스가 거의 무상으로 제공되고, 결혼하면 주택도 지급된다. 더욱이 자동차 휘발유 값은 상상을 초월할 정도로 싸다. 방문 당시 휘발유 1리터 가격이 100원을 조금 넘는 정도였다. 한 달 2천 킬로미터를 운행한다고 할 때, 연비를 1리터에 10킬로미터라고 가정하면 우리나라에서는 30만원이 넘게 들지만, 리비아에서는 2만원 남짓이면 된다. 비교가 불가능하다. 월급이 적어도 먹고 사는 데는 별 문제가 없다.

리비아 내에서 이루어지는 사업의 대부분은 리비아 사람들과 함께 진행하도록 제도화되어 있다. 가령 무역을 하려면 리비아 국적의 에이전트를 반드시 경유해야 한다. 리비아 정부가 국민들의 서비스업 고용을 늘리기 위해서 취한 조치이다. 그렇다 보니 리비아 사람들은 앉아서 돈을 버는 셈이다. 리비아 청년들은 알제리나 모로코, 튀니지 젊은이들과는 달리 유럽 밀항이 거의 없다고 한다. 다른 마그레브 국가들에 비해 생활환경이 훨씬 낫기 때문이다.

트리폴리 해변의 노을

츠 등 외국기업의 동급 모델들과 치열하게 경쟁하고 있는 것이다.

저녁에 호텔에서 최 선생을 만났다. 벵가지와 가다메스 여행담을 서로 교환했다. 찍어온 사진을 바꿔 보면서, 가지 못한 여행지에 대한 아쉬움을 상상으로 달랬다.

트리폴리에서의 마지막 밤

리비아에서의 마지막 밤이다. 5박 6일의 리비아 여행이 끝나가고 있었다. 조촐하더라도 파티가 없을 수 없다. 최 선생이 음식을 조달하러 나갔다가 기쁜 표정으로 헐레벌떡 뛰어 들어왔다. 리비아에서도 맥주를 판다는 것이었다. 손에 캔 네 개가 들려있었다. 설마 하는 생각에 맥주를 살피니 아니나 다를까 알코올이 없는 맥주였다. 실망감은 너무 컸다. 서로 마주보며 허탈하게 웃었다. 어쨌거나 건배는 해야 했다. 하나씩 따서 건배를 하고 맥주를 쭉 들이켰다. 그러나 나머지 두 개는 쓰레기통으로 직행했다.

맥주가 없는 게 아쉽지만, 석양과 노을로 기분을 달랬다. 호텔 창문 밖에 빨갛게 익은 해와 저녁노을이 붉게 타고 있었다. 맥주가 없어도 지중해의 정열에 취하면 된다. 창문을 활짝 열어 지중해를 보고, 느끼고, 듣고, 냄새 맡는다. 시간이 너무 빨리 흐른다. 순식간에 붉은 해변이 검게 변해간다. 리비아 여행이 빨리 지나가서 아쉬웠고, 빠르게 스러져가는 트리폴리 해변의 노을도 너무나 아쉬웠다. 많이 그리울 것이다. 트리폴리, 렙티스마그나, 사브라타, 벵가지, 그리고 지중해의 노을과 리비아에서의 마지막 밤!

알제리

이슬람과 유럽의 소란스런 데이트

(2007. 2. 20~24)

(리비아 트리폴리) ➔ **알제** ➔ **오랑** ➔ **알제** ➔ **티파사** ➔ **띠지우즈** ➔ **베자이아** ➔ **알제** ➔ (모로코 카사블랑카)

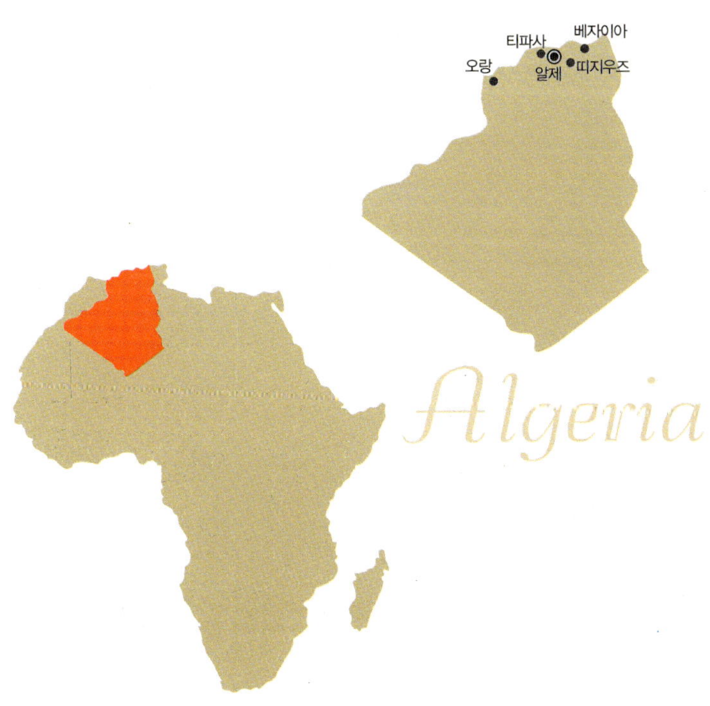

삭막해서 환상적인 사하라

| 2월 20일

트리폴리 국제공항 가는 길엔 추적추적 새벽비가 내렸다. 공항은 외국인이 드나드는 관문임에도 청사 간판이 아랍어로만 되어 있다. 리비아의 배타적인, 그리고 과도하게 자주적인 모습을 떠나는 마당에서도 엿볼 수 있다. 그러나 국제사회에서 고립되어 살기는 어려운 법. 언젠가는 개방될 것이다. 그때는 청사 간판도 외국어가 병기되어 있기를 기대해본다.

공항은 한적했고 승객도 적었다. 아프리카로 가는 비행기보다 파리, 런던, 제네바, 암스테르담, 사라예보 등 유럽을 왕래하는 비행기들이 더 많다. 아프리카라 하더라도 카이로, 튀니스, 알제 등 북아프리카에 집중되어

지표면이 꿈틀거리는 황량한 알제리 북부 사막지대

있다. 아직은 다른 지역과의 교류가 활발하지 않은 것이다.

출국의 경우도 검색과 수속은 까다롭지 않았다. 일찍 서두른 터라 탑승 시간까지 1시간 30분이나 남았다. 탑승시간 무렵에도 승객은 별로 없었다. 혹시 우리가 탑승 게이트를 잘못 찾은 건 아닐까 싶을 정도였다. 승무원에게 확인했지만 그건 아니었다. 워낙 승객이 적었다. 탑승 후 세어보니 우리 둘까지 합쳐서 열 명에 불과했다. 승무원 수와 승객 수가 얼추 비슷했다. 탑승 수속을 하면서 지중해를 조금이라도 더 보려고 창가 좌석을 요구했었는데, 그럴 필요가 없었던 것이다.

비행기가 이륙하자 승객들은 자유롭게 자리를 잡았다. 나도 양쪽 창가로 옮겨가며 구경하고, 사진을 찍었다. 트리폴리 상공을 벗어나자마자 구름이 걷혔다. 하늘에서 내려다 본 지중해와 북아프리카 대륙은 매우 인상적이었다. 지중해 해안선은 직선에 가까울 정도로 단조로웠다. 해안을 따라 녹색지대가 곧게 뻗어 있고, 그 내륙으로는 황토색과 갈색의 산악지대가 보였다. 그 너머로는 희미하게 사막지대가 아른 거린다. 사하라 사막이다.

비행기는 북쪽을 향해 가다가 튀니지의 중간지점에서 기수를 좌측으로 틀어 내륙으로 진입했다. 돌연 지중해의 파란 바다와 사헬의 녹색지대가 시야에서 사라졌다. 온통 황토색과 갈색 천지였다. 메마른 산악지대였다. 마치 누군가 구겨놓은 듯 지표면이 꿈틀거려 보인다. 불규칙하게 융기한 산맥들이 여러 개씩 겹쳐지면서 큰 주름이 만들어진 것이다. 나무도 없고 물기도 찾아볼 수가 없다. 골짜기엔 물이 지나간 흔적만이 남아있다. 이렇게 마른 골짜기를 '와디' 라고 부른다. 그저 산과 땅만 존재하는 황량한 불모의 땅이다. 모래지대만 사막이 아니라 땅도, 산도 이렇게 메마르면 사막이다. 탑승한 승객 수나 창밖 풍경이나 모두 사막처럼 삭막해 보인다. 그런데 그 삭막함 때문에 여유가 생겨 오히려 환상적이다.

알제리의 까다로운 검색시스템

리비아보다 알제리의 검색과 입국 수속이 훨씬 까다로웠다. 출입문을 하나씩 지날 때마다 검색과 신분 확인이 반복됐다. 질문 횟수도 많고 시간도 오래 걸렸다. 검색이 까다로운 것은 다 이유가 있다. 리비아는 서방 국가들과의 갈등 때문에 출입국이 자유롭지 못할 뿐 내정은 비교적 안정되어 있다. 국내 치안은 별 문제가 없는 것이다. 반면에 알제리는 오랜 내전을 겪었고 지금도 게릴라들의 저항으로 골머리를 앓고 있다. 2, 3년 전부터 많이 안정되었다지만, 아직도 언제 무슨 일이 발생할지 모르는 불안한 상황이다.

여행에서 돌아와 이 글을 쓸 때, 알제리에서 대규모 테러가 발생했다는 소식이 전해졌다. 그 직전에는 모로코 카사블랑카 시내 한 PC방에서 폭탄 테러가 일어났다. 두 테러 사건은 같은 조직의 소행으로 살라피스트 선교 전투그룹GSPC이 주범이란다. 알제리 사회주의 정부에 대항하여, 이슬람 원리주의의 한 분파인 이슬람 무장조직GIA이 창설한 단체로 알려진다. 신정일치를 표방하는 이 조직은 알제리를 식민통치했던 프랑스까지도 테러 대상으로 지목하고 있다. 이들은 최근 빈 라덴이 이끄는 알 카에다 조직과 결합하면서 조직이나 화력 면에서 더욱 강력해졌다고 한다.

여행 당시에는 테러 위협을 심각하게 느끼지 못했는데, 카사블랑카와 알제의 연쇄적인 폭탄테러 사건을 보면서 뒤늦게 '위험한 지역을 무심하게 다녔구나' 하는 생각이 들었다.

알제리의 엄격한 검색 시스템은 공항만이 아니었다. 시내에서도 검문 검색 중인 무장군인들을 많이 볼 수 있었다. 알제에서 띠지우즈를 지나 베자이아로 가는 동안 수차례나 검문을 당했다. 이곳 사람들은 당연하게 받아들인다. 그렇다고 반기는 것은 아니다. 당연히 귀찮아한다. 우리나라의 70, 80년대를 보는 듯 찜찜한 기분이었다. 고향 가평에서 서울은 버스로 1시간 남짓 걸리는데, 그 사이에 청평검문소와 구리검문소가 있었다. 총을 든 헌병과 경찰이 버스에 올라와 묵직한 군화 소리를 내면서 날카로운 눈초리로 버스 안을 검색하곤 했다. 잘못한 것도 없이, 어린 마음에 혹시 끌려가면 어쩌나 마음을 졸였던 기억이 있다.

알제리의 한국인 게스트하우스

우리나라에는 북아프리카 여행정보가 적다. 한글판 여행정보 책자는 아예 없다. 특히 알제리는 더더욱 깜깜하다. 이번 여행에서 요긴하게 사용한 영문판 여행정보지 《론리 플래닛》의 경우도 튀니지, 리비아, 모로코는 나라별로 출간됐지만, 알제리는 없었다. 그래서 알제리 여행 정보를 수집하는 일은 쉽지 않았다. 인터넷과 각종 여행 책을 뒤져야 했는데, 그만큼 시간이 많이 걸렸다. 김화영 교수가 쓴 《알제리 기행》이나, 이희수 교수가 쓴 《지중해 문화기행》 정도가 있지만, 배낭여행에 도움이 될 만한 구체적인 여행정보는 아무래도 모자랐다. 그래서 숙박, 현지교통, 주요 여행지를 결정하기가 어려웠다. 그런 참에 우연히 알제에서 한국인 게스트하우스가 운영된다는 사실을 알게 되었다. 자연스레 그곳을 여행 근거지로 삼게 됐다.

게스트하우스에서 알제 공항으로 마중 나오기로 했는데, 공항 대합실에는 한국인으로 보이는 사람이 없었다. 전화를 하려고 공중전화를 찾았다. 카드식 전화기였다. 그러나 신용카드로는 작동되지 않았다. 근처 상점에서 전화카드를 구입했는데, 영문 설명이 없어서 사용방법을 알 수가 없었다. 한참 씨름을 하고 있는데, 허름한 차림의 40대 남자가 다가와 도와주겠다고 했다. 겨우 통화가 돼서 마중 나온 분의 휴대전화 번호를 알아냈다.

내친 김에 그 사람에게 한 번 더 부탁했다. 전화로 우리 위치를 알린 뒤에야 한숨을 돌렸다. 전화를 걸어준 남자에게 고맙다고 했다. 그런데 이 남

활기찬 알제 거리

자는 돈을 요구했다. 세상에 '전화 삐끼'도 있나? 기차 차서 웃음이 나왔다. 알제리에도 공짜는 없었다. 대략 난감! 얼마냐고 물으니 20디나르란다. 알제리 1디나르는 우리 돈으로 13원 정도니 260원쯤 된다. 소박하다. 싸서 좋긴 한데, 환전을 하지 않아 알제리 돈이 없었다. 한참 승강이를 벌어지고 있는데 마침 마중 나온 분이 나타났다. 결국 좋게 타일러서 돌려보냈다.

게스트하우스는 알제 서남쪽 외곽의 신흥주택가인 벤 아쿤Ben Aknoun 지역에 있다. 교통체증으로 유명한 알제 시내로 들어가지 않고 고속도로를 이용해서 30분 만에 도착할 수 있었다. 게스트하우스는 건물 중앙에 층계가 있고, 방과 목욕탕, 화장실 등이 각 층 사방을 빙 둘러싼 유럽식 단독주택이었다. 알제리 물가는 한국보다 싸지만, 최근 경제가 활성화되면서 도시인구가 급격히 늘어 집값이나 호텔 숙박비는 비싼 편이라고 한다. 게스트하우스 유병선 사장님은 주택 임대료가 거의 한국과 비슷한 수준이라고 투덜거렸다.

활기 넘치는 시내버스 풍경

마침 점심시간이 됐다. 특별히 김치와 라면을 부탁했다. 맥주도 곁들였다. 튀니지와 리비아를 거치면서 근 열흘 동안 한국음식을 먹지 못한데다, 리비아에 머문 엿새 동안은 술을 입에 대지도 못했다. 꿀맛이었다!

점심식사를 마치고 알제리 여정을 협의했다. 알제리에서는 4박 5일간 머물 계획이었다. 도착 첫날 오후는 알제 시내, 둘째 날은 오랑을 다녀오기로 했다. 그리고 셋째 날과 넷째 날은 1박 2일로 로마 유적지 티파사를 들른 후 베르베르인의 도시 띠지우즈Tizi-Ouzou와 베자이아Bejaia를 방문하기로 했다. 일찍 돌아오게 되면 알제 시내를 더 돌아보면 된다. 내륙의 팀가드나 제밀라, 동부지방의 로마 유적지를 더 방문하고 싶었지만, 도로환경이 안 좋아서 제약이 많았다.

근처 여행사에 들러 오랑 행 항공권 구입을 마치고, 공항에 마중 나왔던 이명우 씨와 함께 셋이서 알제 시내 구경에 나섰다. 택시와 버스를 놓고 고민하다가 버스를 선택했다. 택시는 비싼데다 알제 시내 교통체증 때문에 도움이 안 될 것 같았다. 버스는 이곳 사람들의 체취를 생생하게 느낄 수 있는

표정이 밝은 알제 사람들

장점이 있다. 든든한 안내자까지 있으니 금상첨화다. 버스요금은 보통 15~25디나르였다. 우리 돈으로 200~330원이니 저렴한 편이다.

도심까지는 약 30분 정도 걸렸다. 버스를 타니 사람들이 힐끔힐끔 쳐다봤다. 아시아 사람들은 아직 익숙하지 않은 모양이었다. 젊은 친구 하나가 말을 걸어 왔다. 프랑스어다. 알제리에 와서 프랑스어를 배우기 시작했다는 이명우 씨가 몇 마디 대꾸하자 버스 안이 갑자기 활기를 띠기 시작했다. 승객 전체가 우리를 주목하는데, 직접 쳐다보는 사람도 있고 수줍어서 다른 곳을 쳐다보면서 귀만 쫑긋 세우는 사람들도 있었다. 대화 내용은 별로 중요치 않았다. 그들에게는 이방인과 대화한다는 자체가 흥밋거리였다.

분위기는 점점 화기애애해졌다. 이 사람 저 사람 한마디씩 거들고 나섰다. 참견에는 남녀노소가 따로 없었다. 서서 가는 승객들이 죄다 우리 주위로 몰려들어 웃고 떠들기 시작하는데, 나중에는 요금을 징수하던 키 큰 젊은 차장까지 끼어들었다. 이명우 씨의 말에 따르면, 우리 때문에 떠들썩해

지긴 했지만 본래 호기심 많고 할 말 많은 것이 알제리 사람들의 천성이란다. 모르는 사람끼리도 10분만 마주 앉아 얘기하면 친구가 된다고 한다. 방금 만난 경우도 마음만 맞으면 서로 백년지기처럼 대하는 것이 알제리 사람들이란다.

버스 안은 왁자지껄 수다스러워졌다. 그러나 퉁명스럽게 모른 체하는 것보다는 훨씬 즐겁다. 마치 어린 시절, 고향 가평의 장날 오후처럼 정겨운 분위기였다.

파리를, 그리고 부산을 닮은 알제

알제리의 수도 알제는 동에서 서로 길게 활처럼 휜 해안선을 따라 형성된

아름다운 알제 전경 (© 최순남)

도시다. 알제 앞바다는 길게 만을 이루고 있는데, 해안선이 무려 18킬로미터에 달한다. 내륙에서 해변 쪽으로는 제법 급한 경사라서 시내 어디서든 바다가 내려다보인다. 도심 안쪽 언덕 위편은 평원을 이루고 있다. 예전에는 경사면부터 해안 사이에 도심이 형성되어 있었는데, 인구가 급속히 늘면서 언덕 위 평원지대에 신흥주택단지가 속속 들어서게 됐다.

알제는 파리를 닮았다. 130년 이상 프랑스의 식민지였던 흔적이다. 도심을 걷다보면 문득 파리에 와있는 듯 착각을 하게 된다. 소란스러움마저 파리와 흡사하다. 알제 사람들은 길에서도 떠들고 대화하는 것을 즐긴다. 프랑스 사람들처럼 끊임없이 소곤거린다. 그래서 거리 풍경이 재미있고 유쾌하다.

그렇지만 알제엔 파리에 없는 것도 있다. 파리에는 언덕과 비탈이 없다. 가장 높은 언덕이라는 몽마르트도 해발 수십 미터에 불과하다. 10분이면 가뿐히 오를 수 있어 평지와 별 차이가 없다. 그러나 알제에는 언덕이 있다. 알제의 구도심은 비탈길의 연속이다. 전형적인 구릉 도시의 모습이다. 튀니지의 튀니스, 리비아 트리폴리에서 느끼지 못한 고저장단이 알제에는 있다. 그래서 생기가 느껴진다. 넓은 평지에 들어선 도쿄나 베이징 같은 대도시는 안정감은 있지만 단조롭고 쉽게 싫증난다. 언덕은 알제에서 변화와 파격의 시발점이다. 언덕에 서면 지중해가 보인다. 파란 바다가 더욱 가깝게 느껴진다. 어찌 보면 부산을 닮았다. 전형적인 항구도시면서 해안가 비탈에 들어선 도시, 그리고 인구가 얼추 400만에 가깝다는 것과 인구가 늘면서 언덕배기로 신흥 주택가가 점점 늘고 있다는 점까지 비슷하다.

우리가 탄 버스는 구불구불 이어진 비탈길을 내려왔다. 모퉁이를 돌 때마다 바다가 보였다 사라진다. 비탈을 내려올수록 바다가 수평으로 보이기 시작한다. 도심 가까이 내려온 것이다.

버스에서 내린 곳은 디도쉐 거리였다. 알제의 랜드마크처럼 여겨지는 중앙우체국 건물Grande Poste에서 남쪽으로 곧게 뻗은 번화가다. 연신 어깨를 부딪칠 정도로 사람들이 넘쳐났다. 옷차림도 히잡을 쓴 몇몇 여성을 제외하면 유럽 여성들과 비슷하다. 히잡도 울긋불긋해서 스카프처럼 보인다. 알제는 '북아프리카의 파리'라 해도 손색이 없는 도시였다.

알제리는 위성안테나 천국

알제리의 독특한 풍경 중 하나가 위성안테나이다. 아파트 벽이든 일반주택 지붕이든 정신없이 붙어있는 안테나가 너무나 이색적이고 재미있다. 마치 바닷가 바위에 붙은 굴 껍데기처럼 다닥다닥 붙어있다. 북아프리카 지역 전체가 위성안테나 천국이지만, 그중에서도 알제리는 독보적이다. 한 가구당 평균적으로 세 개 정도라고 한다. 가히 접시 안테나의 나라, 위성방송의 나라라고 할만하다.

알제리에서는 전 세계의 위성채널을 모두 시청할 수 있다. 그러다 보니 일반가정에서 볼 수 있는 채널 수는 수천 개에 달한다. 유료채널의 경우도 별도의 요금만 내면 시청할 수 있다. 하지만 그럴 필요가 없다. 무료채널만 해도 엄청나기 때문에 위성안테나만 달면 볼 수 있는 채널이 무궁무진하다. 게스트하우스에는 위성안테나가 하나였지만 그것만으로도 엄청나게 많은 방송을 볼 수 있었다. KBS 위성 월드방송과 아리랑 TV도 무료로 방송되고 있었다.

위성안테나들

그러나 부작용도 만만치 않다. 유럽의 낯 뜨거운 성인방송과 포르노가 무방비 상태로 가정에 노출되고 있다. 만약 한국의 방송이 이런 상황이라면 온 나라가 시끌벅적할 텐데, 여기는 그렇지도 않은 모양이다.

이렇게 많은 방송이 범람하게 된 이유는 두 가지로 볼 수 있다. 그 하나는 아랍어의 힘이다. 한 가지 언어를 여러 나라가 사용하게 된 것이 가장 큰 이유다. 아랍어는 맨 서쪽의 모로코부터 중동의 이라크에 이르기까지 20여 개 국에서 공용어로 쓰인다. 어느 나라 방송이든 전파를 수신하기만 하면 시청이 가능하다. 즉 언어 장벽이 없는 것이다. 또 하나의 이유는 다언어 국가라는 점이다. 한 나라에 두 개 이상의 언어가 공존한다. 알제리도 아랍어, 프랑스어, 영어, 스페인어, 이탈리아어가 모두 통용된다. 그렇다보니 방송 시장이 다양하게 형성된 것이다.

물론 문화적인 수요도 중요한 요인이다. 이곳 젊은이들에게 유럽은 동경의 대상이다. 유럽의 다양한 콘텐츠를 즐기고 싶어 한다. 혼자 살아도 TV 덕분에 밤이 전혀 심심하지 않은 나라가 바로 알제리이다.

바르도 박물관 입장료가 싼 이유

디도쉐Didouche 거리에서 언덕 방향으로 올라가면 굽은 길이 나오면서 비로소 한적해진다. 구부러진 비탈길이라 향취가 있고 정겹다. 모퉁이를 돌 때마다 바다와 숨바꼭질하며 천천히 걷는 기분이 상큼하다.

바르도 박물관의 아랍풍 정원

비탈길 중간쯤에 국립 바르도 박물관이 있다. 우리의 목적지 중 하나다. 입장료가 엄청 싸서 1인당 25디나르에 불과했다. 어떻게 국립박물관 입장료가 300원 남짓인가 궁금했는데, 싼 게 비지떡이라더니 그 이유를 알 수 있었다. 전시공간이 협소하고 전시물도 그다지 인상적이지 않았다. 프랑스어와 아랍어로 설명되어 있어 전시물의 가치는 정확하게 판단하기 어려웠지만, 규모에서 실망감을 감출 수가 없었다. 더욱이 사진촬영도 금지되어 있었다.

그렇지만 정원은 훌륭했다. 전형적인 아랍 풍의 정원이었다. 중앙의 분수를 중심으로 아라베스크 장식의 회랑과 대리석 바닥무늬, 그리고 아열대 정원수가 절묘하게 어울렸다. 살랑살랑 시원한 바람도 불어와서 언덕을 오르느라 배어난 땀을 식히기에 안성맞춤이었다. 이곳은 야외라서 사진촬영이 가능했다.

벤치에 앉아서 튀니지, 리비아의 다른 도시들과의 차이점을 생각해봤다. 알제는 아랍풍의 건물이 귀하다. 오랜 식민지 과정에서 유럽식 건축물이 아랍풍의 건축물을 밀어낸 것이다. 그런 이유로 바르도 박물관은 관람공간보다는 휴식공간에 가까웠다.

까뮈가 다닌 알제대학교

알제리의 공용어는 아랍어지만, 프랑스어도 공용어나 다름없다. 모든 간판이나 표지판은 아랍어와 프랑스어가 병기되어 있다. 알제리는 132년간이나 프랑스 식민지로 있었기 때문에 프랑스어가 아예 뿌리를 내렸다. 그 과

알제대학교

정부청사 앞 광장. 귀국 후에 이 근처에서 폭탄테러가 발생했다

정에서 재미있는 언어문화가 만들어졌다. 노년층은 식민지 교육의 영향으로 대개 프랑스어를 잘 쓴다. 물론 아랍어도 능숙하지만 글로 쓰라면 못 쓰는 경우가 제법 많다고 한다. 그런데 독립 이후 아랍어가 공용어가 되자 반대 현상이 일어났다. 젊은 세대는 아랍어는 잘 쓰고 말하지만, 프랑스어는 말은 해도 읽거나 쓰지 못하는 경우가 더러 있다고 한다.

알제리 인구의 약 30퍼센트는 베르베르인인데, 그들도 그들만의 언어가 있다. 방언이 많지만 베르베르인이 쓰는 언어를 통칭해 베르베르어라고 한다. 다행스럽게도(?) 베르베르어 방언들은 문자가 없다. 베르베르족 중에서 투아레그족만 별도의 문자를 가지고 있다고 한다. 안 그래도 알제리 길거리의 간판이 가뜩이나 어수선한 판에, 만약 베르베르어까지 문자가 있었다면 알제리의 간판들은 3개 언어를 함께 써야 했을 것이다.

방향을 틀어 언덕을 내려왔다. 디도쉐 거리를 지나 바다 쪽으로 가면 오딘Audin 광장이 나오고 그 옆에 알제대학이 있다. 1870년 설립된 알제리 최고의 학부이다. 《이방인》의 작가 까뮈가 졸업한 대학이기도 하다. 그는 이 대학에서 스승이자, 《지중해의 영감》의 저자인 장 그르니에를 만나 본격적인 문학수업을 시작했다.

이어지는 도로를 따라 바닷가 쪽으로 내려오면 중앙 우체국 건물이 나타난다. 그 앞에는 광장이 있고 광장 맨 안쪽에 정부 청사가 있다. 우리나라로 치면 세종로 광장 쯤 되는 곳이다. 우리가 귀국한 이후 대형 차량폭탄 테러가 바로 이 부근에서 발생했다고 전해진다. 가장 번화한 곳 중 하나이기 때문에 그만큼 희생자도 많았다.

중앙우체국 근처에 그럴싸한 노천카페가 있어 자리를 잡고 앉았다. 겨울이지만 날씨가 따뜻한 북아프리카에서는 역시 야외에서 사람 구경하면서 차를 마시는 것이 제격이다. 춥지도 덥지도 않은 최적의 기후다. 마침 근처에 책방이 보이기에 들어갔다. 영문 여행 가이드북을 찾았지만 없었다. 그 후로도 몇 군데 서점을 더 들렀으나 영문 가이드북은 끝내 구하지 못했다. 대신 프랑스어 판 대형 알제 시내 지도를 구입해서 그나마 요긴하게 사용했다.

까뮈도 파농도 없다, 지단은 있다

해안도로를 따라 카스바 방향으로 계속 걸어갔다. 알제 항이 빤히 내려다보인다. 항구가 넓고 화물선도 제법 많다. 물동량이 많은 모양이다. 알제리는 인구가 많고 경제개발이 한창이라 앞으로 항구의 역할은 더욱 커질 것이다. 해안도로 역시 자동차와 사람으로 넘쳐났다. 사람들의 소란스러운

체 게바라 거리

목소리까지는 괜찮지만, 연신 빵빵대는 자동차 클랙슨 소리가 운치를 깼다. 가다 보니 체 게바라 거리가 나왔다. 중남미 혁명영웅이 아프리카까지 그 명성을 떨치고 있다.

카스바 부근에서 동상을 보았다. 이번 여행에서 만큼은 드문 광경이다. 말을 탄 채 칼을 높이 치켜 든 알제리의 독립운동가 에미르 압둘 카미르의 동상이다. 그는 알제리 독립운동의 전설적인 영웅이다.

그 동상을 보자 알제리 독립운동의 또 다른 영웅이 떠올랐다. 프란츠 파농이다. 그는 식민지 문제뿐만 아니라 흑백 인종차별에도 온몸으로 맞서 싸웠다. 그의 저서 《대지의 저주받은 자들》은 세계적인 저작이다. 우리나라에서는 1980년대의 대표적인 금서였다.

파농은 중남미 카리브해 마르티니크라는 프랑스 식민지에서 태어난 흑인이었다. 태생적으로 프랑스 국적을 가졌지만, 알제리로 이주한 그는 알제리의 독립을 위해 조국 프랑스에 대항해 비타협적으로 싸웠다. 의사 출신으로 사상과 지식이 뛰어나 당대 프랑스 지성인들로 알려진 샤르트르, 까뮈, 보바르 등과 교류했지만, 흑인이라는 이유로 인종 차별을 몸소 겪으며 고뇌했다.

프랑스 국적을 과감히 차버린 파농은 알제리의 독립운동에 혈혈단신으로 뛰어들었다. 그 후로 모든 종류의 차별에 온몸으로 저항했다. 그는 '유럽의 복지와 진보는 흑인, 아랍인, 인도인, 황색 인종의 땀과 시체 위에 세워진 것' 이라고 주장했다. 그는 실천운동뿐만 아니라 저서로도 많은 족적을 남겼다. 《아프리카의 혁명을 위하여》, 《검은 피부 하얀 가면》 등이 그의 대표작이다.

파농은 알제리 독립을 몇 달 앞두고 백혈병으로 쓰러져 세상을 떴다. 그러나 그의 삶은 제3세계 국가 탈식민지운동의 전범으로 여겨졌다. 제국주의에 대항한 풍운의 혁명가로 중남미에 체 게바라가 있었다면, 아프리카엔 프란츠 파농이 있었다.

알제리에서 떠오른 인물 중 또 하나는 까뮈다. 그의 젊은 시절 행적과 작품을 보듬는 일은 바로 알제리를 뒤지는 일이라고 할 만큼, 그와 알제리는 인연이 깊다.

까뮈는 우리에게 《이방인》, 《시지프의 신화》, 《페스트》 등으로 유명하다. 그는 1913년 알제리 몽도비에서 태어나 알제 시내 빈민가에서 성장했다. 알제대학교 철학과 시절 평생의 스승 장 그르니에를 만나면서 세상에 눈을 떴다. 그의 권유로 공산당에 입당했고, 그 후로 왕성하게 사회참여 활

압둘 카미르 동상

알제리의 영웅 지단

동을 시작했다. 그는 신문기자를 거쳐 프랑스에서 작품활동을 하면서 약자를 대변하고 파시스트에 저항하는 레지스탕스의 필봉 역할을 했다.

그러나 그는 알제리 출신임에도 알제리와 프랑스 간의 독립전쟁에서 침묵을 지켰다. 나이가 들면서 행동주의에서 정관주의로 바뀌었다는 설도 있고, 당시 알제리에 거주하고 있던 친척들이 피해를 당할까 봐 입을 닫았다는 설도 있다. 비록 그가 노벨문학상을 수상하고 대문호로 칭송받았지만, 그의 침묵은 고향 알제리에서 그의 흔적이 사라진 이유가 됐다.

파농과 까뮈는 지금 알제리에서 사라졌다. 사람들은 그들을 거의 기억하지 못한다. 알제리 사람 십여 명에게 물었지만 아무도 그들을 알아보지 못했다. 대신 그 자리를 다른 영웅이 메우고 있다. 그 대표적인 인물이 축구영웅 지네딘 지단이다. 비록 프랑스 국가대표 선수로 활약했지만, 그는 알제리 출신 이민 2세대 교포다. 알제리에서는 그가 등장하는 광고판이나 사진을 흔히 볼 수 있다.

지단의 아버지는 알제리 독립전쟁 당시 프랑스군에 차출된 아르키Harkis 출신으로 알려져 있다. 알제리는 독립 후 식민지 잔재 청산작업으로 차출 프랑스군 50만 명 중에서 15만 명을 처형했다고 한다. 그래서 지단 가족은 고향 알제리로 돌아올 수 없었다. 그가 프랑스 남부의 항구도시 마르세이유 빈민촌에서 태어난 이유다. 지단이 평상시에도 잘 웃지 않고 골을 넣어도 다른 선수들처럼 요란하게 골 세레모니를 하지 않는 이유가 이런 속사정, 즉 불행한 가족사 때문이 아닌가 생각해본 적이 있다.

프랑스의 치부를 다룬 영화 〈앵디젠〉

알제리의 현대사는 무척 파란만장했다. 132년간의 프랑스 식민통치시기에 백만 명 이상이 독립운동과 관련되어 죽었고, 독립 이후에는 이념 갈등으로 인해 15만 명 이상이 목숨을 잃었다. 많이 잠잠해졌다고는 하나 테러와 갈등은 아직 현재진행형이다.

〈앵디젠〉. 국내에는 〈영광의 날들〉 이란 제목으로 개봉되었다.

프랑스와는 아직 빚이 많이 남아있다. 많이 알려진 사실이지만 2차 대전 당시 프랑스군은 프랑스 사람만으로 구성된 군대가 아니었다. 3분의 1은 20여 개국 출신의 용병이었다. 알제리에서 가장 많은 20만 명 이상의 젊은이들이 동원됐다. 그 젊은이들은 강요된 조국, 프랑스를 위해 젊음을 바쳐야 했다. 많은 희생이 따랐지만 결과는 다행히도 승전이었다. 프랑스 군인들은 라 마르세예즈를 부르며 보무도 당당하게 엘리제궁으로 행진했다. 그러나 알제리를 비롯한 식민지 출신의 용병들은 배제됐다. 이러한 차별은 최근까지 이어져왔다.

전쟁이 끝나고 나이든 용병들은 퇴역했다. 일부는 프랑스에 남았고 대부분은 진짜 조국으로 돌아갔다. 물론 프랑스는 이들에게도 연금 혜택을 주었다. 그러나 프랑스 출신에 비해 3분의 1 수준이었다. 명백한 차별이었다. 이에 대한 고발이 이루어졌다. 2006년 칸 영화제에서 주연배우 5명이 공동으로 남우주연상을 수상한 〈앵디젠〉이란 영화였다. '앵디젠(Indigenes)'은 '토착민'이란 뜻이다. 이 영화를 본 시라크 대통령은 연금을 인상하겠다고 약속을 했고 실천했다. 영화의 승리이자, 역사적 진실의 승리다. 늦었지만, 프랑스의 제국주의적 치부를 씻는 데 영화가 한 몫 한 셈이다.

프랑스를 두둔하는건 아니지만, 한국인에 대한 징용, 정신대 강제동원 등 역사적 사실조차 부인하는 일본을 보면 정말 개탄스럽다.

순교자의 광장

알제리 사람들은 프랑스를 싫어하면서도 한편으론 동경한다. 프랑스는 이들에게 기회와 성공의 땅으로 인식되고 있다. 지네딘 지단 외에도 알제리 출신으로 프랑스에서 성공한 유명인들이 여럿 있다. 세계적인 디자이너 입생 로랑은 알제리 오랑에서 태어나 프랑스로 간 이민 1세대 출신이다. 그는 크리스찬 디오르 문하에서 세계적인 디자이너로 성장했다. 또 영화 〈카미유 클로델〉의 여배우 이자벨 아자니는 아버지가 알제리 출신이다. 그녀는 파리에서 태어났지만 알제리 독립투쟁에 대해 칭송의 메시지를 보내기도 했다. 이처럼 프랑스에서 성공한 동포들을 보면서 알제리 젊은이들은 지금

순교자 광장의 제디드 모스크

도 프랑스 드림을 꿈꾸고 있다.

알제리는 심각하고 우울한 시대를 넘어 가볍고 밝은 시대로 나아가고 있다. 독립, 이념, 혁명, 투쟁 등 역사적 개념들은 이제 알제리 사람들에게 어필하지 못한다. 대중문화, 대중영웅의 시대가 됐다. 앞으로 보다 경제가 활성화되고, 사회가 개방될수록 사람들의 관심은 더 가볍고 흥미로운 일에 쏠리게 될 것이다. 이것은 알제리 사람들만의 문제가 아니다. 세계의 공통적인 흐름이기도 하다. 우리 역시 김구와 안중근을 기억하지 못하는, 아니 기억할 필요가 없는 사회가 될 수도 있다. 그때가 되면 그것이 옳은가 그른가의 논쟁조차도 공허하게 될지 모른다.

체 게바라 거리의 끝은 '순교자 광장'이다. 프랑스 식민지 시절에는 구

베르느망 광장이었다. 광장 끝에는 버스와 택시 터미널이 있고 서쪽편 언덕에는 구시가지 카스바가 보인다. 바다 쪽에는 하얀 빛깔의 모스크(제마 엘 제디드Djemaa el Djedid)가 자리 잡고 있다. 미나렛 일부 장식만 빼고는 담이든 지붕이든 모두 하얀 색이다. 아주 아담하고 예쁘다.

광장의 오후는 아늑하고 부드러웠다. 그러나 이 광장과 카스바 언덕은 지극히 불행했던 알제리의 현대사를 품고 있는 증인이기도 하다. 카스바는 알제리 독립운동의 진원지였고, 이 광장은 이름에서 알 수 있듯이 많은 사람들이 희생을 당한 곳이기도 하다.

지중해 절벽 위에 올라앉은 도시 오랑

2월 21일

새벽부터 부슬부슬 비가 내렸다. 이틀 전 트리폴리를 떠날 때 내리던 새벽비는 잠시 지나가는 수준이었고, 오늘 비가 이번 여행에서 처음 맞이하는 비나 다름없었다. 많이 내리지는 않았지만, 비행기로 오랑을 다녀와야 하기 때문에 불편했다. 게스트하우스에서 5시 30분에 출발했다. 비행기 출발 시각은 7시고, 비행시간은 50분이다. 국내선도 검색이 엄격했다. 서너 차례 검문검색이 반복됐다. 짜증은 좀 났지만 안전을 위한 조치인 만큼 감수해야 했다.

오랑 공항에 내리자마자, 대합실에 있는 여행사 부스를 찾았다. 렌터카를 알아보기로 했다. 영어가 안 통해 어렵게 상담한 결과, 기사가 딸린 중

산타크루즈 언덕에서 내려다본 오랑 시내 전경 (© 최순남)

형 승용차가 하루에 5천7백 디나르였다. 약 7만5천원이다. 한국에 비하면 그리 비싼 것은 아니지만, 알제리 물가로는 비싼 편이다. 더욱이 영어를 할 줄 아는 기사는 없다고 했다. 고민하다가 밖으로 나왔다. 택시 대절 가격을 알아본 후 결정하기로 했다.

택시가 줄지어 서 있고, 기사들이 무리지어 잡담 중이었다. 영어 할 줄 아는 사람은 없었다. 그들은 우리가 무엇을 요구하는지 모르면서도, 서로 자기가 맡겠다고 아우성을 쳤다. 의사소통이 안 돼 고민하던 차에 길 건너 편에서 젊은 아가씨 둘이서 손짓을 했다. 택시기사 중 누군가가 아가씨들에게 통역을 부탁한 것이다. 협상이 쉬워졌다.

우리의 요구가 전달되자, 누군가 4천 디나르를 불렀다. 우리는 3천으로 끌어내렸다. 그러자 서너 명이 돌아섰다. 한 사람만이 진지하게 협상에 임했다. 키도 크고 덩치가 좋은 40대 아저씨였다. 그와 줄다리기 협상 끝에 3천5백 디나르로 최종 확정했다. 렌터카보다 2천 디나르 이상 싸다.

그런데 기사의 안내를 받아 다가간 택시가 세상에 그런 고물이 따로 없었다. 차종은 프랑스산 대형 푸조였는데, 폐차장에서나 볼 수 있을까, 심하게 낡은 모양새였다. 그러나 시내를 주로 다닐 예정이니 굴러가기만 하면 된다는 생각에 올라탔다. 인상이 순해 보이는 기사 오마르를 믿기로 했다.

첫 행선지는 산타크루즈 언덕과 성모 마리아 성당이었다. 오랑의 모습을 한눈에 볼 수 있는 최고의 전망 장소다. 산 중턱에 위치하고 있어 도시 어디서든 바라보이는 건물이다. 고물차지만 가파른 언덕을 사뿐 하게 올라갔다. 보슬비도 거의 멈췄다. 간간히 해가 비치기도 했다. 고마운 일이다.

역시 명불허전이었다. 오랑을 소개하는 사진이 대부분 이곳에서 찍은 것들이다. 도시의 전경이 한눈에 들어왔다. 누군가 오랑을 '지중해를 등지고 돌아앉은 도시'라고 했는데 그 말이 딱 들어맞았다. 오랑 항구 인근의 낮은 골짜기 지역이 움푹 파인 모양으로 들어서 있는데, 여기가 옛 시가지로 지금은 빈민촌으로 전락했다. 동쪽을 보면 활처럼 휜 케비르 만이 보인다. 바다와 단절된 수십 미터 높이의 절벽이 해안선을 따라 장엄하게 서 있다. 신시가지는 그 절벽 위에 덩그러니 올려져 있는 모습이다. 구 시가지를 보면 '지중해를 등지고 앉은 도시'라는 말이 맞지만 신시가지를 보면 '지중해 절벽 위에 올라앉은 도시'가 더 어울려 보인다. 날씨만 쾌청했으면 멋진 사진이 나올 수 있었을 텐데…. 최 선생은 끄물끄물한 하늘을 못내 아쉬워했다.

알제리의 '미운 오리' 오랑

오랑은 알제리 서쪽 끝부분에 위치한 항구도시로 10세기에 건설된 알제리의 두 번째 도시이다. 모로코와 가까워서 일찌기 스페인의 지배를 받았고, 오스만투르크 시대에는 아랍 도시로 발전했다. 프랑스 식민지 시대에는 인근에 군항이 들어서면서 군사적 요충지가 됐다. 언덕 위의 신시가지는 대부분 이 때 건설되었다. 스페인, 프랑스 등 유럽인 비율이 상대적으로 높아 알제리 독립을 반대하는 움직임이 일기도 했다. 그래서 알제리 사람들의 눈총을 샀다. 특이한 입지와 생김새만큼이나 독특한 이력을 가진 도시라 할 수 있다.

아름 광장 오페라 극장

시청사 앞의 사자상

세련된 오랑의 여인들

젊은 여성들과 친해지는 비결

언덕 중턱을 가르는 도로에서 아래쪽은 성모 마리아 성당, 위쪽은 포트 산타크루즈가 차지하고 있다. 성모 마리아 성당은 내부를 제외하고는 마음껏 돌아다닐 수 있다. 지금은 사용하지 않는 성당이다. 종탑 위에 서서 오랑 시내를 굽어보고 있는 성모 마리아 상이 인상적이다.

산꼭대기에 자리 잡고 있는 포트 산타크루즈는 들어갈 수 없었다. 아예 잠겨 있었다. 보수공사 중인지 철문 사이로 인부 몇몇만이 분주했다. 산타크루즈 언덕에서 오랑의 신선한 공기를 한없이 마시고 시내로 내려왔다. 처음 들른 곳은 아름 광장이었다. 광장에 면해 오페라 극장과 오랑 시청이 있다. 우리로 치면 시청 앞 서울 광장 격이다. 시청은 청사 앞에 서있는 두 마리의 사자 상으로 유명하다. 김화영 교수는 《알제리 기행》에서 이 사자 상에 대해 까뮈가 쓴 얘기를 전하고 있다. '어두워지면 사자들이 받침대에서 내려와 광장을 돌다가 무화과나무 밑에서 오줌을…' 눈다는 것이다.

북아프리카를 다니면서, 특히 알제리에서 최 선생이 나를 절절히 부러워한 것이 하나 있다. 앞장서가다가 필자가 안 보여 뒤돌아보면 항상 젊은 여성들과 얘기하고 있더라는 것이다. 젊은 여성들과 쉽게 친해지는 비결이 무엇이냐고 물었다. 질투 반, 부러움 반이다. 그런데 콜럼부스의 달걀 얘기처럼 방법은 간단하다. 얘기하고 싶은 사람이 있으면 계속 쳐다보면 된다. 눈이 1초 이상 마주치면 상대방은 반드시 반응을 보인다. 반응은 대개 세 가지인데, 재빨리 눈길을 피하는 사람이나, 미소를 지으면서도 걸음이 빨라지는 사람이 있다. 이들은 아직 대화 준비가 안 된 사람들이다. 붙잡아봤자 백전백패다. 반면에 눈길을 피하지 않고, 눈웃음을 지으며 호기심을 보이는 사람이 있다. 이 경우는 대부분 백발백중이다.

그런데 남녀노소 그 많은 사람들 중에서 왜 늘 젊은 여성이냐고? 그 비결도 간단하다. 남성이나 나이 든 여성에게는 눈길을 보내지 않으면 된다!

네 나라 중에서 알제리가 가장 적중률이 높았다. 세 번 정도 눈길을 보내면 한 번 이상은 대화가 이루어졌다. 그만큼 알제리 젊은 여성들의 의식은 상대적으로 개방되어 있다.

철 지난 바닷가, 안달루스 비치

아름 광장에는 사진사들이 여러 명 자리 잡고 있다. 우리나라에도 관광지에 사진사들이 많았던 때가 있었다. 소득이 높아지고, 디지털 카메라가 급격히 보급되면서 지금은 거의 사라졌다.

광장을 돌면서 사진을 찍는데 두 명의 사진사가 다가왔다. 최 선생의 고급 디지털 카메라를 보더니 부러워했다. 명색이 사진사인데, 자기 것보다 더 좋은 카메라를 보니 기가 죽은 모양이었다. 표정이 약간 떨떠름했다. 아직 아날로그 시대를 살고 있는 그들이다.

다음 코스는 국립박물관이었다. 여기도 알제 바르도 박물관처럼 입장료가 20디나르에 불과했다. 입장료가 싸서 실망감이 앞섰다. 역시 인상적이지 못했다. 알제리의 박물관들은 정말 별로였다. 실제 유물들이 별로 없는지, 아니면 전시 기술이 떨어지는지, 그것도 아니면 혹은 유물들을 식민지 시절 프랑스에 빼앗겼는지는 몰라도 한 시간 이상 구경할 게 없었다. 그보다는 예정에 없던 박물관 건너편 재래시장 구경이 훨씬 좋았다.

철 지난 안달루스 비치

방향을 틀어 재래시장 쪽으로 향하자, 택시기사 오마르가 바짝 따라 붙었다. 인상을 쓰면서 가방, 카메라 등을 가리킨다. 소지품을 조심하라는 뜻이다. 세계 어디를 가든 재래시장은 볼거리가 많다. 사람이 많은 곳엔 소매치기도 많다. 하지만 내 여행 경력이 벌써 몇 년인데! 염려할 것 없다고 사인을 줬다.

시장 통에서 점심을 먹기로 했다. 여기도 가장 간편한 점심은 터키식 케밥이다. 오마르에게 케밥 레스토랑으로 가자고 했더니 한 허름한 식당으로 안내했다. 세 명의 점심값을 합해도 기껏 2천원이 안 된다.

식사 후에는 교외로 나섰다. 산타크루즈 언덕이 있는 산을 휘돌아 나가 해변도로로 약 30킬로미터쯤 가면 안달루스 비치가 있다. 까뮈가 오랑에 머물 때 자주 찾았다는 해변이다. 모래사장은 수 킬로미터에 달할 만큼 상당히 넓었다. 그러나 지금은 엄연한 겨울, 찾는 사람이 별로 없었다. 까뮈는 "겨울과 봄 밖에는 호젓하지 않다"고 말했다. 그의 말처럼 겨울바다는 아주 호젓했다.

해변에서 간신히 노천카페를 찾아내 따뜻한 커피를 마셨다. 커피를 마시며 조용히 알제와 오랑을 되새기기에 좋은 분위기였다. 이곳에서 오랑 시내 쪽으로 조금 되돌아 들어가면 오스만투르크 시절 조성된 아인 투르크 마을이 있다. 아름다운 지중해를 조망할 수 있는 전망 명소다.

도서관이 된 노트르담 성당

끌레베르 광장은 구시가지에서 신시가지로 가는 교차점이자, 바다로 나가

도서관으로 변한 노트르담 성당 (© 최순남)

는 관문이다. 신시가지가 있는 언덕과 바다 사이에 위치해서 광장은 비탈을 따라 비스듬히 누워있다. 옛 시청 건물과 시장이 근처에 있었다고 하나, 지금은 오래 된 건물들만이 과거의 영광을 증언해주고 있다. 까뮈에 얽힌 사연들이나 흔적은 찾을 길이 없다. 이곳도 지단 광고판과 위성방송 안테나들만 어지럽게 널려 있을 뿐이다.

이어서 우리는 오마르에게 노트르담 성당으로 가자고 했다. 노트르담 성당 주변이 오랑의 중심가이다. 노란색 성당 건물 한쪽에 법원과 관공서가 있고, 다른 쪽에는 쇼핑거리가 이어진다. 오마르의 안내에 따라 당연히 성당이려니 생각하고 들어갔는데, 성당 분위기가 아니라서 순간 당황했다. 알고 보니 노트르담 성당은 시립도서관으로 사용되고 있었다. 제단과 스테

인드글라스 등은 그대로 남아있지만, 예배를 보던 공간은 테이블과 의자로 가득 차 있고 신자들 대신 학생들이 열심히 공부하고 있었다. 시대가 바뀌면서 건물의 용도가 바뀌는 것을 여러 차례 봤지만, 대개 성당이 모스크로, 또는 모스크가 성당으로 바뀌었지 도서관으로 바뀐 경우는 처음 보았다.

성당을 나와 1시간 가량 주변 번화가를 돌아다녔다. 상점과 사람을 구경하기 위해서였다. 최 선생이 직업상 새로운 디자인이나 상품 구경을 좋아해 한 카펫가게로 들어갔다. 주인에게 양해를 구하고 사진을 찍었다. 메디나에서 보던 이슬람 전통문양도 아니고, 추상적인 현대식 문양도 아니었다. 최 선생은 과거와 현재를 잘 조화시킨 퓨전문양이라고 설명했다. 오랑에는 아랍, 오스만투르크, 프랑스, 스페인이 혼합되어 있으며, 카펫 디자인도 마찬가지라고 했다. 그러고 보니 오랑은 알제리에서 가장 라틴을 닮은 도시다. 그 멋을 제대로 느끼고 싶다면 카펫가게에 들러보시라.

공항으로 가기 위해 막 출발하는데, 골목 모퉁이에서 술을 파는 가게를 발견했다. 알제리는 술을 허용하긴 하지만, 술 파는 상점을 찾기가 쉽지 않다. 잠시 들러 알제리가 자랑하는 와인 '마스카라' 두 병과 캔 맥주 몇 개를

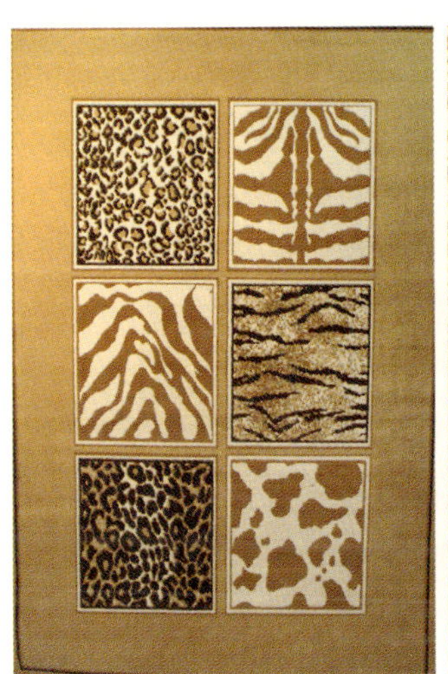

현대적 문양의 카펫 (© 최순남)

샀다. 그런데 문제는 공항 검색이었다. 액체 반입이 까다롭기 때문이다. 그렇다고 산 것을 버릴 수는 없고 그냥 부딪혀보기로 했다. 다행히 아무 일이 없었다. 검문과 검색은 철저했지만, 술 반입은 문제가 되지 않았다. 덕분에 그날 저녁 오랜만에 얼큰하게 취해서 알제리의 야경을 즐길 수 있었다.

천우신조, 티파사에 비친 햇빛

| 2월 22일

아침에 게스트하우스로 현지인 한 명을 불렀다. 1박 2일간 우리를 안내해 줄 가이드 겸 기사였다. 이름은 나심, 나이는 42살, 베르베르족 출신이다. 그가 몰고 온 차는 '시보레', 새 차였다. 새 차를 보니 여간 반가운 게 아니었다.

카빌리 사람 나심과 최 선생 (© 최순남)

그러나 이틀째 부슬부슬 내리는 비는 반갑지 않았다. 야외 유적들을 찾아다니기가 불편하고, 띠지우즈와 베자이아 가는 길이 산악도로라서 빗길은 위험이 따르기 때문이다.

먼저 티파사Tipasa에 들르기로 했다. 티파사는 알제에서 서쪽으로 70킬로미터 정도 떨어진 로마 유적지이다. 애초 로마 본토 퇴역 군인들의 생활과 휴식을 위한 식민도시로 건설됐다. 처음에는 BC 7세기경 페니키아 도시로 시작됐지만, 카르타고처럼 그 때의 흔적은 찾아볼 수 없다. 물론 현재 남아있는 유적들은 대개 비잔틴 시대의 것들이다. 1982년 세계문화유산으로 지정된 값진 유적지이지만 방문객들은 많지 않았다. 입장료도 싸서 20디나르, 약 260원에 불과했다.

출입문을 들어서자 바로 흰색 안내판이 보였다. 프랑스어로 쓰여 있지만. 대강 어디에 뭐가 있는지 알아볼만했다. 관람하면서 참고하려고 카메라로 안내판을 찍는데, 출입구 경비가 막 손짓을 했다. 사진을 찍지 말라는 것이었다. 안내판만 금지인지 유적지 전체가 금지인지는 알 수 없지만, 이럴 땐 물어보지 않는 게 낫다. 만약 물었다가 전체가 금지라고 하면, 사진을 안 찍을 수도 없고 오히려 찜찜해진다. 그냥 야외 유적지가 촬영금지일 리 없다는 신념으로 은근슬쩍 찍고 다니는 게 차라리 맘 편하다.

거짓말같이 비가 멈췄다. 간간이 햇빛이 비치기도 한다. 오랑에서 산타크루즈 언덕에 올라갈 때도 그랬는데, 행운이다. 대부분의 유적은 성벽 안쪽에 있다는데, 2킬로미터나 된다는 성벽을 찾기가 쉽지 않았다. 이 성벽 안에서 카피톨리움 신전, 포럼, 대 바실리카, 공동 목욕탕, 원형경기장, 극장을 찾아다니는 것이 관람코스다. 그런데 유적보다도 오히려 주변의 숲과 언덕, 그리고 병풍처럼 둘러선 바다가 더 훌륭했다.

앙증맞게 부서진 돌계단과 적당히 젖은 야트막한 둔덕길은 참 정겨웠다. 간혹 데이트 중인 연인들도 보였다. 그들은 적갈색 바위나 언덕 뒤편에서, 또는 유적과 유물 뒤편에서 불쑥불쑥 튀어나왔다. 이곳은 관광객보다는 연인들에게 더 어울리는 장소다. 사람들을 모아놓고 'BC 7세기 페니키아, 로마, 비잔틴…'을 들먹이는 가이드의 목소리보다는, 연인들의 달콤한 밀어가 백배 천배 어울리는 곳이다. 특히 유적의 빛깔과 질감이 그렇다.

티파사 유적은 컬러들의 수다

입구를 지나 조금만 걸어가면 바닷가로 나갈 수 있다. 이곳이 가장 티파사

© 최순남

티파사 유적지

다운 곳이다. 까뮈가 '잘 구워진 빵' 같다고 비유한 불그스름한 기운이 스며있는 유적과 대지의 황토색, 조용히 가라앉은 지중해의 진한 파랑색, 그리고 무성한 올리브나무와 갑풀들이 빚어내는 녹새, 이 세 가지 빛깔이 너무나도 절묘하게 버무려져 있다. 황, 청, 녹의 세 가지 컬러가 모여서 수다를 떨고 있다. 그 중 가장 목청 큰 색은 청이다. 대지에 부딪치며 '철썩철썩' 울음소리를 만들어 댔다. 누런 대지와 푸른 수풀도 그에 못지않다. 짙푸른 빛깔은 꿈틀거리며 온몸으로 화답한다. 마법에 홀린 듯 감동의 눈길을 뗄 수도 돌릴 수도 없다.

다 폐허들이다. 무너진 기둥과 집터만 구분될 뿐 성한 건물이 하나도 없는 폐허다. 그런데 건물이 온전히 서 있는 것보다 훨씬 낭만적이다. 무너지고, 깎이고, 닳아서 지금에 이르렀지만, 그 덕분에 더 절묘해졌다. 까뮈는 티파사를 '지구상에서 가장 아름다운 곳' 이라고 노래했다. 이 감동을 작가처럼 표현할 능력은 없지만, 빈터로 전락한 폐허가 빚어내는 아름다움이야말로 천상의 신비라는 것은 안다. 압도적인 아름다움 앞에서 나는 완전히 무장해제 당하고, 표현력의 부재를 한탄할 수밖에 없었다.

티파사에서 가장 전망이 좋은 곳은 바실리카 건물터이다. 지금은 벽면의 아치 장식 네 개만 덩그러니 남아있지만, 과거 비잔틴 시대에는 가장 큰 성당이었다. 가로 52미터, 세로 42미터의 바닥에는 지금도 모자이크 작품들이 군데군데 남아있다. 비와 바람을 그대로 맞고, 발길에 밟히는 처지가 몹시 안타깝지만 아직은 문양과 디자인이 제법 선명하다. 주변의 멋진 전망을 렌즈에 담기 위해서는 그 모자이크 바닥을 밟고 다닐 수밖에 없었으니, 그것이 바닥의 운명이리라.

아랍, 이슬람 그리고 까뮈

티파사, 알제, 오랑 모두 까뮈와 연관된 곳이다. 그러나 까뮈와 알제리는 그다지 친해 보이지 않는다. 까뮈가 어려웠던 시절은 알제리에서 보냈고 좋은 시절은 대부분 프랑스에서 보냈다는 점, 그리고 알제리 독립에 어정쩡한 태도를 보였다는 점 때문이다. 무엇보다도 까뮈의 머릿속에는 '아랍 알제리' 가 없었다.

티파사의 아름다움을 표현한 한 산문에서도 '아랍 알제리'는 빠져 있다. "아름다운 해변이 존재하고 있는 곳이 우리의 조상이 되었던 카르타고, 모리타니아 사람들과 페니키아, 누미디아의 후손들, 그리고 로마 시절 알제리에 살았던 사람들 …"만 그의 조상으로 묘사된다. 까뮈는 비록 알제리를 좋아하고 그리워했지만, 그의 알제리는 '아랍 알제리'나 '이슬람 알제리'가 아니었다.

《이방인》에서 뫼르쏘가 죽인 사람은 하필이면 왜 '아랍 사람'이었을까? 그의 소설 속에서 알제리의 도시는 대개 암울하고 부정적이다. 특히 작품 《페스트》 때문에 까뮈는 오랑 시민들의 항의와 협박편지를 받기도 했다고 전해진다.

카빌리 족의 도시, 띠지우즈

티파사 유적지는 싱그러운 숲이자 생태공원이다. 유적지 사이로 구석구석 뻗어있는 오솔길이 정겹고 아름답다. '올리브 나무 사이로' 오래도록 산책하면서 향기에 취해보고 싶지만 그럴 시간이 없었다. 근처에 있는 박물관에 들른 후 원행 차비를 마쳤다. 관람을 막 끝내자 다시 비가 뿌리기 시작했다. 천우신조라고나 할까?

차는 동쪽을 향해 달리기 시작했다. 리비아의 도로가 평면과 직선이었다면 알제리의 도로는 높낮이가 심한 곡선의 연속이었다. 고속도로를 벗어나 2차선 도로로 접어드니 길은 더욱 험해졌다. 갈수록 골짜기가 깊어진다. 특이한 광경이 나타났다. 높이 보이는 산꼭대기에 마을이 있는 것이다. 능선을 따라 집들이 서 있다. 아니 건물 지붕이 능선을 형성하고 있다. 카빌

카빌리 사람들의 전통의상

리족 사람들이다.

우리가 가는 띠지우즈는 대표적인 카빌리Kabyle 족의 도시이다. 카빌리 족은 북아프리카의 원주민 베르베르인 부족 중 하나다. 이들은 아랍이 침입하자 타협하지 않고 싸우다가 산으로 도피했다. 오스만투르크가 침공했을 때도 또 많은 사람들이 산을 선택했다. 그때 올라가서 수백 년이 흐른 지금까지 내려오지 않고 있다. 그래서 알제리의 다른 지역보다 가톨릭 신자로 남아있는 사람의 비율이 상대적으로 높다고 한다. 기독교계 신학교와 수도원이 띠지우즈에 여전히 남아있는 이유다. 까뮈가 신문기자 시절 카빌리 사람들의 고통스럽고 참혹한 삶을 다룬 르포기사를 써서 그들의 삶이 본격적으로 외부에 알려졌다.

우리를 안내하고 있는 나심도 카빌리 족 출신이다. 물론 그는 산에서 살지 않고 알제 시내에서 살고 있다. 그도 파농이나 까뮈를 모른다. 그러나 축구영웅 지네딘 지단은 잘 알고 있다. 지단이 워낙 유명하기도 하고, 또 지단이 나심과 같은 부족이기 때문이다. 지단은 이곳 카빌리 족의 후예다.

산꼭대기에 사는 사람들

띠지우즈는 전형적인 전원도시였다. 생각보다 컸다. 전통의상이 많이 보여 상당히 시골스럽다. 카빌리 족 남성들은 길고 헐거운 황갈색 망토를 걸치고 챙이 없는 양모 모자를 주로 쓴다. 노무현 대통령이 알제리를 방문했을 때 누런 빛깔의 바르누스라는 전통 의상을 입고 찍은 사진을 본 적이 있는데 그것과 비슷하다. 물론 북아프리카에는 이와 비슷한 의상이 많지만 부족마다 나라마다 약간씩 모양새와 이름이 다르다. 여자들은 물결무늬에 밝은 색상의 면직물 옷을 주로 입고 비단 스카프를 두른다.

카빌리 족은 유목과 농업 사회의 전통을 이어받아 가족 간의 유대감이 매우 돈독하다. 대도시나 외국에 이민을 가더라도 집을 자주 찾아오거나 번 돈을 송금하는 등 부양 책임감도 투철하다. 이들은 방 하나에서 모든 가족이 함께 생활하는 경우가 많아, 개인보다는 공동체 의식이 발달할 수밖에 없다고 한다.

카빌리 족은 알제리 동북 해안 산악지역에 많이 사는데, 두 번째로 많이 사는 지역이 프랑스로 알려져 있다. 이민을 많이 간 것이다. 지단 가족의 경우처럼 1차, 2차 세계대전 중에 프랑스 군에 가담했다가 그냥 눌러앉은 경우가 많은 것이다.

카빌리 족들의 산꼭대기 집들 (ⓒ 최순남)

카빌리 산맥을 넘어 베자이아로 가는 산악도로

점심을 띠지우즈에서 먹기로 하고 부지런히 달렸다. 가장 번화한 곳에 차를 세우고 식당부터 찾았다. '이집트' 라는 이름의 간이 레스토랑이었다. 베르베르인의 도시인만큼 그들의 대표적인 음식 꾸스꾸스를 선택했다. 맛있긴 했지만, 역시 밑에 깔린 조가 성에 안 찬다. 밥이었으면 얼마나 좋을까. 한국사람에게는 역시 밥이 최고다!

식사를 마치고 산꼭대기에 있는 베르베르 마을을 찾아나섰다. 띠지우즈 근교 산꼭대기 마을의 파노라마 레스토랑을 가면 띠지우즈를 한눈에 볼 수 있나는네…. 나심이 길을 잘 모르니 속수무책이있다. 현지 주민에게 길을 물어도 아는 이가 없었다. 할 수 없이 근처 산꼭대기 마을로 무작정 올라갔다. 그러나 그곳의 집들은 평지에 있는 집들과 별반 다르지 않았다. 아무래도 도시에서 벗어나 멀리 떨어져 있는 베르베르 마을을 방문해야 제멋을 볼 수 있을 것 같았다.

헤매다가 4시가 됐다. 더 이상 지체하기 어려운 시간이다. 띠지우즈에서 베자이아까지는 100킬로미터 거리지만 꼬불꼬불 산길이라 2시간 30분 이상 걸린다고 했다. 아쉬움을 남기고 길을 나섰다. 띠지우즈를 출발해 해발 1천 미터가 넘는 산길로 올라갔다. 그리고는 본격적으로 카빌리 산맥의 산악도로를 타고 달렸다.

또 다시 비가 뿌리기 시작했다. 길은 옛 대관령 고갯길처럼 무지하게 꼬불거렸다. 미끄럽기도 했다. 산꼭대기 능선도로에 도달하니 오히려 날씨가 나은 편이었다. 간간이 안개가 걷혀 다행히 멋진 경치를 볼 수 있었다. 푸른 산과 산들이 중첩되어 지나가고, 그 산 능선을 타고 우리가 지나가고 있었다. 카빌리 족 마을이 곳곳에서 보였다. 봉우리와 능선 근처에는 어김없이 마을이 옹기종기 모여 있는 것이다. 전망대에 잠시 정차해 감상했다. 이번 북아프리카 여행 중에 만난 가장 아름다운 길이다. 기억에 남는 드라이브였다. 그러나 고지대라 바람이 심하고 상당히 추웠다.

베르베르 왕국의 고도, 베자이아

알제에서 베자이아로 가는 길은 세 갈래가 있다. 지중해 해안선을 따라가는 해안도로, 강을 따라 멀리 돌아가는 평지도로, 그리고 지름길이라 할 수 있는 산악도로가 그것이다. 우리는 산악도로를 선택했다. 거리는 짧지만, 시간이 적게 걸리지는 않는다. 그러나 베르베르인들의 흔적을 구경하려면 이 길을 이용하는 것이 좋다. 평지도로가 거리로는 가장 멀지만 시간은 오히려 적게 걸린다. 모로코 출신 여행가 이븐 바투타의 '한 번 간 길은 절대

베자이아 시내

다시 가지 않는다'는 원칙처럼 우리도 돌아갈 때는 다른 길을 선택하기로 했다.

급한 내리막이 시작됐다. 산악도로가 끝나가면서 베자이아에 가까워지고 있는 것이다. 평지로 접어들자, 날이 어둑어둑해졌다. 대신 자동차의 속도가 붙었다. 멀리 불빛이 보이기 시작했다. 베자이아였다!

먼저 숙소를 찾아야 했다. 베자이아에서 동쪽으로 약 10킬로미터 쯤 떨어진 티치Tichy라는 해변마을로 갔다. 해수욕장에 접해있는 관광지였다. 나심이 우리를 한 호텔로 안내했다. 트윈 룸이 3천4백 디나르, 약 4만5천원이라고 했다. (그런데 체크아웃하면서 계산할 때 보니 실제 비용은 그게 아니었다. 알제리는 부가세가 17퍼센트였다. 결국 3,978디나르, 약 5만2천원을 내야 했다.)

베자이아 항구 풍경

우선 주린 배를 채워야 했다. 관광지라지만 겨울이라 문 연 식당이 거의 없었다. 할 수 없이 호텔 레스토랑으로 갔다. 손님이 두어 팀이 있었다. 닭고기 튀김을 주문했는데, 뼈가 마치 무궁화 꽃잎처럼 가운데 박힌 큼직한 고깃덩이가 나왔다. 그래서 다소 코믹스럽게 생긴 웨이터에게 닭고기가 맞느냐고 물었더니 그렇다고 대답했다. 닭고기가 왜 이렇게 크냐고 다시 묻자 닭 넓적다리를 가로로 잘랐다며 자신의 넓적다리를 가리키며 자르는 시늉을 했다. 장난기가 발동해 '이 요리가 당신의 넓적다리 고기냐?' 고 반문하자, 잘못 건드린 벌통처럼 알제리 사람 특유의 수다가 시작됐다. 요리 얘기, 가족 얘기 등 청산유수로 떠벌이는데, 도무지 음식 먹을 틈이 없었다. 심지어는 요리에 침이 튈 정도였다. 그러나 그는 전혀 개의치 않고 정신없이 떠들었다. 그러다 다른 손님이 불러서 가면서도 고개는 우리 쪽을 향하고 끝까지 수다를 포기하지 않았다. 걸어가는 몸짓에는 아쉬움이 가득했다. 영어는 어찌 그리 잘 하는지 ….

항도 베자이아

베자이아는 한때 베르베르 왕국의 수도였다. 11세기부터 15세기까지 번성했다. 프랑스 식민지 당시 이름은 부지(Bougie)였다. 숨만 강의 하구로, 뒤편에 바다로 뭉툭하게 돌출된 캡 카본(카본 곶)과 앞쪽으로 길게 튀어나온 해안선 덕분에 내해가 보호되어 일찍이 항만이 발달했다. 주변의 산지와 분지에서 생산되는 농산물을 실어 나르던 항구였는데, 지금은 석유를 수출하는 항구가 됐다.

베자이아의 지중해

2월 23일

아침 일찍 일어나 바닷가로 산책을 나갔다. 멀리 바다 건너편으로 큰 바위산을 등지고 앉은 베자이아 시가지가 보였다. 바위 기슭에 비스듬히 들어선 도시였다. 내륙은 평지지만 바다 쪽으로는 경사가 가팔라졌다. 시가지 뒤편의 산은 마치 거북이가 등을 곧추세우고 기어가는 모습이었다. 베자이

스키크다 절벽의 지중해 풍광

아가 항구임에도 베르베르 왕국의 도읍지가 될 수 있었던 것은, 험준한 카빌리 산맥이 천연 성채 역할을 했기 때문임을 알 수 있었다.

베자이아에 온 까닭은 도시 자체의 매력뿐만 아니라, 지중해를 즐기기 위해서였다. 베자이아를 병풍처럼 둘러치고 있는 뒷산, 즉 캡 카본Cap Carbon의 스키크다 절벽에서 보는 지중해 경치가 절경으로 꼽힌다.

우리는 시내를 거쳐 캡 카본으로 향했다. 지중해는 마그레브 모든 나라에서 볼 수 있지만, 그 빛깔과 정취는 다르다. 어찌 튀니지 시디 부 사이드의 지중해와 리비아 렙티스마그나 로마 유적지의 지중해, 그리고 알제의 카스바 지구에서 보는 지중해가 같겠는가? 역사가 다르고 문화가 다르고 그것을 일궈온 사람들이 다르면 지중해의 의미도 다른 것이다.

스키크다 절벽은 과연 명소다웠다. 산과 도시와 해변이 지중해와 적절히 섞여있어 보는 각도에 따라 다양한 풍광이 연출됐다. 차가 갈 수 있는 마

동굴과 바위산, 그리고 지중해

지막 지점에 주차장이 있었다. 주차장이자 전망대였다. 일단 거기서 길은 끊겼다. 대신 절벽의 반대편 기슭으로 갈 수 있는 동굴이 있었다. 광산의 갱도처럼 바위를 뚫어놓은 약 20미터 길이의 인공터널이었다.

동굴을 통과하면 별천지가 나타난다. 환상적인 풍경이다. 갑자기 최 선생의 표정이 달라졌다. 사진장이 본능이 빛을 발한다. 말수가 없어지고 손놀림이 바빠졌다. 동굴 건너편에 또 하나의 멋진 절벽이 있었던 것이다. 예쁜 바위산이 파란 지중해에 풍덩 빠져들고 있었다. 그 바위산은 동굴에서 좁은 도로로 이어져 있다. 인위적인 도로라 눈에 거슬리지만 좀 더 지중해 파란 바다에 다가가고 싶은 애틋한 소망이리라.

자연은, 그리고 풍광은 허허롭고 여유로워야 눈에 더 잘 들어온다. 잠시 사진기를 옆에 내려놓고 일부러 머리를 비워본다. 그렇게 멍하니 바다를 바라보면 파란색이 더 파랗게, 푸른색이 더 푸르게 보인다. 그 순간 지중해와 친구가 되고 싶었다. 지중해는 과연 내 마음을 읽었을까?

베자이아의 '검은 발'

베르베르 독립 전사의 동상 (© 최순남)

2006년 여름, 중년의 프랑스 여행단이 베자이아를 찾았다. 이들은 관광을 위해 온 것이 아니었다. 수십 년 전 자신이 살던 도시와 아파트를 찾아 나선 것이다. 130여 년의 프랑스 식민지 기간 동안 알제리에는 약 100만 명의 프랑스들이 이주해 살았다. 그러나 8년 동안 알제리 민족해방전선이 무장투쟁을 전개하고 마침내 알제리가 독립하면서 많은 프랑스인들은 선택의 기로에 놓이게 됐다. 결국 절반 이상이 프랑스로 떠났다.

그러나 그들은 본국 프랑스에서도 환대받지 못했다. 본국 사람들은 그들을 '검은 발(피에 누와르)' 라고 부르며 업신여겼다. 알제리 사람들이 주로 맨발로 다니는데 비해 검은 구두를 신고 다닌다고 해서 붙여진 별칭이다. 그들은 자신이 알제리에서 태어나고 자란 과거를 숨겨야 했다. 피는 같지만, 출생지 때문에 차별을 받았던 것이다. 그러나 그들은 고향 알제리를 그리워했다. 고향으로 돌아갈 수 있기를 바랐다.

오랜 세월이 지나 알제리의 정치 불안이 해소되고 치안이 안정되면서 마침내 기회가 왔다. 알제리 이주가 가능해진 것이다. 그들은 알제리로 돌아가기 시작했다. 그 수가 점점 늘어 지금은 수만 명에 달한다고 한다. 그러나 그들을 보는 알제리 사람들의 표정은 떨떠름하다. 고향 사람은 고향 사람인데, 식민지 시대가 자꾸 연상되어 착잡해지는 것이다.

카빌리에 뜬 일곱 빛깔 무지개

알제로 돌아가는 길은 평지코스를 택했다. 구불구불 해안선을 따라가는 해변도로가 탐나긴 했지만, 캡 카본에서 이미 지중해를 충분히 즐긴 터라 빨리 돌아가 알제 시내를 둘러보는 것이 낫겠다고 판단했다.

베자이아를 벗어나자 도로 폭이 좁아져 왕복 2차선이 됐다. 포장 상태도 별로 좋지 않아 기대와 달리 속도를 내기는 어려웠다. 특히 화물자동차들의 운행이 많아 지체되기 일쑤였다. 빨리 가려면 다른 차들을 추월해야 하는데, 마주 오는 차 때문에 추월하기가 쉽지 않았다. 그러나 어떤 운전자도 빵빵대지 않았고 알아서들 피해갔다. 우리나라였다면 벌써 멱살잡이가 일어날 상황이었지만, 알제리는 그렇지 않았다.

도로의 오른쪽으로 카빌리 산맥이 보였다. 그곳은 안개가 자욱하고 비가 오는 듯했다. 그런데 우리가 가는 길엔 햇빛이 비춘다. 아니나 다를까

베자이아에서 돌아오는 길의 간이식당

선연한 무지개가 떴다. 회색빛 비구름과 안개를 배경으로 일곱 색깔 무지개가 차를 따라오고 있었다. 알제리에서 무지개의 의미는 뭘까? 맘껏 좋은 뜻으로 해석했다. 우리를 반기는 카빌리 사람들의 환영 메시지가 아닐까?

알제까지 4시간여 동안 두 번 쉬었다. 점심식사와 티타임이었다. 전형적인 시골풍 간이식당과 간이찻집을 이용했다. 이곳 역시 양고기가 주식이었다. 양꼬치구이는 우루무치 등 중국에서 경험한 맛과 비슷했다. 양고기를 별로 좋아하지 않는 최 선생에게 미안할 정도로 아주 맛있었다. 우리는 어딜 가나 호기심의 대상이 됐다. 그러나 순박한 탓일까? 알제나 오랑에서처럼 말을 거는 사람은 드물었다. 먼발치에서 물끄러미 쳐다보기만 했다.

알제리는 각종 공사현장이 너무나 많았다. 곳곳이 아주 부산했다. 정부 주도로 대대적인 인프라 건설 사업이 한창이다. 최근 알제 근교 신도시 건설사업 시공자로 한국의 중소건설업체 컨소시엄이 선정되었다고 한다. 신도시 기획부터 분양까지 3년 안에 마무리 할 수 있는 나라는 한국이 유일하기 때문이란다. 외화를 버는 것은 좋지만, 그리 개운치는 않다. 천성적으로 느긋하고 게으른 편인 알제리 사람들이 한국식 '빨리빨리' 문화를 어떻게 받아들일지 궁금하다. 점점 사람들 사이의 정은 상실되어 갈 텐데, 그것을 무엇으로 메울지 걱정도 된다.

알제리의 거대한 독립기념관

알제리는 1962년 프랑스로부터 독립했다. 130년이 넘는 긴 식민기간 동안 희생도 컸다. 백만 명이 넘는 사람이 독립전쟁 중에 목숨을 잃었다. 알제리 사람들에게 독립은 너무나 뜻 깊은 일이었다. 이를 기념하기 위해 거대한 탑 모양의 독립기념관이 알제에 세워졌다.

알제 시내에 도착하자마자 독립기념탑으로 달려갔다. 알제 시내 한 가운데 언덕 위에 있어 어디서든 잘 보인다. 우리나라에선 그만한 탑을 본 적이 없다. 탑은 세 개의 기둥이 서로 등을 기대고 있는 모습인데, 종려나무 잎사귀를 형상화했다고 한다. 세 기둥은 날렵한 곡선을 그리며 흘러내려 땅과 만난다. 그곳에는 독립운동 전사들의 조각상이 각각 세워져 있다. 그 세 개의 조각상도 육중하고 거대하기는 마찬가지다.

그다지 친근감은 들지 않았다. 기념물의 거대함에서 희생자에 대한 존중의 의미보다는 새로운 권력에 대한 복종과 순종이 강요되고 있음을 느낀다. 희생에 대한 애틋한 위로의 감정보다는 권력의 권위만 크게 부각되어 있는 것이다. 독립은 축하할 일이지만, 그것을 기념하는 방법엔 선뜻 동의하기 어렵다. 기념관 내부에는 독립운동과 관련된 각종 사진과 자료가 전시되어 있다고 한다. 그러나 금요일이라 문이 닫혀있다. 설사 문이 열려있어도 구경하고 싶은 마음은 이미 사라지고 없었다.

2005년 프랑스의 시라크 대통령이 알제리를 방문했다. 물론 알제리 독립의 상징인 이곳도 다녀갔다. 당시 엄청난 홍수로 천 명 이상의 사상자를 낸 빈민촌 밥 엘 우드를 방문해 위로했고, 점령 당시 강탈해간 오스만투르크 태수Dey의 옥새도 반환했다. 독립을 정식으로 인정하고 알제리 사람들에게 사죄하는 의미였다. 하지만 우리와 일본의 사이가 그렇듯 알제리도 과거사의 앙금이 쉽게 가시지는 않을 것이다.

독립기념관의 광장은 공원으로서 가치가 충분했다. 알제 시내가 멋지게 내려다보였다. 마치 좌청룡 우백호를 거느린 명당처럼 알제는 좌우의 아름

알제의 독립기념관 (© 최순남)

다운 해변이 지중해를 크게 품어 안고 있었다. 마침 공휴일이라 가족 단위의 나들이객이 많았다. 평화로운 광경이다. 독립전쟁과 내전을 거쳐 이제 알제리에도 평화의 시대가 다가오고 있음을 실감할 수 있었다.

아직도 얄궂은 프랑스

알제리 독립운동 전사의 동상

프랑스의 국가 이미지 중 하나가 '똘레랑스'(관용)이다. 이는 혁명을 거쳐 온 프랑스의 민주주의 전통이자 인종, 종교, 지역 갈등을 넘어선 화합 정신을 의미한다. 그러나 현대사에는 프랑스가 그에 걸맞지 않은 행동을 해서 자신의 얼굴에 먹칠을 한 사건이 남아있다. 알제리와 관련된 참극이다.

1961년 알제리와 프랑스 간 독립전쟁이 막바지로 치닫고 있을 즈음, 파리 시내에서 발생한 자그마한 사건을 구실로 파리 경찰국장 모리스 파퐁이 야간 통행금지 명령을 내리는데, 무슬림 알제리 사람에게만 해당하는 규제였다. 경찰이 통행금지 해당자를 외모로 판단한다는 좀 황당한 인종차별적 기준이 문제였다. 이러한 경찰의 조치는 알제리민족해방전선의 테러로 경찰관 11명이 사망한 사건에 대한 보복이었다. 당연히 알제리계 이민자들은 반대했다. 이민자들은 항의시위를 벌이기 위해 한 장소에 집결했다. 그러자 경찰이 시위대를 습격했다. 이 과정에서 수백 명이 사망하는 참극이 일어났다. 생 미쉘 다리에서 떨어져 죽은 사람만도 수십 명에 달했다. 그럼에도 경찰은 무슬림 간 패싸움이 벌어졌고, 그 과정에서 단지 세 명만 사망한 것으로 발표했다. 당시 드골 정부는 조사위원회 설치조차 거부했다.

이후 오랫동안 묻혀있던 사건은 발생한 지 37년 후에야 재조사가 이루어졌고, 1998년 프랑스 정부는 40명이 사망했다고 발표했다. 그러나 사건의 책임을 지고 기소된 사람은 아무도 없었다. 당시 책임자 파퐁은 엉뚱하게 나치 부역 혐의로 기소되어 처벌받았다.

이 참극은 사실상 프랑스 정부에 의해 자행되고 은폐된 비극이었다. 프랑스의 두 얼굴을 보여주는 대표적인 사건으로 남았다. 프랑스도 아직 차별과 거짓이라는 두 가지 부도덕성을 벗어나지 못하고 있는 것이다. 터키의 EU 가입 자격을 논하다가 프랑스가 터키의 쿠르드 족에 대한 인권문제를 거론하자, 발끈한 터키가 이 문제를 끄집어내 다시 입방아에 오르기도 했다.

알제리 해적과 세르반테스의 악연

독립기념관 근처에는 특이한 거리가 있다. 세르반테스 거리다. 짐작한대로 《돈키호테》의 저자 세르반테스의 이름을 딴 지명이다. 어째서 스페인 작가 이름이 알제에 남아있을까?

나는 가족들과 함께 스페인 배낭여행을 다녀온 적이 있다. 그 여행담을 《마냐나, 에스빠냐!》라는 책으로 출간했는데, 그 책을 쓰면서 세르반테스에 대한 취재를 했었다.

그의 흔적은 스페인 말고도 여러 곳에서 발견된다. 그는 1571년 오스만투르크 함대와 서유럽 연합 함대가 건곤일척의 승부를 벌인 레판토 해전에 참전했다. 세르반테스는 거기서 한쪽 팔을 잃었는데, 부상병 신세로 스페인으로 돌아오던 중 해적에 납치되어 5년간 억류생활을 했다. 그곳이 바로 이곳 알제의 세르반테스 거리다. 《마냐나, 에스빠냐!》에는 세르반테스가 알제리에서 억류생활을 했다는 얘기까지만 실려 있다. 그런데 이곳 알제 세르반테스 거리에 서고 보니 영화의 후속편을 보는 듯해 감회가 새로웠다.

세르반테스 억류 스토리에서 알 수 있듯이, 16세기 당시 알제는 해적들의 본거지였다. 서지중해 지역을 해적들이 장악할 수 있었다. 그 이유는 오스만투르크가 마그레브 지역을 장악하기는 했지만 현지 태수 체제를 유지했기 때문이다. 해적은 현지 정권 또는 부호의 비호와 지원을 받았다. 어떤 경우에는 부호들의 투자를 받아 활동한 다음 수익금의 일부를 돌려주곤 했다. 해적은 주로 납치와 전쟁포로를 통해 충당되었다.

이 지역에서 가장 유명한 해적은 '붉은 수염'이란 뜻의 바르바로사Barbarossa 형제들이다. 오스만투르크 퇴역 군인의 아들이었던 그들은 처음에 튀니지 태수의 도움으로 제르바 섬에 본거지를 정하고 해적질을 시작했다. 그러던 중 튀니지와 갈등이 생겨 알제리로 본거지를 옮겼다. 16세기 초의 일이다. 알제리 태수의 보호를 받던 그들은 당시 최강대국 스페인 본토를 공격하기도 했다. 이들 형제는 결국 알제리 태수를 몰아내고 권력을 차지

세르반테스 거리

했다. 이후 오랑 지역을 점령한 스페인과의 치열한 전투에서 형은 전사했고, 동생 바르바로사 하이드 앗딘('신의 선물' 이라는 뜻)이 태수가 되었다.

오스만투르크 술탄은 스페인으로부터 마그레브 지역을 지키기 위해 바르바로사 하이드 앗딘을 알제리 공식 술탄으로 임명했다. 그리고 오스만 군대와 갤리 선을 보내 지원했다. 공인 해적이 된 것이다. 사실상 오스만투르크 해군 사령관이 된 바르바로사 하이르 앗딘은 스페인과 싸워 오스만투르크의 이익을 지켰다. 그리고 그 기회를 발판으로 삼아 독자적으로 힘을 키워서 지중해의 전설적인 해적으로 이름을 남겼다. 19세기 초 영국과 프랑스 함대에 의해 해적행위가 근절되기까지 서지중해는 거래무역보다는 약탈무역이 횡행했다.

아름다운 성당, 알제의 노트르담

독립기념관에서 내려와 해안도로를 타고 서쪽 끝 노트르담 성당으로 갔다. 금요일(공휴일)이라 길이 훤하게 뚫려 있었다. 평일 같으면 교통체증 때문에 1시간 이상 걸린다는데, 20분 만에 도착했다. 그런데 나심이 길을 잘못 들어서 빈민촌을 지나게 됐다. 밥 엘 우드Bob el Oued 지역의 대표적 슬럼가였다. 나심이 긴장하는 눈치다. 우범지역인 것이다. 계획에 없던 슬럼가 구경을 하게 됐다. 심하게 낡고 바랜 아파트 벽과 창문, 무질서하게 내걸린 빨래가 이 지역의 빈곤을 드러내고 있었다. 까뮈가 자주 갔다는 해수욕장이 이곳 근처다. 지금은 콘크리트 광장이 들어서서 모래사장은 조금만 남아있었다.

노트르담 성당의 외관과 내부모습

마그레브 지역의 성당은 대개 모스크로 개조되었거나, 오랑의 노트르담 성당처럼 다른 용도로 사용되고 있는데, 알제의 노트르담 성당은 다르다. 지금도 미사가 정기적으로 열리는 성당이다. 금요일에는 알제리 사람들의 미사가 있고, 일요일에는 알제 거주 외국인들의 미사가 있다. 이 성당은 프랑스가 지었다. 1825년에 시작해서 1925년에 완공되었다니 꼬박 100년이 걸렸다. 오래 지은 만큼 튼튼하고 외관과 내부 장식이 화려하다. 본당 쿠폴라에는 십자가가, 본관 입구에는 성모 마리아가 지중해를 굽어보고 있다.

마침 금요일이라 사람들이 많았다. 마당 한 구석에 사람들이 모여서 아래를 내려다보고 있었다. 궁금해서 다가가보니 해변 축구장에서 경기가 열리고 있었다. 멋진 축구장이었다. 스페인 레알 마드리드의 산티아고 베르나베우 경기장보다 더 멋졌다. 관중석 너머로 지중해의 파란 바닷물이 넘실대고, 짙푸른 잔디 축구장에는 양팀 선수들이 파도처럼 밀려다녔다. 마침 커다란 배가 경기장 근처를 지나가면서 한 폭의 풍경화를 연출했다.

성당 내부로 들어갔다. 은은한 미색 조명 속에 아기예수 탄생 벽화가 시선을 끌었다. 화려한 원색 스테인드글라스 창문이 작으면서도 앙증맞다. 제단 옆에 나란히 서있는 가느다란 십자가와 못 박힌 예수의 삐쩍 마른 몸이 성스러운 분위기를 자아냈다. 규모는 크지 않지만 아기자기해서 참 예쁜 성당이라는 느낌이 들었다. 마그레브 이슬람 국가에 있는 성당이라 희귀성 때문에 관심을 가졌지만, 큰 기대를 하지는 않았었다. 초라할 것 같았기 때문이다. 그런데 막상 와 보니 그렇지 않았다. 외관이 웅장하고 내부 장식이 예뻐서 무척 아름다운 성당으로 기억될 것이다.

가난과 위험의 대명사 카스바 동네

노트르담 성당을 나와 카스바로 향했다. 카스바는 알제리에서의 마지막 방문지가 됐다. 방문 시각은 4시 30분, 알제리에 할당한 시간이 다 되어가고 있었다. 알제의 카스바는 다른 마그레브 국가의 메디나와 같은 의미다. 본래 카스바는 성채를, 메디나는 도시를 의미하지만, 카스바와 메디나는 옛 도시에서 사실상 붙어있기 때문에 거의 같은 의미로 쓰인다.

알제의 카스바는 하얀 모스크가 있는 순교자 광장부터 언덕 위까지 넓게 자리 잡고 있다. 본래 의미의 카스바, 즉 성채는 성벽 일부와 함께 언덕 위에 따로 있긴 하다.

우리는 나심에게 카스바로 가자고 했다. 그런데 나심은 우리를 곧장 언덕 위로 데리고 갔다. 우리 의도는 순교자 광장을 거쳐서 시장을 통과해 언덕을 걸어 올라가는 거였는데, 나심은 곧 바로 언덕 위로 올라간 것이다. 우리는 나심이 잘못 알아들은 거라고 생각했다. 그런데 나중에 확인해 보니 나심은 애초 카스바 지구를 통과할 생각이 전혀 없었다. 그는 카스바를 싫어하고 무서워했다.

카스바는 매우 복합적인 의미의 공간이다. 생활, 상업, 공업, 문화 등 모든 것을 포괄한다. 그 한가운데에는 대개 이슬람 사원이 있고 외곽에는 성이나 라바트가 있다. 주민들은 그 언저리에 넓게 퍼져 거수한다. 그런데 외곽에 신도시가 생기면서 카스바는 점점 쇠퇴하고 있다. 도시로서의 기능을 신도시에 빼앗긴 것이다. 그러다 보니 카스바는 낙후되어 우범지대로 전락하고 말았다. 나심이 카스바로 들어가기 싫어했던 이유는 바로 그것이었다. 위험할 뿐 볼 것이 없다는 게 그의 생각이었다.

카스바 내부 뒷골목

프랑스와의 독립전쟁 당시 중요한 아지트였던, 그래서 알제리 독립을 상징하는 아이콘이었던 알제의 카스바는 이제 도시의 흉물이 되고 말았다.

다른 나라들처럼 관광도시로 개발하였더라면 그나마 정체 속도를 완화시킬 수 있었을 것이다. 하지만 그 조차도 여의치 않았던 모양이다.

아깝게성채를 의미하는 진짜 카스바도 들어갈 수 없었다. 공휴일이어서 그랬나? 그러고 보니 카스바와는 유독 인연이 없다. 예전에 스페인에 갔을 때 세비야 알 카사바를 찾아갔다가 시간이 지나서 입장하지 못했고, 튀니지 수스와 리비아 트리폴리에서는 공사 중이라 들어가지 못했다. 알제에서도 언덕 위에 있는 주민들의 거주지(메디나)만 잠깐 둘러보는 것으로 만족해야 했다.

문명의 이종교배 흔적

북아프리카 마그레브 국가들은 지중해를 닮았다. 지중해는 다양한 종교와 문화와 사람들이 어우러진 복합적인 시공이다. 그래서 수평적이고 수다스럽다. 그 대표적인 사례가 바로 알제리다.

까뮈의 스승, 장 그르니에는 알제리의 복합성에 대해 이렇게 표현했다.

> 어떤 사람들은 진정한 알제리는 로마인들의 알제리라는 것에 동의할 것이고, 다른 사람들은 아랍인들의 알제리라는 것에 동의할 것이다. 또 다른 사람들은 마혼 장인(匠人)들과 시실리아 어부들의 알제리라고 말할 것이다. 그들 모두가 옳다. 그리고 그들은 또한 실수를 저지르고 있다. 이 나라는 그 어느 누구에게도 속해 있는 나라가 아니다. 이 나라는 이 세상 모든 사람들을 받아들인다. 후드 달린 옷을 입어서 마치 법복을 입은 듯이 보이는 토착민들이 종종 고대의 기둥들로 세워진 모스크 사원의 어둠 속에서 기도하는 것을 보게 되어도 너무 놀라지 말아야 한다. 어쨌든 이런 묘한 부

조화가, 그들에게 거슬리지 않는 것은 틀림없다.

그의 대표작《지중해의 영감》의 한 대목이다. 그의 말대로 알제리를 포함한 지중해는 복합적이고 혼합된 사회다. 누구의 것도 아니고, 또 모두의 것이기도 하다. 그것은 교류의 결과이며, 여러 세력 간 갈등의 흔적이기도 하다. 그것이 모두 엮여서 포용과 융화의 역사로 남은 것이다. 그래서 '로마적인 이슬람', 또는 '아랍스러운 가톨릭'이 발견된다. 각 종교 신자들은 인정하기 싫겠지만, 부인할 수 없는 사실이다.

지금 우리가 알고 있는 지중해의 역사는 편파적이다. 그리스와 로마, 그리고 가톨릭을 제외한 나머지는 배척되거나 애써 숨겨져 왔다. 그 과정에서 베르베르도, 이슬람도, 페니키아도 소외되고 말았다. 서구 사회가 정치경제적 헤게모니를 거머쥐면서 역사를 해석하는 기준과 주체가 일원화

노트르담 성당에서 내려 본 지중해, 그리고 축구장 (© 최순남)

된 것이다. 예를 들어 콜럼부스의 '신대륙 발견' 주장은 잘못과 오만의 극치다. 당시 아메리카 대륙에는 유럽 인구보다 많은 약 1억 명의 사람이 살고 있었다. 그런 대륙에 도착한 것을 신대륙 발견이라고 떠들다니! 여기에는 서구의 우월 의식과 배타성이 존재한다. 오리엔탈리즘의 싹이 숨어 있는 것이다. 그래서 북아프리카의 지중해 역사는 아직 완결되지 않은 진행형이다.

카메룬 처녀 졸리

| 2월 24일

12시 25분에 출발하는 카사블랑카 행 비행기를 타기 위해 공항으로 향했다. 알제 공항은 북아프리카에서 가장 새 건물이었다. 이용 승객도 상대적으로 많은 편이었다. 일찌감치 공항에 도착한 덕에 여유시간이 생겼다.

그런데 거기서 알제리에 도착하던 날 만난 '전화 삐끼'와 다시 부딪혔다. 그는 빙그레 웃더니 전에 주지 않은 20디나르를 달라고 졸랐다. '꾼이구나!' 싶어서 돈을 주려고 호주머니를 뒤지는데, 순식간에 그가 없어졌다. 난데없이 경찰이 나타나 우리 쪽으로 다가오자 줄행랑을 친 것이다.

이후로 그는 다시 나타나진 않았다. 경찰을 보고 피하는 것을 보니 불법 삐끼임은 분명한데, 업종이 뭔지는 짐작이 안 갔다. 전화를 대신 걸어주는 정도로는 먹고살기 힘들 텐데…. 여하튼 경찰 덕분에 20디나르를 아낄 수 있었다.

수속을 모두 마치고 공항 카페에서 커피를 한 잔 마시고 있는데 특이한 옷차림의 아가씨가 포착됐다. 녹색 카메룬 전통의상을 입은 아가씨가 홀로 커피와 담배를 즐기고 있었다. 북아프리카 공항 대부분은 카페에서 담배를 피울 수 있다.

갑자기 호기심이 발동했다. 기회는 한번 지나가면 되돌리기 어려운 법, 바로 실행에 들어갔다.

"헬로. 옷이 참 멋있네요."

"하이. 땡큐."

"같이 사진을 찍고 싶은데, 어때요?"

"오케이."

이름은 '졸리' 라고 했다. 대학생이었다. 7년째 알제에서 유학 중인 카

카메룬 처녀 졸리

메룬 출신 처녀였다. 우리와 비행기 편이 같았다. 모로코 카사블랑카로 프랑스 출신 남자친구를 만나러 가는 길이라고 했다. 어제 저녁 게스트하우스에서 흑인과 연관된 지중해 문명의 기원 자료를 읽었는데, 우연히도 흑인 처녀와 동행하게 됐다. 참 기분 좋은 우연이다.

지중해 문명과 흑인

1970년대에 동아프리카 나일강 중상류에서 발견된 15만 년 전 인류 화석은 인종 기원에 대한 기존의 학설을 완전히 뒤집었다. 기존 학설은 이집트인은 아라비아 반도에서 이주해온 '적갈색 피부의 백인'이었고, 이집트 문명은 아프리카인들과 무관한 '백인들의 문명'이라는 것이었다. 이 주장의 이면에는 훌륭한 것은 백인의 것이라는 '백인 우월주의'가 숨어 있다. 이 주장에 근거해 백인과 흑인은 기원 자체가 다른 것으로 여겨져 왔다. 그러나 이 화석이 발견됨에 따라 아프리카인이 모든 인류의 기원이라는 주장이 제기되었다. 지중해 문명의 기원이 백인이 아니라는 근거로도 해석할 수 있다.

유골 해부학 조사, 피부 색소 분류 등 과학적 분석에서도 이집트 문명과 관련된 사람들은 아프리카 흑인인 것으로 나타났다. 유명한 역사학자 헤로도투스는 이집트인을 가리켜 '두꺼운 입술에 곱슬머리, 그리고 가는 다리를 가진 흑인'으로 묘사했다. 과학적으로나 문헌상으로 근거가 분명해지고 있다. 더 나아가 그리스 문명도 흑인에서 비롯됐다는 주장이 제기됐다. 마틴 버넬의 《블랙 아테나》란 책이다. 유럽인들이 보면 펄쩍 뛸 얘기다.

그러나 새로운 가설 역시 '서구문명이 우월하다'는 고정관념이 전제되어 있다. 즉 오리엔탈리즘의 대항마이긴 하지만, 또 하나의 변종에 불과한 옥시덴탈리즘의 악취가 물씬 풍긴다. 북아프리카 로마 유적지를 방문한 유럽인들이 '이때가 좋았지. 북아프리카는 유럽 덕분에 발전했다' 고 말하는 거나 다를 게 없다. 백인이건 흑인이건, 아니면 황인종이건 자신의 우월적 지위나 위안을 위해 경계선을 정하고 배타적인 입장을 내보이는 것은 바람직하지 않다.

모로코

친절한 베르베르 아저씨의 미소

(2007 2. 24~28)

(알제리 알제) ➔ **카사블랑카** ➔ **페스** ➔ **마라케시** ➔ **카사블랑카** ➔ (프랑스 파리)

북아프리카에서 유일한 왕국 모로코

| 2월 24일

알제에서 카사블랑카까지는 실제 두 시간 남짓 걸리지만, 한 시간의 시차가 있어 한 시간만 소요되는 것으로 계산된다. 우리나라와 비교하면 리비아는 7시간, 알제리와 튀니지는 8시간, 모로코는 9시간 늦다. 모로코는 영국과 표준시간이 같은 셈이다.

알제를 출발한 비행기는 지중해 해안선을 쫓아서 날아갔다. 해안선이 유럽 쪽은 복잡하고 굴곡이 많은데 비해 이곳도 다른 북아프리카 쪽 해안처럼 매우 단조롭다.

오랑을 지나면 바로 모로코 땅으로 접어든다. 그리고는 유럽 대륙의 스페인을 향해 삐죽 뻗어있는 반도를 가로질러 카사블랑카 방향으로 향했다. 혹시 멀리서나마 지브롤터 해협과 유럽 땅을 볼 수 있을까 기대했지만 구름이 잔뜩 끼어 불가능했다.

모로코는 이번에 방문한 마그레브 4개국 중에서 유일한 왕국이다. 프랑스 보호령을 지내면서도 왕조가 없어지지 않았다. 더욱이 실권이 없거나 현실 정치에 참여할 수 없는 영국이나 일본의 국왕과는 달리 모로코는 국왕이 직접 통치를 한다. 장단점이 있겠지만, 왕조가 보존되었다는 것은 전통과 문화가 단절 없이 이어져 왔다는 것을 의미한다.

모로코의 다른 특징은 원주민 베르베르인과 이주민 아랍인의 비율이

모로코의 전통적인 문양과 복장 (© 최순남)

반반이라 혼합문화 색채가 짙다는 점이다. 건축과 장식은 아랍, 사람들의 기질과 생활습관은 베르베르의 특성이 강하다. 종교는 이슬람으로 사실상 통일되어 있다.

모로코에서의 일정은 4박 5일이지만 도착하는 날과 떠나는 날을 제외하면 만 3일 정도밖에 시간이 없다. 도시 세 곳 정도만 방문할 수 있다. 우선 우리나라의 경주에 해당하는 고도 페스를 뺄 수 없다. 그리고 개성이 가장 뚜렷한 베르베르인의 도시 마라케시를 방문하기로 했다. 남은 한 곳이 문제였는데, 떠날 때 카사블랑카에서 출국하기 때문에 카사블랑카나 인근의 라바트, 둘 중 한 곳으로 정하는 게 편했다. 숙고 끝에 행정수도보다는 경제수도가 볼 것이 많을 것 같아서 카사블랑카로 정했다.

사통팔달의 기차 노선

카사블랑카 공항은 지하에서 바로 공항철도가 연결된다. 요금은 35디르햄, 약 4천원이다. 환전을 마치고 지하로 내려가려는데 정복을 입은 한 사내가 어디를 가느냐고 물었다. 카사블랑카로 간다니까 자신이 안내해 주겠다고 나섰다. 고마운 일이다. 매표소로 안내한 다음 짐 실은 카트를 밀면서 자신이 앞장섰다. 그리고 플랫폼까지 와서는 탑승할 구역을 알려줬다. 고맙다고 인사를 했다. 그런데 가질 않고 버틴다. 팁을 달라는 얘기다. 할 수 없이 1달러를 건넸다. 그제야 고맙다면서 돌아갔다. 삐끼가 많다 보니 정말 가지가지다. 정복까지 차려 입은 공식(?)삐끼라니!

카사블랑카에는 기차역이 모두 다섯 개가 있는데, 그 중 여행객이 많이

카사블랑카 보야지 역

이용하는 역은 두 곳이다. 카사블랑카 보야지 역과 카사블랑카 포트 역이다. 우리가 내릴 곳은 여행객이 가장 많이 내리는 보야지 역이다. 거기서 페스 행 기차로 갈아타게 된다.

모로코는 철도망이 발달된 나라다. 도시 간 이동은 기차가 편하다. 말이 안 통하는 나라에서 버스는 아무래도 수월치 않다. 행선지와 좌석이 결정되어 있고, 시간표를 확인할 수 있는 철도가 유리한 것이다. 스페인에서 배를 타고 건너온다면 탕헤르에서 마라케시까지 가는 야간열차를 이용할 수도 있다.

보야지 역에 내리니 졸리의 남자친구가 마중나와 있었다. 키가 작은 편이고 평범하게 생긴 백인 친구였다. 졸리가 우리를 그에게 소개했다. 그런데 두 사람의 기색이 별로 밝지 않은 것이, 갈등이 있어 보였다. 함께 라바트로 간다고 했다. 헤어질 시간이다. 졸리에게 작별 인사를 하자 눈물을 글썽이며 아쉬워했다.

갈 길이 다르니 어쩔 수 없다. 그녀가 적어준 이메일 주소만이 연락할 수 있는 유일한 통로다. 한국에 돌아가면 사진을 보내주겠다고 약속했다. 안녕. 개성 만점의 카메룬 아가씨 졸리!

카사블랑카에서 페스까지는 4시간 20분쯤 소요된다. 가격은 1등석이 155디르햄, 2등석이 125디르햄이었다. 큰 차이가 없어서 1등석을 택했다. 1등석과 2등석의 차이는 한 컴파트먼트에 여섯 명이 들어가느냐 여덟 명이 들어가느냐의 차이였다. 아무래도 6인용 컴파트먼트가 널찍해서 편하다.

출발까지는 1시간가량 남았다. 잠시라도 틈이 나면 구경하는 것이 여행자의 의무요, 권리다. 역 바깥으로 나왔다. 드넓은 광장이 인접해 있다. 갑자기 사람들이 몰려왔다. 택시, 혹은 호텔의 삐끼들이었다. 그들의 요구사항은 뻔하다. '노'를 연발하면서 백 미터쯤 가니 그제야 잠잠해졌다. 역 광장 주변에는 커다란 야자수들이 많았다. 이곳도 전형적인 아열대 기후인 것이다.

페스 기차역은 신시가지에 있었다. 페스 도착시각은 저녁 8시 40분, 이미 어둠이 내려 숙소 찾기는 구시가지 메디나보다 신시가지가 낫겠다고 생각했다. 택시를 타고 5분 정도 가서 하산 2세 거리에 내렸다. 저렴한 여행객 호텔 하나를 찾아 들어갔다.

호텔 방 창문을 통해 페스의 정취를 처음 느꼈다. 하산 2세 거리는 중심가인데도 중앙 분리대를 공원처럼 넓은 녹지대로 꾸며 놓았다. 미색 가로등과 어울려 아늑해 보였다. 호텔 식당에서 사온 맥주 한 병을 앞에 놓고 앞으로 벌어질 페스 여행을 상상했다. 세계에서 가장 복잡한 미로라는 메디나. 그 기대감으로 가슴이 벅차올랐다.

노회한 잉글리쉬 스피킹 가이드

| 2월 25일

페스는 인구 약 100만 명의 대도시이다. 모로코에서는 정신적인 수도로 여겨질 만큼 그 위상이 대단하다. 서기 789년 이드리스 1세가 건설하기 시작해 약 20년 후 이드리스 2세 때부터 도읍이 된 전통의 왕도이다. 그 후 왕조가 바뀌면서 도읍이 마라케시 등 다른 곳으로 바뀌기도 했지만, 그와 관계없이 페스는 모로코의 신앙, 문화, 예술을 선도해왔다. 구시가지인 메디나는 9천4백 개 이상의 골목으로 이루어진 세계 최대 규모의 중세도시로 유명하다.

모로코는 일요일이 공휴일이다. 나라마다 공휴일이 다르니 헷갈리고, 불편하다. 여하튼 시내의 여행사와 항공사는 모두 문을 닫은 상태였다. 마라케시 행 티켓을 예매하려면 역이나 공항까지 직접 갈 수밖에 없었다. 공항은 너무 멀어서 기차를 선택했다.

기차역으로 갔다. 저녁 5시와 새벽 2시에 출발하는 기차가 있었다. 오후 5시에 출발하면 밤 12시 30분쯤 마라케시에 도착한다. 그나마 시간을 가장 효율적으로 활용할 수 있는 선택이다. 혹시나 해서 전 세계 기차, 버스, 선박 등의 운행시간 정보가 담긴 '토마스 쿡'의 모로코 부분을 복사해서 가져왔는데, 자료의 정확성이 놀라웠다. 인터넷으로 세계 주요도시의 호텔을 할인가로 예약할 수도 있다. 여행하기 편리한 시대라는 것을 실감할 수 있었다.

호텔 측에서는 페스의 메디나가 대단히 복잡하다며 공인 가이드를 권했다. 반나절에 150디르햄, 즉 1만7천원 정도다. 불러달라고 했다. 기차역에 예매를 다녀와서 아침 10시에 출발하기로 했다. 예매를 마치고 돌아오니 만화 '고바우 영감'의 주인공처럼 생긴 콧수염 난 중년 아저씨가 우리를 반갑게 맞이했다. 목에 길게 매단 ID카드를 보여주며, 자신이 메디나 공인 가이드라고 소개했다. 우리에게 이동할 차가 있냐고 물어 없다고 했더니 자신의 차를 이용하자고 했다. 차량 이용료는 별도로 150디르햄이었다. 어차피 택시를 타고 다녀도 그 정도 드는 만큼 흔쾌하게 동의했다.

그의 이름은 잊어버렸다. 그래서 우리가 정했던 별칭 '고바우' 가이드로 부르기로 한다. 그가 몰고 온 차는 티코보다 작고 지구상 어느 차보다도 낡았다. 실내 또한 낡은 겉모습에 걸맞게 몹시 더러웠다. 더워서 창을 열려고 하자 고바우 가이드가 절대 열지 말라고 했다. 잠시 후 최 선생이 깜빡 잊고 조수석의 창문을 반 쯤 열었는데, 덕분에 그 이유를 알게 됐다. 내린 창문이 올라가질 않는다. 내내 그 상태로 다녀야 했다.

화려한 이슬람 건축과 아라베스크 장식

고바우 가이드가 우리를 처음 데려간 곳은 왕궁, 즉 '팰리스 로얄'이었다. 신시가지 하산 2세 거리와 이어진 무레이 유세프Moulay Youssef 거리를 지나면 페스 구시가지가 시작된다. 그 초입에 왕궁이 있다. 열대 야자수가 질서 있

모로코 왕궁 앞 광장 (© 최순남)

게 줄 지어 늘어선 현대식 광장에 맞닿아 왕궁 정문이 있었다. 높은 성벽을 양쪽에 거느린 왕궁 대문은 모두 다섯 개였는데, 세 개의 아치를 품고 있는 중앙 문이 가장 우람하게 우뚝 솟아 있었고, 그 양쪽에 작은 문이 두 개씩 대칭을 이루고 있었다. 중앙 문의 화려한 지붕 컬러가 페스의 색깔이다. 그 아래로 아라베스크 목각 장식과 화려한 타일 장식이 이어진다. 화려하다 못해 눈부셨다.

지금은 왕이 살지 않지만, 그 위용과 색조만으로도 페스에 대한 기대감이 한껏 부풀어 올랐다. 녹색과 아라베스크 문양이 페스 메디나 전체를 관통하는 감상 포인트임을 귀띔해주고 있다. 아치형 대문들은 눈부신 금세공 장식으로 치장되어 있다. 화려하기 이를 데 없다. 수수한 문고리와 어우러진 금속세공 또한 페스의 빼놓을 수 없는 자랑거리이다. 페스 왕궁의 정문은 아라베스크 건축 양식의 종합판이라고 할 수 있다.

왕궁 정문의 화려한 아라베스크 문양 (© 최순남)

이 왕궁에서 시작해 일 자디드 Jadid 지구를 지나 페스 메디나로 가는 것이 일반적인 코스다. 이곳 알 자디드 지구는 '새로운 도시'라는 뜻인데, 메디나로 알려진 알 발리 Bali 지구의 인구가 넘쳐 새로 건설된 도시이다. 무레이 압달라 모스크, 유대인 거주지역인 멜라 Mellah 등이 이곳에 있다. 새로운 도시라고 하지만 그것은 13세기 때의 일이다. 이곳도 이미 700년 이상 된 중세도시인 것이다.

페스는 크게 세 지역으로 나눌 수 있다. 알 발리와 알 자디드, 그리고 우리가 묵은 호텔이 있는 신시가지이다. 건설된 연대로 보면 알 발리는 9세기, 알 자디드는 13세기, 그리고 신시가지는 20세기 초에 조성됐다. 이곳을 여행하는 사람들 대부분은 주로 알 발리 지구만을 방문한다. 그곳을 한정해서 메디나로 부르기도 한다. 알 발리 지구, 즉 메디나는 9세기 초 모로코의 첫 왕국 이드리스 왕조가 창업 초에 만든 도시다. 창업자인 이드리스 1세가 건설을 시작했지만, 실제 그 덕을 본 사람은 아들인 이드리스 2세이다. 이후 페스는 모로코 최초의 왕도로서 역사를 만들어간다.

모로코의 특산품, 핸드메이드 젤류지

고바우 가이드는 알 자디드 지구로 바로 들어가지 않고 새로운 코스를 제안했다. 우선 메디나 외곽에서 전체 경관을 감상하고 메디나 내부로 들어가자고 했다. 나무를 보기 전에 숲을 먼저 조망하자는 의견인데, 마다할 이유가 없었다. 더욱이 페스의 특산물 중 하나인 타일과 도자기 공장이 메디나 외곽에 있다고 했다. 고물차를 타고 남쪽 외곽도로를 따라 젤류지 공장으로 향했다.

모로코에서 타일은 화장실, 욕실, 현관 등 가장 많이 쓰이는 건축 자재이다. 기원전부터 이집트와 바빌로니아의 왕궁에서 사용되기 시작했고, 중동이나 북아프리카 등지로 퍼지며 다양하게 발전했다. 타일이 유럽에 전래된 것은 이곳 이슬람 세력이 스페인을 점령하면서부터이다.

다르 엘 마크젠 정문의 젤류지 장식

오늘날 타일은 이란, 터키 등 중동국가와 모로코를 비롯한 북아프리카에서 예술적인 장식재로 자리를 잡았다. 그 중에서도 모로코의 모자이크 타일은 화려하고 정교하기로 명성이 높다.

모로코의 모자이크 타일은 젤류지Zelluj로 불린다. 젤류지는 세라믹 자기판을 작은 조각으로 잘라서 그 조각들을 다시 이어 붙이는 장식용 타일이다. 일일이 손으로 깎고 이어 붙이기 때문에 과정이 복잡하고 공이 많이 들어간다.

젤류지는 기하학적 무늬, 아랍 문자, 식물 도형 등 아라베스크 문양과 만나면서 전성기를 이뤘다. 갖가지 모양과 색깔의 조각들이 규칙적으로 교차, 반복되는 완성 작품을 실제로 보게 되면 입이 떡 벌어진다. 화려함과

젤류지 제작 과정

빛과 색의 향연. 모로코 도자기들

정교함이 대단히 훌륭하다.

우리는 젤류지 공장 한 곳을 방문했다. 그 주변은 젤류지 제작단지였다. 젊은 사장의 안내에 따라 공정 순서대로 생산현장을 견학했다. 처음 들어선 마당에는 조그마한 거푸집으로 벽돌 찍어내듯 만든 타일용 초벌구이 제품들이 건조되고 있었다. 다 마른 것은 옆 가마에서 구워진다. 영어로 설명을 하는데, 대부분이 전문용어라 알아듣기가 쉽지 않았다.

가장 관심을 끈 곳은 구워낸 도기에 장식을 입히는 공방이었다. 작업환경은 매우 열악했지만, 디자이너들의 높은 집중력 덕에 긴장감이 흐르고 있었다. 아라베스크 문양을 직접 그려 넣는 진지한 모습이 인상적이었다. 한편으로는 조그맣게 자른 타일 조각으로 문양을 만들어놓은 장소가 있었다. 그것을 보니 모자이크 타일 장식이 만들어지는 방법과 순서를 대강 짐작할 수 있었다. 초벌구이 한 타일 조각을 문양 디자인에 맞게 잘게 잘라 구성한 다음 색깔과 디자인을 입힌다. 그 다음에 다시 구워내 퍼즐조각 맞추듯이 세밀하게 붙여나간다. '정교함은 사람의 손끝에서 나온다' 고 말하는 장인들의 예술성을 느낄 수 있었다.

공정 견학을 마치고 전시장으로 갔다. 모자이크 타일로 만들어진 각종 제품들이 제각각의 색깔과 모양으로 화려함을 뽐내고 있었다. 색깔과 디자인이 정말 각양각색이었다. 우리나라 도자기 공방이나 전시장을 가면 색깔이나 디자인이 단아해서 평화로움이 느껴진다면, 이곳은 정반대다. 정신이 사나울 정도로 어지럽지만, 도드라진 색조와 개성 넘치는 디자인이 밝고 화려한 즐거움을 준다.

그런데 난처한 순간이 다가왔다. 공장 사장이 구매 결정을 기다리는 눈치다. 하지만 아무리 아름다워도 배낭여행 온 처지에 물건을 사들고 나설

수는 없다. 무겁고 부피도 크거니와 깨질 수도 있다. 더 이상 구경만 하기가 미안해 도망치듯 공장을 나왔다.

메디나 9,440개의 미로

메디나 외곽에는 세 개의 언덕이 있다. 우리는 그 중 남쪽에 위치한 한 언덕으로 향했다. 공동묘지가 내려다보이는 전망 좋은 곳이었다. 공동묘지라지만 묘지들이 제각각 젤류지로 장식되어 아름답게 보인다.

언덕에서 내려다본 메디나는 밋밋한 평지가 아니라 부드러운 곡선의 둔덕을 이루고 있었다. 그 수많은 미로 속에 어떤 사연과 역사가 담겼을까? 바라보면 볼수록 골목 속의 실제 모습이 너무나 궁금해졌다.

고바우 가이드가 '렛츠 고'를 외치며 앞장섰다. 그 언덕에서 가장 빨리

페스 메디나 전경 (© 최순남)

페스 메디나의 다양한 공예품들 (© 최순남)

메디나 중심부에 도달할 수 있는 제디드 문을 통해서 드디어 메디나에 입성했다. 그는 메디나 관광의 핵심은 수많은 핸드 크래프트 공방을 방문해 제품과 그 제작과정을 감상하는 일이라고 설명했다. 실제로 페스 메디나 안에는 우리가 본 젤류지 외에도 목공예, 금속공예, 보석류, 가죽, 아랍 양탄자, 베르베르 카펫 등 다양하고 질 좋은 핸드 크래프트 제품들이 생산되고 있었다. 흥정만 잘 하면 싸게 살 수 있다고 하지만, 우리는 그냥 구경만 하게 될 텐데 미안해서 이를 어쩐다?

첫 방문지는 메디나 중심부에 위치한 네자리네 Nejjarine 광장이었다. 광장

이라고는 하지만 아주 작다. 폭과 너비가 각각 10미터도 채 안 되어 보이는 좁은 공간이었다. 핸드 크래프트 제품을 파는 상점 몇 개와 젤류지로 예쁘게 장식된 우물이 자리 잡고 있다. 네자리네는 카펜터, 즉 목수라는 의미다. 목공예 공방과 시장이 근처에 있다. 광장 옆에는 네자리네 박물관이 붙어있다. 심세하고 재긴 많은 그들의 손 기술을 실컷 구경할 수 있었다. 3층까지의 전시공간을 지나 옥상으로 올라가면 메디나의 스카이라인이 드러난다. 박물관 감상의 팁인 셈이다. 페스의 로고색인 초록색으로 치장한 카이라윈Kairaouine 모스크의 지붕과 미나렛이 지척에서 도드라져 있었다.

메디나의 내부는 명성대로 미로처럼 얽혀있다. 골목의 수가 9,440개에

메디나 골목에서 만난 사람들

이른다고 한다. 처음 메디나에 들어간 사람은 10분도 안 돼 방향감각을 잃는다. 길눈이 밝다고 자부해온 나도 가이드 뒤를 쫓아가면서 방향을 잃지 않으려고 무진 애를 썼지만, 부지불식간 방향감각을 놓치고 말았다. 《론리 플래닛》의 지도와 안내 문구가 아무짝에도 쓸모없게 됐다. 정말 숨 막히는 미로였다. 이곳에 처음 자리를 잡은 스페인 안달루시아 사람들은 동쪽에 자리를 잡았고, 나중에 튀니지 카이로완에서 이주해온 사람들은 서편에 자리를 잡았다. 그래서 각각 안달루시아 구역과 카이로완 구역이라고 한다는데, 동편이건 서편이건 이방인인 내가 방향을 구분하기는 불가능했다.

시작과 끝이 어디인지 모른다. 모든 곳이 시작점이고, 끝점이다. 압도하는 건물도 위세부리는 광장도 없다. 다 그만그만하다. 서로 숨소리와 문화를 공유하는 공동영역이며, 평등의 공간이다. 서로 구분하지 않고 차별하지 않는다. 조화의 미덕을 안다. 욕심 부리지 않으면 더불어 살 수 있다. 삶의 모습은 중세지만, 정신만큼은 인류가 지향하는 미래임에 틀림없다. 이것들이 페스에서 살펴보고 느낄 수 있는 메디나의 철학이다.

네자리네 박물관 관람을 마치고 나오면서 고바우 가이드가 나에게 물었다.

"혹시 모로코의 캐피탈 도시가 어디어딘지 아세요?"

"네. 네 곳이죠."

"어니어딥니까?"

"페스, 마라케시, 메크네스, 그리고 지금의 수도 라바트."

"우와! 놀랍군요. 완벽했어요."

자신의 가이드 생활 동안 이 질문에 대해서 정확하게 대답한 사람은 동서양인을 통틀어서 처음이라며 감탄했다. 우쭐해지면서 기분이 좋아졌다.

어디어디를 방문할지를 정하고 그 곳의 간략한 특성과 역사를 알고 가는 것이 배낭여행자의 의무이자 권리인데, 당연한 일이 아니겠는가?

모로코 현대사의 굴욕, 페스늑약

모로코는 북아프리카 서쪽 끝에 위치한 덕에 다른 세 나라보다는 외침을 덜 받은 편이다. 17세기에 옹립된 알라위 왕조가 지금까지 유지되는 것만 보아도 알 수 있다. 15세기부터 아랍 및 북아프리카는 오스만투르크 시대로 접어들었다. 얼마 안 가서 중동지역과 아라비아 반도는 물론 유럽의 발칸반도, 북아프리카 일대가 오스만투르크 수중에 떨어졌다. 그때 유일하게 모로코는 독립왕국으로 존속했다. 가장 멀리 서쪽에 위치한 지리적인 이점 덕분이었다. 그러던 중 1912년 프랑스에게 점령당해 보호령으로 전락한다. 그 치욕의 협정이 바로 페스늑약이다. 우리의 을사늑약과 비슷한 경우다.

당시는 서구 제국주의 국가 간 팽창과 경쟁의 시대였다. 선발격인 영국, 프랑스 등과 후발격인 독일, 이탈리아, 일본 등이 아시아, 아프리카 등 전 세계의 원주민 땅을 상대로 식민지 쟁탈전을 벌이고 있었다. 비극의 시발은 1911년 모로코의 술탄이 반란을 일으킨 베르베르족의 위협 때문에 프랑스에 지원을 요청하면서부터였다. 그것은 고양이에게 생선을 맡긴 격, 프랑스는 얼씨구나 하고 반란 진압을 구실로 페스와 메크네스를 즉각 점령했다. 그러자 이를 못마땅하게 여긴 신흥 강국 독일이 프랑스를 협박했다. 영국도 양국의 싸움을 중재하겠다며 끼어들었다. 남의 땅을 두고 열강들의 쟁탈전이 벌어진 것이다. 그 과정에서 모로코는 프랑스의 보호령이 됐고, 독일은 아프리카 일대의 프랑스 식민지 일부를 넘겨받았다. 그 내용이 프랑스와 모로코의 술탄 무레이 하피스 간의 협약으로 확정되는데, 이것이 페스늑약이다. 1912년의 일이다.

프랑스 보호령 동안 독립운동이 간헐적으로 벌어졌다. 본격적인 움직임은 서구 제국주의 국가들이 전쟁을 벌이느라 느슨해진 틈을 타서 시작됐다. 1943년 제2차 세계대전 와중에 모로코 독립당이 결성됐고, 독립성명서가 발표됐다. 이후 우여곡절 끝에 1956년 45년간의 보호령 시대가 막을 내리고 모로코는 독립국가로서 첫 발을 내딛게 된다. 모로코 왕조는 독립운동에 직접 참여했기 때문에 독립에 대한 지분을 갖게 되었다. 그것이 오늘날까지 모로코의 입헌군주체제가 유지될 수 있었던 배경이다.

중세의 냄새를 그대로 간직한 태너리

메디나의 좁은 골목은 항상 만원이다. 여행객도 많고 현지 주민들도 많았다. 좁은 골목에서 구경하랴, 사람이나 동물 피하랴, 가이드 따라 가랴 정신이 하나도 없었다. 이곳이 어디인지 지도를 펴서 확인할 틈도 없었다. 그저 가이드의 안내대로, 사람들의 흐름대로 출렁이며 다니게 된다. 그런데 재미가 붙기 시작했다. 아예 지도책을 배낭에 넣었다.

어디선가 갑자기 요상한 냄새가 풍겨 왔다. 어떤 냄새라고 딱히 단정하기 어려운 아주 고약한 냄새가 유령처럼 골목을 흘러 다니고 있었다. 그 와중에 우리가 도착한 곳은 가죽제품 상점이었다. 상점 청년이 우리를 위층으로 이끌고 갔다. 층계 앞에서 한 아가씨가 사람들에게 뭔가를 하나씩 나눠주고 있었다. 이파리가 달린 식물 줄기였는데 박하향이 났다. 방향제 대용이었다. 우리는 박하 잎을 코에 대고 옥상으로 올라갔다.

사방이 고만고만한 2층, 또는 3층 건물로 둘러싸인 제법 널찍한 광장이 나타났다. 그곳은 독특한 세계였다. 100여 개 남짓한 크고 작은 웅덩이가

태너리 풍경

무덤덤한 표정의 소년

줄지어 있고, 갖가지 색깔의 염료가 그 안에 들어있었다. 젊은 청년들은 웅덩이 사이를 누비며 가죽을 날랐고, 일부 작업자들은 웅덩이 안에 들어가서 가죽을 열심히 휘젓고 있었다. 고약한 냄새가 코를 찔렀다. 유명한 태너리Tanneries였다. 페스에서도 가장 중세적인 장소다. 페스의 얼굴이자 페스를 상징하는 키워드이기도 하다. 천 년 이상 거의 변하지 않고 예전 방식대로 가죽제품을 생산해온 작업장인데, 보여주기 위한 곳이 아니라 사는 모습 그대로의 실제 삶의 현장이다.

태너리는 냄새와 색깔로 기억된다. 페스를 방문한 뒤 페스를 싫어하게 된다면 그 절반 이상은 이곳의 냄새 탓이라고 한다. 그만큼 고약하다. 염료에 첨가되는 각종 황당한 재료 때문이다. 익히 알려진 비둘기 똥 외에도 소의 소변, 생선 기름, 동물 지방, 유황 등 냄새가 고약한 엽기적인 재료들이 투입된다.

이 제조비법이 수천 년을 이어 내려온 전통이라니 신기할 따름이다. 염색된 가죽을 흙벽 그늘에 걸어 말리는 너저분한 광경, 염색된 가죽 원단을 나르는 유일한 운송수단인 당나귀의 수척한 눈망울, 고약한 냄새 속에서도 여전히 수다스러운 젊은 도제들, 조직체계가 여전히 중세 길드조직과 다르지 않다는 점 등, 이곳은 천 년이라는 시간이 정지된 곳이다. 이 고약한 냄새도 산만한 작업장도 모두 세월을 붙잡아놓고 달려온 것이다.

몇 년 전 큰 아이와 둘이서 런던에 배낭여행 차 갔을 때의 일이다. 도착하자마자 자연사박물관을 먼저 들렀는데, 근처 광장에서 〈하늘에서 본 지구〉라는 사진전이 열리고 있었다. 프랑스 사진작가 베르트랑의 전시회였다. 거기서 본 사진 중 하나가 바로 페스의 태너리 사진이었다. 그 현장에 직접 와서 구경하고 사진을 찍고 있노라니 감개가 무량했다. 늦게 발동이 걸린 방랑벽 덕분이다.

최고급 레스토랑에서 맛본 비스티야

밥시간이 됐다. 자유로운 배낭여행이라 점심시간이 따로 있는 것은 아니지만, 배꼽시계가 꼬르륵 울렸다. 냄새 때문에 후각은 이미 마비된 상태였다. 뭘 먹을까 고민하다가 고바우 가이드에게 모로코 전통음식을 맛볼 수 있는 레스토랑으로 가자고 했다.

레스토랑은 편안한 소파로 치장된 분위기 좋은 곳이었다. 메디나에서도 손꼽히는 고급 레스토랑이라고 했다. 1층에는 아늑한 식사공간이 있고, 2층은 복도식 회랑이 빙 둘러싸고 있다. 2층 복도에서 1층이 훤히 내려다 보이는 구조다. 이곳의 건물들은 대부분 가운데가 1층에서 지붕까지 탁 트여있다.

북아프리카의 대표 음식 세 가지는 꾸스꾸스와 비스티야Bisteeya, 타진이다. 꾸스꾸스는 이미 먹어보았고, 메뉴에 비스티야가 있기에 그걸 주문했다. 130디르햄으로 상당히 고가였다.

고바우 가이드에게도 수고했다는 의미로 식사를 청했다. 그러자 이 친구 넉살좋게 200디르햄짜리를 주문했다. 그러더니 잠시 실례하겠다며 사라졌다가 다시 돌아와서 하는 말이 가관이었다. 이미 음식은 취소했다면서 자신의 음식값을 가이드 팁으로 달라는 거였다. 잔머리를 굴린 것이다. 좀 괘씸하다는 생각이 들었지만, 다시 생각해보니 한나절 가이드 비용이 150

메디나의 고급 레스토랑 (© 최순남)

디르햄인데 200디르햄짜리 점심은 어울리지 않는다. 밖에 나가면 10디르햄으로도 얼마든지 한 끼 식사를 해결할 수 있다. 고바우 가이드는 보기보다 영악했다. 결국 가이드 비용 150디르햄에 자동차 비용과 점심비용을 더해 500디르햄이 됐다. 배보다 배꼽이 훨씬 커졌다.

음식 맛은 가격 대비 별로였다. 나는 단맛을 별로 좋아하지 않는데 너무 달았다. 설탕을 두툼하게 입힌 빵 안에 야채와 양고기를 잘게 다져 넣었으니, 설탕에 범벅된 고기를 먹는 셈이었다. 모로코 사람들은 음식을 달게 먹는 것 같았다. 민트티의 경우도 설탕을 많이 넣어 상당히 달았다. 그럭저럭 절반 쯤 먹으니 질리기 시작했다. 함께 맥주를 주문하지 않았으면 남길 뻔 했다. 페스의 맛을 보려고 엄청난(?) 투자를 했지만, 생각보다 만족스럽지는 못했다. 본전 생각이 많이 났다.

최 선생도 아까워하기는 마찬가지였다. 그러나 이유는 좀 달랐다. 음식 맛보다는 양의 문제였다. 최 선생은 식사를 여러 번에 나눠 조금씩 소화하는 스타일인데 음식의 양이 너무 많았던 것이다. 우리는 내내 투덜거리며 고생하다가 결국 남기고 말았다. 비싼 음식을 남길 때의 그 참담한 심정이라니!

이슬람 최고의 석학, 이븐 할둔

점심식사를 마치고 찾은 곳은 무레이 이드리스 2세 자위야Zawiya Moulay Idriss II였다. 자위야는 묘당, 또는 사당으로, 우리나라의 현충사 같은 추모 건물이다. 지금은 모스크로 사용된다고 했다. 그래서 들어가지는 못하고 밖에서

이븐 할둔

들여다 볼 수만 있었다. 실내의 백열전등 빛이 아늑해 보였다. 실망감은 들지 않았다. 건물 외관만 감상해도 훌륭하다. 외관 벽의 젤류지와 목조 투각 장식이 절묘했다. 벽면 한 쪽에는 동전을 넣을 수 있는 구멍이 나 있었다. 그 구멍으로 돈을 넣으며 소원을 빌면 이루어진다고 했다. 기복신앙을 이용한 종교적인 상술은 어디를 가나 다 비슷한 모양이다.

꼭 방문하고 싶었던 카이라윈 모스크는 들어가지 못했다. 아쉽게도 공사 중이었다. 부 이나니아Bou Inania 메드라사와 함께 페스의 아라베스크 건축과 장식을 대표하는 곳이다. 그 역사적 발자취도 만만치 않다. 이슬람에는 3대 명문 대학이 있다. 튀니지 카이로완 모스크와 이집트 알 아즈하르Azhar 모스크에 세워진 두 대학과 이곳 카이라윈 모스크의 대학이 이슬람의 3대 명문으로 꼽힌다. 세 대학 중에서도 여기 페스가 가장 오래 되고 권위가 있다고 한다.

또 카이라윈 모스크는 메디나 안에서 가장 넓은 건물이다. 2천 명 이상이 한꺼번에 예배를 볼 수 있는 규모다. 건물 규모만 보더라도 작은 건물들이 덕지덕지한 이 메디나에서 가장 권위 있는 장소임을 알 수 있다.

카이라윈 모스크가 명성과 권위를 얻게 된 것은 위대한 석학 이븐 할둔Ibn Khaldun 덕분이다. 이슬람 사회학 및 역사학의 아버지로 불리는 이븐 할둔은 14세기에 활동했다. 그는 순환론의 관점에서 아랍과 베르베르 왕국의 부침을 연구한 것으로 유명하다. 본래는 튀니지에서 태어났으나, 페스에서

베르베르인 카펫가게 (© 최순남)

수학했고, 카이로에서 말년을 보냈다고 한다. 그러고 보면 그가 인연을 맺었던 대학들은 모두 명문이 된 셈이다.

괄괄한 베르베르족 상인

고바우 가이드는 우리를 카펫가게로 안내했다. 명목은 구경이지만 사실상 쇼핑투어였다. 카펫은 크게 두 종류였다. 두툼한 양모와 원색 아라베스크 문양의 카펫은 주로 아랍인들이 만들고 판매한다. 다소 문양이 단순하고 수수한 파스텔 톤의 실크 소재 카펫은 베르베르인들의 작품이다. 우리나라에서 볼 수 있는 카펫은 주로 아랍식이고, 베르베르식 카펫은 낯선 편이다.

우리가 간 카펫가게는 베르베르인이 운영하는 상점이었다. 베르베르 전통복장 젤라바를 입은 건장한 체격의 사장이 반갑게 맞이했다. 상인답게 "오우! 프렌드, 환영합니다."하면서 포옹으로 우리를 맞이했다. 꼭 구매하지 않아도 되니 마음껏 구경하라면서 따끈한 민트티를 권했다. 소파에 앉아 차를 마시는 사이 사장은 각종 카펫을 잔뜩 짊어지고 와서는 선을 보였다. 말로는 사지 않아도 된다고 했지만, 우리는 부담스러워지기 시작했다.

자리를 피해 2, 3층을 둘러보러 올라갔다. 물건들은 질이 좋고 디자인도 훌륭했다. 하지만 우리에게는 '그림의 떡'이었다. 아래층으로 다시 내려오니 아니나 다를까 사장이 다시 바싹 달라붙었다. 목소리도 크고 걸걸했다. 함께 사진도 찍었다. 그러나 우리가 고바우 가이드를 통해 구매할 수 없다고 전하자, 얼굴색이 달라졌다. 고바우 가이드에게 말하는 톤이 공격적으로 변하기 시작했다. 여기서 끼어들면 곤란하다. 외면하고 슬쩍 상점

모로코 장인들의 솜씨

을 빠져나왔다. 고바우 가이드가 대신 붙잡혔다. 그러나 그들은 구면이었고, 결국 고바우 가이드가 민트티 값을 몇 푼 내는 것으로 끝났다. 스페인을 단숨에 점령했던 베르베르인의 용맹과 적극성을 말로만 듣다가 실제로 겪기는 처음이었다. 싸움이든 장사든, 공격적으로 달라붙는 것이 그들의 공통된 기질로 보였다.

다음으로 고바우 가이드가 안내한 곳은 금속세공 전문 타파스라는 상점이었다. 젊은 주인은 자신의 아버지 사진과 증명서를 보여줬다. 우리로 치면 인간문화재와 비슷한 금속세공 분야의 명장이었다. 과연 명불허전이었다. 1층과 2층의 전시장을 가득 메운 그들의 작품은 놀라움 그 자체였다.

화려함과 정교함이 아름다움의 극치를 이루어 나의 두 눈을 원 없이 호강시켜 주었다.

작은 소품부터 큼직한 탁자에 이르기까지 모든 생활용품들이 화려한 조명아래서 번뜩이고 있었다. 상점이 아니라 금속예술 박물관의 경지였다. 아쉬움이 있다면 명인이 외출 중이라 제작 장면을 직접 구경하지 못하는 것이다. 금붙이나 장신구를 좋아하는 사람이라면 아마도 한나절 이상 이곳을 떠날 수 없을 것 같았다. 페스에 온다면 모로코 장인들의 현란한 작품을 결코 놓쳐서는 안 된다. 물론 사지 않으면 미안하다. 그러나 헤어지는 순간 잠시만 미안하면 된다. 미안함을 감수하고서라도 꼭 봐야할 매력이 있다. 물건 탐이 없는 우리를 대신해서 돈 많은 일본사람들이 사주겠지.

냄새와 미로, 그리고 색깔로 기억되는 페스

특산품 코스의 마지막 방문지는 향료가게였다. 유대인으로 보이는 주인은 여러 약재와 향료를 늘어놓고 효능에 대해 열심히 설명하기 시작했다. 크기와 무게로 보아 한두 개 사줄 수 있는 제품이지만, 관심이 없는 분야다. 다른 특산품들은 구매 여부를 떠나 볼거리가 충분했다. 하지만 이것은 향료의 색깔과 묘한 냄새를 제외하면 작품성을 찾아볼 수 없기에 금방 지루해졌다. 더 앉아 있는 것은 시간 낭비다. 양해를 구하고 자리를 떴다.

이로써 고바우 가이드와의 계약이 만료됐다. 약속한 500디르햄을 지불하고 메디나 한 복판에서 헤어졌다. 젤류지 공장, 목공예 전시관, 금속공예 공방, 카펫가게, 향료 상점 등 주로 쇼핑투어 위주였다는 아쉬움이 컸다.

바타 박물관의 정원

하지만 그것이 그들의 실제 삶과 다르지 않다는 점을 위안으로 삼았다.

시장쪽을 조금 더 둘러보겠다는 최 선생과도 잠시 헤어지고, 나는 가장 사람들이 많이 드나드는 젤우드 문 쪽으로 갔다. 그 길은 시장의 연속이었다. 인파에 묻혀 물 흐르듯 구경하면서 따라갔다. 이제 계획했던 목적지는 두 곳이 남았다. 부 이나니아 메드라사와 바타Batha 박물관이었다. 나가면서 들르면 된다.

먼저 바타 박물관을 찾았다. 19세기 말에 세워진 전통공예 박물관이다. 들어가 보니 전시물보다 건물과 장식에 눈길이 갔다. 특히 모자이크 타일 바닥과 흰색의 회랑이 눈길을 끌었다. 메디나 안의 화려한 건물과는 달리 이곳은 단색조였다. 동양적 절제미가 숨어 있다. 현란하지 않고 겸손해 보이는 것이다. 그래서 편안하고 아늑했다. 한적한 곳에 주저앉아 찍은 사진들을 정리했다.

페스는 냄새의 도시다. 골목의 축축한 향기, 가축들의 퀴퀴한 털 냄새, 스쳐가는 사람들의 묘한 살내, 그리고 태너리의 고약한 냄새가 첩첩이 섞여있다. 또 페스는 화려하고 강렬한 색깔의 도시다. 다양한 색조와 디자인의 카펫, 역사가 진하게 묻어나는 진갈색 목각 장식, 현란한 젤류지의 향연, 눈부시게 시각을 제압하는 금속공예품, 그리고 형형색색의 향료에 이르기까지 뭐 하나 처지는 것이 없다. 이 모두가 좁은 골목과 낡은 건물 사이에서 난마처럼 얽혀 비로소 페스가 된다. 9,440개의 미로가 빛을 발하는 순간이다. 페스를, 그리고 메디나를 인생 그 자체라고 하는 이유다. 그래서 페스는 보는 것만으로 끝나서는 안 된다. 느껴야 한다. 호흡해야 하는

메디나의 정문 격인 젤우드 문

것이다.

늦었다! 넋 놓고 앉아 있는 사이 제법 시간이 흘렀다. 다른 곳을 들를 여가가 없다. 부 이나니아 메드라사는 놓치고 싶지 않았지만, 마라케시로 가는 기차 시간에 맞추려면 포기해야 했다. 페스다운 곳 중 하나라고 했는데….

젤우드Jeloud 문 근처까지 잰 걸음으로 가서 택시를 타려하니, 마침 최 선생이 탄 택시가 지나가다가 나를 발견하고는 내 앞에 섰다. 우연이지만 필연이다. 정신없이 구경하다가 기차시간에 쫓기게 된 것은 최 선생이나 필자나 똑같았다.

한국인 여행객을 만나다

일요일이라 그런지 페스 기차역은 몹시 붐볐다. 특히 관광객들이 많아 보였다. 그 중에 더러 동양인도 있었다. 대부분 일본인들이다. 그런데 갑자기 한국말이 귀에 들어왔다. 젊은 남녀가 한국말을 하면서 플랫폼에 서 있었다. 반가웠다. 이번 북아프리카 여행에서 처음 만난 한국인 여행자였다.

두 사람은 신혼여행 나온 새내기 부부였다. 신랑은 첫 마디로 우리에게 페스에 괜히 온 것 같다고 말했다. 지저분하고 냄새도 심하고, 볼 것도 별로 없더라는 것이다. 무슨 말을 해야 할지 판단이 안 섰다. 우리는 정말 볼 것이 많고 감동적이었는데, 말문이 막혔다. 이 두 사람은 여행을 위한 공부가 부족했거나, 여행지를 잘못 고른 것이다. 페스 한 곳만 해도 메디나의 정취, 이슬람 건축의 정교함, 아라베스크 장식의 현란함, 각종 특산품의 독특한 향취, 겹겹이 쌓여있는 아랍과 베르베르인 흔적들…. 보고 느낄 게 많아서 시간이 모자라 안타까웠는데….

여행은 준비된 자의 것이라고 한다. 특히 북아프리카처럼 알려진 것이 별로 없는 곳은 공부하지 않으면 별 재미가 없을 것이다. 북아프리카 여행을 하려면 꼭 미리 공부하시기 바란다.

기차가 막 들어와 신혼부부를 뒤로 하고 탑승했다. 그런데 기차에 호차 표시가 불분명했다. 객차의 번호나 열차 티켓에 있는 번호는 1등 칸과 2등 칸을 구별하기 위한 숫자와 좌석번호에 불과했다. 일단 맨 뒤 칸에 올라탔다. 한 칸 한 칸 확인하며 좌석을 찾을 요량이었다. 그런데 문제는 기차가 스무 칸이 넘을 정도로 길었다. 배낭을 들고 컴파트먼트 구조의 좁은 복도를 지나기가 무척 힘들었다. 땀을 뻘뻘 흘리며 20분도 넘게 걸려 좌석을 찾고 보니 맨 앞에서 두 번째 칸이었다. 완전히 잘못 찍었다. 일진이 좀 사나운 날이다.

출발은 많이 지연됐다. 본래 5시 출발인데 6시가 훨씬 넘어서 출발했다. 정시에 출발해도 밤 12시 30분경에 도착하는데, 새벽 2시나 되어야 도착할 듯 보였다. 밤이라 창밖 풍경이 보이지도 않으니 이럴 땐 잠자는 게 상책이다. 다행히 카사블랑카를 지나면서 옆 사람이 모두 내려 컴파트먼트 한 쪽씩을 차지하고 누운 자세로 취침에 들어갈 수 있었다. 팔걸이를 올리고 배낭을 베개 삼아 누우니 훌륭한 침대가 됐다. 마라케시가 종착역이니 지나칠 위험도 없다.

차장이 깨웠다. 마라케시가 가까운 것이다. 예상대로 새벽 2시였다. 이 시간에 호텔을 찾을 수 있을까? 걱정하며 기차역을 빠져 나오니 역 바로 앞에 호텔이 하나 보였다. 이비스 호텔이다. 모로코에서는 어딜 가나 주요 도시 역 앞에는 이비스 호텔이 있다. 별 세 개 내지 네 개짜리 체인 호텔로 외관도 예쁘고 깔끔했다. 그러나 트윈룸은 없고 싱글룸만 남아 있는데, 방 하나에 500디르햄이란다. 5만원이 넘는다. 불과 몇 시간만 머물 텐데, 너무 아까워 다른 곳을 찾았다. 근처 코알리 호텔이었다. 다행히 트윈 룸도 있고 600디르햄이다. 다소 비싸긴 했지만 1인당 200디르햄씩 절약한 것으로 만족했다.

아라베스크 묘실에 남겨진 고도의 흔적

| 2월 26일

아침 일찍 일어나 먼저 카사블랑카 행 기차표를 예매했다. 카사블랑카까지 가격은 125디르햄, 세 시간이 조금 넘게 걸린다. 밤 8시가 넘어서 도착하겠지만, 특별히 걱정되는 것은 없다. 벌써 이번 여행에서 네 번째 나라인데다 야간 이동 경험도 여러 번 있다. 생소하게만 보였던 북아프리카도 이제 많이 익숙해졌다. 삐끼를 상대하는 요령도, 택시 잡는 요령도, 호텔에서 흥정하는 노하우도 이젠 통달한 느낌이다. 오후 5시 출발이다. 그때까지 마라케시 메디나 방문을 모두 마쳐야 한다.

마라케시에서는 가이드를 고용하지 않기로 했다. 가이드를 대동한 족집게 여행은 시간을 효율적으로 활용할 수 있지만, 끝나고 나면 남는 게 적다. 다소 불편하고 시간 낭비가 있더라도, 지도를 보고 직접 찾아다녀야 도시 전체가 머릿속에 들어온다. 더욱이 마라케시는 페스에 비해 메디나

마라케시 기차역

마라케시 기차역 앞 왕립극장

의 규모도 작고, 동선이 굵어 찾아다니기 쉬운 편이었다. 골목도 덜 복잡했다. 그렇다고 마라케시를 우습게 보면 곤란하다. 페스에 비해 그렇다는 얘기다.

메디나의 남쪽에서 북쪽으로 거슬러 올라가는 코스를 택했다. 메디나 남쪽에는 왕궁과 유대인 거주지가 있고 그 근처에 몇 개의 명소가 있다. 거기서 북쪽으로 이어진 골목길을 지나면 유명한 제마 엘 프나Djemaa el Fna 광장과 구투비아Koutoubia 모스크가 있다. 그곳을 지나면 시장이 나오고, 시장을 관통하면 마라케시 박물관 등 몇 개의 명소가 더 있다. 헤아려보니 방문 대상지가 모스크, 메드라사, 묘당, 박물관, 광장과 시장 등 열 곳이 넘는다. 마라케시 메디나의 대부분을 구경하는 셈이다. 어쨌든 바쁘게 생겼다.

첫 방문지는 사디안 묘당Saadian Tombs으로 정했다. 우리는 신시가지 남쪽의 아그나우Agnaou 문으로 향했다. 문을 들어서면 카스바 모스크가 있고 그 뒤편에 사디안 묘당이 있다. 사디안 묘당은 이름 그대로 사드 왕조의 사당이자 묘지다. 역대로 마라케시에 도읍을 정한 왕조는 셋인데, 그 중 마지막 왕조가 사드 왕조였다. 이곳은 16세기 사드 왕조 역대 왕들이 잠들어 있는 곳이다. 흙더미에 묻혀 있던 것을 1917년에 발견했다고 한다.

안으로 들어가니 건물과 높은 담으로 둘러싸인 큰 정원이 나타났다. 이 정원을 중심으로 세 건물이 서 있고, 그 안에는 역대 왕과 가족들의 묘석이 줄지어 안치되어 있다. 묘석이 안치된 각 석실은 최고의 아라베스크 문양으로 장식되어 있다. 모로칸-안달루시아 장식의 결정체라고 소개되어 있는데, 스페인 알람브라 궁전처럼 눈높이 아래는 젤류지 장식, 위는 회반죽 세공 문양이 절묘한 대비를 이룬다. 장식과 문양이 튀니지나 알제리보다는 지중해 건너 스페인 안달루시아 지방과 더 유사하다. 과거 수백 년 동안 같

사디안 묘당

은 문화를 향유한 흔적이다. 역시 문화는 지리적 환경보다도 같은 문화를 향유하는 사람들의 것임을 실감할 수 있다.

아침 일찍 찾은 편인데도 여행객이 많았다. 정원의 중앙 통로에는 50미터 이상 되는 긴 줄을 지어 서 있었는데, 알고 보니 본당 격인 아메드 알 만수르Mansour 왕의 묘실을 관람하려는 사람들이었다. 만수르 왕은 사드 왕조의 전성기를 이끈 사람으로 뛰어난 업적 덕분에 죽어서도 최고의 대접을 받고 있다. 12개의 이탈리아 대리석 기둥으로 장식된 그의 묘실은 이곳의 최고 명물로 꼽힌다. 그런데 관람하려면 최소한 1시간을 더 기다려야 할 것 같았다. 결국 포기할 수밖에 없었다. 이곳 문 여는 시간이 8시 30분인데, 9시에 도착했는데도 이렇게 됐다. 제대로 구경하려면 8시 30분 이전에 도착해야 할 것이다.

마라케시 로고색 오커-레드(Ochre-red)

오커-레드! 직역하면 적황토색쯤 된다. 그러나 그것만으로는 색깔과 뉘앙스를 제대로 표현할 수 없다. '노랑' 과 '누런', '누리끼리' 가 다르듯이 뭔가 비슷하게 형용할 수 있는 말을 찾았으면 좋겠는데, 찾아지지 않는다. 굳이 설명하자면 빨강과 황토와 분홍의 중간지대쯤인데, 그중 분홍에 약간 더 가깝다. 열심히 색 이름을 궁리해 봤지만 맞춤한 이름이 떠오르지 않는다. 마라케시 메디나의 로고색은 그렇게 오묘하다.

온 천지가 오커-레드 판이었다. 아치형 문도, 건물의 담벼락도 온통 오커-레드다. 마라케시의 오커-레드는 자극적이지도 역동적이지도 않다. 강

골목 풍경 (© 최순남)

렬한 햇빛을 받지만 번뜩이지도 않는다. 반사하지 않고 적절히 흡수하는 것이다. 매우 부드럽고 무척 온화하다는 것이 첫 느낌이었다. 더불어 환상적인 분위기도 엿보인다. 보면 볼수록 편안하고 친근한 느낌이 든다.

이번 북아프리카 여행은 로마 유적을 따라가는 여행, 또 이슬람과 아랍의 문화를 엿보는 여행, 그리고 아프리카와 유럽과 아시아가 함께 섞인 혼합문화의 본질을 들여다보는 여행이다. 그러나 한편으로는 색깔과 빛깔을

마라케시 오커-레드

찾아가는 여행이기도 했다. 지중해, 그리고 하늘의 푸른빛이 던지는 통쾌한 소통, 유적과 대지에서 만나게 되는 황토색 친근감, 건물과 장식에서 빚어내는 다양한 색감의 조화로움을 온전하게 감상하지 못하면 여행의 의미는 그 만큼 퇴색되고 만다. 튀니지와 리비아, 알제리에서 이미 화려한 색감에 놀라고 감동했지만, 모로코에 와보니 그 차원이 다르다.

누군가 말했듯이 모로코에서는 마티스, 또는 천경자의 채도 높은 색감을 떠올리게 된다. 하늘과 바다의 색깔, 대지와 사막의 색깔, 건물과 장식의 색깔은 어느 나라든 어느 지역이든 특색이 있지만, 모로코는 각각의 색깔이 누가 더 원색적인가를 걸고 치열하게 경쟁한다. 블루면 블루, 오커면 오커, 둘 다 칙칙한 느낌을 털고 분명한 개성을 발현한다. 모두 채도가 높은 진한 블루이며, 오커다. 이곳에선 화려하지 않으면 색깔이 아닌 것이다. 원색은 촌스럽다고 하지만, 적어도 모로코에서만큼은 아니다. 곳곳에서 대비되는 원색들 간의 거침없는 충돌이 여행자의 마음을 들뜨게 만든다.

그렇지만 마라케시는 모로코에서 조금 비켜나 있다. 모로코지만 모로코가 아닌 느낌이다. 원색의 컬러를 슬쩍 비틀었다. 오커-레드를 처음 보는 순간 궁금해졌다. 과연 이 오묘한 색깔의 정체는 무엇일까? 원색에서 출발했지만 파스텔 색조도 들어가고, 햇빛도 가미됐다. 아프리카이기도 하고, 아랍이기도 하지만, 또 베르베르이기도 하다. 그래서 오커-레드는 역사적인 컬러다

세계 패션계에서도 모로코의 황토색과 붉은색의 특성을 인정하고 있다. 원단 컬러 종류에 '모로코-오커', 또는 '모로코-레드'가 있다. 그러나 그것은 마라케시의 컬러와는 살짝 다르다. 그렇다면 장차 '마라케시 오커-레드'라는 색 이름이 생길만 하지 않은가? 어쨌든 마라케시는 컬러에 대해

한 번쯤 더 고민하고 몰입하게 되는 도시임에 틀림없다.

모로코의 명물 물장수 '게랍'

사디안 묘당을 나오는 순간, 재미있는 장면이 우리를 기다리고 있었다. 해외토픽이나 여행 잡지 사진에 나올듯한 전통 복장의 물장수가 이빨을 드러낸 채 환하게 웃고 있다. 모로코의 명물 중 하나인 '게랍Gerrab' 이다. 마라케시의 물장수는 천 년 이상을 이어온 봉사 직업으로 알려져 있다. 물을 파는 사람이라기보다는 물이 모자란 지역에서 가난한 사람들이나 여행자에게 물을 나눠주는 사람이다. 감사의 표시로 받은 돈이나 음식은 어려운 사람들과 함께 나누는 신심 깊은 이슬람 종교 활동가들이다.

그러나 이곳은 세계적인 관광지. 사이비가 없을 수 없다. 특히 제마 엘프나 광장에 가면 빨간 옷을 입은 물장수들이 수두룩하다. 그들 대부분은 그야말로 물장수다. 물을 팔거나 사진 모델이 되어주고 그 대가로 돈을 받아 생활을 영위하는 사람들이다. 우리가 만난 물장수가 종교 활동가인지 아니면 장사꾼인지 알 수는 없었지만, 사진을 몇 장 찍은 후 1인당 10 디르햄씩 주니 고마워했다. 빨간 복장과 가슴에 주렁주렁 달린 놋쇠그릇, 그리고 햇빛이 쨍쨍한 사막에서도 물을 시원한 상태로 보관해준다는 양가죽 물통이 인상적이었다. 사진을 찍으려 하자 물을 따르며 포즈를 취해준다. 그의 센스에서 이곳이 유명 관광지임을 실감하게 된다.

사디안 묘당 근처에 있는 엘 바디 궁Palais el Badi은 무척 독특하다. 껍데기만 남은 유적이다. 궁전 내부는 없어지고 성채만 덩그러니 남아있다. 현 국

마라케시 물장수

왕 무하메드 6세의 왕주인 알라위Alaouite 왕조가 도읍을 페스 근처인 메크네스로 옮겨가면서 내부 자재를 뜯어 새 왕궁을 짓는 데 사용했다고 한다. 그래서 내부는 텅 비고 넓은 궁터만 남아있다.

중앙 정원의 공간은 길이가 130미터나 된다. 그 중간에 있는 직사각형의 인공 연못도 90미터이다. 당시 왕궁의 웅장함을 보여주고 있다. 그러나

엘 바디 궁전

연못에 물은 없고 잡초와 키 작은 나무들만 듬성듬성 초라하게 자리 잡고 있다. 16세기 당시 최고의 전성기를 구가하던 만수르 왕은 포르투갈과의 전쟁에서 납치해 온 귀족의 몸값으로 건축 재원을 충당했다고 한다. 또 카라반 상인들과의 교역에서 확보한 설탕과 금으로 대리석을 구입했다고도 전해진다.

폐허로 변해서 특별히 볼 것은 없었지만 탑 위에 올라가면 메디나의 스카이라인을 조망할 수 있다. 또 군데군데 구멍 난 성채 위에 집을 짓고 한가로이 노니는 황새 떼를 볼 수 있다. 만수르 왕이 천하를 호령하던 곳이 황새들의 놀이터로 전락한 것이다. 매년 6월에 관광객을 대상으로 마라케시 민속 무용제가 이곳에서 열린다고 한다.

베르베르의 흔적을 만나다

엘 바디 궁 동북쪽에 바히아 궁Palais de la Bahia이 있다. 19세기 말에 지어진 아름다운 집이다. '무사' 라는 귀족의 저택이었다. 무사는 이 집에서 네 명의 부인과 스물이 넘는 첩, 셀 수 없을 정도로 많은 자식들을 거느리고 살았다고 한다. 그 만큼 넓고, 비밀스러운 공간이 많다. 정원에서 정원으로, 건물에서 건물로 끊임없이 출입문이 나 있다.

바히아 궁의 정원은 예쁘기로 유명하다. 호젓하면서도 울창한 정원이 매우 싱그러웠다. 마라케시에서 가장 아름다운 집으로 모로코 건축의 진수라 할만하다. 그런데 그가 죽자, 이 집을 부러워하던 압델 아지즈 왕이 강제로 빼앗다시피 접수해갔다. 현재도 일부 공간은 왕족이 살고 있어 출입이 통제되고 있지만, 볼만한 공간은 대부분 개방되어 있다.

바히아 궁과 이웃해 있는 다르 시 사이드Dar si Said도 19세기 건축물 중 하나다. 다르는 '집', 시는 '미스터' 란 뜻으로 '사이드 씨의 집' 이란 뜻이다. 집 주인 시디 사이드는 바히아 궁의 주인 무사의 형제이기도 하다. 형제가 나란히 이웃해 살았던 것이다. 현재는 '모로코 아트박물관' 으로 사용되고 있다. 각종 보석, 카펫, 가죽제품, 도자기, 등장 등 당시 생활용품들이 전시되어 있다. 그러나 그보다는 정원과 아라베스크 장식이 화려한 건물 자체가 더 매력적이다. 특히 모자이크 장식의 벽과 조각과 문양이 현란한 천장이 발군이었다. 그러나 전체적으로 이웃해 있는 바히아 궁에 비해 규모나 건축미학 측면에서 좀 밀리는 느낌이 들었다.

이어서 인근의 티스키윈Tiskiwin 박물관으로 향했다. 가장 향토적인 냄새가 짙은 곳이다. 본래는 독일 출신의 예술 애호가 베르트 플린트의 집이었

바히아 궁

다르 시 사이드

다고 하나 지금은 민속박물관으로 사용된다. 베르베르인과 사하라 사막의 풍속을 잘 보여주는 곳이다. 들어가면 다른 곳과는 느낌이 다르다. 아라베스크 문양과 모자이크 장식이 압도적이지 않은 것이다. 토속적이고 흑인답고 열대풍으로, 주술적인 장식품들이 주를 이뤘다. 통상 '아프리카' 하면 떠오르는 물품들, 예를 들면 장승과 비슷한 형태의 특이한 인형이나 목각 장식 등 아프리카 원주민들의 소품과 장신구들을 구경할 수 있다.

아담한 정원에 안내원 한 명이 베르베르 전통 복장인 젤라바를 입고 앉아 있었다. 전통 복장이 이색적이라 사진 모델을 해달라고 하니 한사코 거절했다. 그대로 물러날 수가 없어 고민하다가 아이디어가 떠올랐다. 젤라바를 빌려달라고 했다. 그는 활짝 웃으면서 순순히 벗어줬다. 젤라바는 쉽

티스키윈 박물관

젤라바

게 입고 벗을 수 있다. 그냥 뒤집어쓰면 된다. 생각보다 잘 어울렸다. 마치 크기나 색깔을 미리 맞춘 듯 딱 맞았다. 사진을 찍고 나서 돌려주기가 싫을 정도였다.

우리는 '이마지겐(Imazighen)' 이다

베르베르인은 아프리카 북부 지중해 연안이나 사하라 사막에 살고 있는 원주민 격의 부족들을 통합해 부르는 이름이다. 세분하면 30여 개 부족으로 나뉘고, 인구도 천만 명이 넘는다. 보통 흑인 계통으로 알고 있으나, 함어계의 백인종이다. 그러나 흑인과 백인의 접경지역에 많이 살기 때문에 양쪽의 특징이 섞여있다. 베르베르라는 말은 그리스어의 바르바르에서 왔다고 하는데, 이방인이라는 뜻이다. 그러나 베르베르인들은 스스로 '이마지겐' 이라고 부르기를 좋아한다. 고귀한 종족이라는 의미다.

베르베르족도 일찍부터 이슬람교도가 되었다. 아랍의 북아프리카 진출 영향이다. 그러나 사하라 지역에서 흑인계 문화의 영향도 받아서 사하라 전통 토속신앙의 흔적도 남아있다. 11세기에는 모로코를 중심으로 알 무라비툰(모라비드) 왕국을, 12세기에는 알 무와히둔(모하드) 왕국을 건설해서 스페인까지 지배하기도 했으나, 아랍 왕조에 의해 단명으로 끝났다. 이 두 왕조가 마라케시에 도읍을 정하면서 마라케시는 베르베르인을 대표하는 도시가 되었다.

베르베르식 뚝배기 요리 '타진'

점심시간이 됐다. 거리에서 우연히 뚜껑 덮은 뚝배기 요리를 발견했다. 마치 돌솥밥 용기에 지붕처럼 생긴 뚜껑이 덮여 있어 특이했다. 보이는 식당마다 렌지 위에 줄지어 부글부글 끓고 있는 그 요리를 보고 그냥 지나칠 수가 없었다. 일단 들어가서 주문하고 사진도 찍었다. 알고 보니 '타진Tajine' 이라는 요리였다. 애초 먹어보려고 했던 북아프리카 음식 세 가지 중 하나였다. 그러나 그때까지는 이름만 알고 있었지 타진이 어떻게 생긴 음식인지는 전혀 모르고 있었다.

타진은 베르베르 음식으로 양고기, 또는 닭고기가 주재료다. 각종 향신료와 함께 아몬드, 건포도, 말린 대추야자, 자두 등의 견과류 및 감자와 오이 등을 넣어 만든 스튜 음식이다. 말린 과일이나 꿀을 넣어 단맛을 낸다고

베르베르 음식 타진

한다. '타진' 이란 이름은 삼각 모자 같은 뚜껑과 흙으로 빚은 냄비 이름에서 유래했다.

타진은 김이 모락모락 나는 상태로 나왔다. 위쪽에는 감자와 오이와 토마토가 있고, 그 속에 양고기가 들어 있다. 약간의 국물이 있어 마치 졸아버린 김치찌개와 비슷한 모습이었다. 국물까지 하나도 남기지 않고 다 먹어버렸다.

그러나 최 선생은 영 개운치 않은 표정이었다. 양고기 요리가 입맛에 맞지 않는 것이다. 이번 여행에서 최 선생과 가장 달랐던 부분이 입맛과 식습관이었다. 그러나 전혀 트러블은 없었다. 나는 최 선생으로부터 양고기를 좋아하는 입맛을 배려 받았고, 최 선생은 나로부터 여러 차례 음식을 나눠먹는 식습관을 배려 받았다.

북아프리카 음식은 향신료가 강하지 않아서 좋다. 중국, 동남아, 인도 음식은 강한 향신료 때문에 음식 맛이 이상하거나 먹기 거북했던 적이 많은데, 이쪽은 전혀 그렇지 않았다. 그렇다고 향신료를 전혀 쓰지 않는 것은 아니다. 주로 후추, 고추, 생강, 샤프론, 파프리카, 참깨 등을 사용한다. 하지만 음식 맛을 방해하지 않을 정도로 적은 양만 넣는다. 주식은 밀과 귀리, 조 옥수수, 보리 등인데, 역시 쌀이 없는 게 아쉬웠다. 물론 슈퍼에서는 소량으로 팔고 있긴 했다.

제마 엘 프나 광장에선 구렁이 조심

점심을 먹고 마라케시의 상징 제마 엘 프나 광장으로 갔다. 정오의 광장은 눈부심 그 자체였다. 겨울이라지만 따갑고, 뜨거운 햇빛이 내리쏟아지고 있었다. 본래 사자, 즉 죽은 자의 광장이라는 뜻인데, 죄인들을 처형하고 그 잘린 목을 효수한데서 유래했다고 한다. 그러나 지금은 '축제의 광장', 또는 '고동치는 메디나의 심장'이라는 별칭으로 더 유명하다. 시대가 바뀜에 따라 광장의 쓰임새가 변한 것이다. 광장은 끝이 가물가물하게 보일 정도로 넓고, 수많은 사람들이 분주하게 떠다니고 있었다. 또 많은 노점상과 여행객과 거리 예술가들이 뒤섞여 있기도 하다.

이곳에 오면 마라케시의 진면목을 발견할 수 있다. 모로코를 대표하는 코스모폴리탄 카사블랑카보다 더 토속적인 색채가 짙고, 수도 라바트보다 더 예술미가 풍부하며, 고도 페스보다 더 아프리카다운 도시가 바로 이 마라케시다. 광장 중앙에는 거리 악사를 필두로 비단뱀, 코브라, 원숭이 등의 동물 공연이 벌어지고 있다. 또 각종 곡예사, 점쟁이, 무용수 등도 신나는 놀이판을 벌이고 있다. 모로코만이 아니라 북아프리카 일대, 그리고 멀리

제미 엘 프나 광장

코브라 공연 (© 최순남)

사하라를 넘어온 다양한 인종들의 전시장이다.

그러나 항상 낭만적인 것만은 아니다. 들뜬 상태로 아무 곳이나 가서 셔터를 눌러대면 곤란한 일을 당한다. 코브라와 구렁이로 공연하고 있는 무리에 다가가서 사진을 찍고 구경을 하는데, 한 청년이 다가와서 최 선생 목에 구렁이를 둘러 줬다. 당연히 사진 감이다. 몇 커트 찍고 돌아서려는데 손을 내밀었다. "투 헌드레드 디르햄"이란다. 2만2천원을 달라는 것이다. 도둑놈들이다. 1인당 10디르햄씩 20디르햄을 내밀자 인상을 쓰면서 뭐라 떠들었다. 여기서 밀리면 안 된다. 우리도 삿대질을 하면서 그들이 보는 앞에서 사진 일부를 지워버렸다. 그리고는 돌아서서 뒤도 안 돌아보고 뛰듯이 걸어 나왔다. 불만에 찬 소리가 들려오긴 했지만, 쫓아오지는 않았다. 책에서 이런 장면을 읽은 적이 있지만, 바가지를 씌워도 너무 심해 불쾌했다. 제마 엘 프나 광장에서는 무엇보다 구렁이를 조심해야 한다. 아마도 그 곁에서 재롱을 부리고 있는 원숭이도 마찬가지일 것이다.

그럼에도 제마 엘 프나 광장의 운치는 떨어지지 않는다. 아니 그런 바가지 관행 때문에 그 멋이 유지되는지도 모른다. 없는 게 없다는 이 광장에 없는 게 있다면 그것은 '정해진 가격'이라는 얘기가 있다. 모든 것이 흥정으로 결정된다. 바가지 상혼과 속임수가 횡행하지만, 그곳에는 백화점에서 느낄 수 없는 소통의 즐거움이 있다. 싸면 싼 만큼 경제적 이득을 얻어가고, 비싸면 비싼 대로 재미를 얻어 가면 그만이다. 대화와 흥정이라는 일차원적인 거래방식으로 모든 거래가 이루어지는 이곳에서 흥미를 느끼는 사람이라면 그는 분명 자본주의 적응에 힘겨워하는 낭만주의자일지 모른다.

어떤 작가는 제마 엘 프나 광장을 가리켜, 이곳이 없다면 마라케시는 모로코의 도시 중 하나에 불과할 것이라고 했다. 활력 그 자체이자, 생명력이라는 의미다. 특히 밤이 되면 더욱 번창해서 각종 먹을거리 전시장이 된다고 한다. '사람 빼놓고는 모든 것을 맛볼 수 있다'는 흥청망청 야시장을 보지 못하고 카사블랑카로 가는 게 아쉬웠다. 저녁이 되기 전에 벌써 일찌감치 자리 잡은 한 노점상에서 즉석 오렌지 주스 한 잔을 사서 마시는 것으로 대신했다. 달콤하고 시원해서 그 아쉬움이 더 커졌다.

아라베스크 문양과 화려한 컬러의 만남

구투비아 모스크와 미나렛

제마 엘 프나 광장이 마라케시의 상징이라면 구투비아 모스크는 마라케시의 랜드마크라 할 수 있다. 높이 솟아있는 미나렛 덕분이다. 이 미나렛은 시내 어디서나 보이기 때문에 이를 길잡이 삼아 자신의 위치를 확인할 수 있다. 미나렛의 높이는 67미터로 모스크 옆에 바싹 붙어있다. 11세기 알 무라비툰 왕조의 3대 미나렛 중 하나로, 라바트의 하산타워, 그리고 지금은 종탑으로 변한 스페인 세비야의 히랄다 탑과 비교되는데, 그 중에서 가장 오래되고 보존가치가 높은 미나렛으로 손꼽

마라케시 박물관 (© 최순남)

힌다. 화려한 젤류지와 벽화 장식으로 유명한데, 지금은 모두 떨어져나가고 단순 문양의 장식 패널로 대체되었다고 한다.

광장 서쪽에 위치한 구투비아 모스크는 제마 엘 프나 광장에 비해 조용하고 한적한 녹색 광장을 끼고 있다. 손자와 산책 나온 할아버지, 구걸하다 잠시 쉬고 있는 걸인의 모습이 보인다. 제마 엘 프나에서 올라간 알피엠을 다소 낮출 수 있는 평화로운 장소였다.

제마 엘 프나 광장에서 북쪽으로 큰 시장이 들어서 있다. 총 길이가 1킬로미터가 넘고 너비는 약 500미터나 된다. 작은 골목들이 조밀하게 연결된 전통시장의 모습을 간직하고 있다. 시장은 돌아올 때 구경하기로 하고 대강 훑어보면서 지나갔다. 그러나 그렇게 마음먹더라도 볼거리가 많으면 불가능한 일, 벌써 여러 번 걸음이 멈춰졌다. 품목은 페스 메디나와 비슷했지만, 분위기와 색조는 좀 달랐다. 뭔가 토속적인 문양과 컬러가 더 가미되어 있는 것처럼 보였다. 좀 더 선이 굵고 투박한 느낌이다.

시장을 지나 마라케시 박물관으로 향했다. 본래는 장관을 지낸 한 귀족의 개인 집이었는데, 열렬한 예술 애호가가 매입해 깔끔하게 재건축했다고 한다. 전시공간은 여러 방으로 나뉘어 있는데, 현대 미술부터 생활용품에 이르기까지 다양한 전시품들이 있었다. 그러나 전시된 물건들보다 건물 자체의 아름다움에 압도됐다. 특히 두 개의 귀여운 분수가 있는 중앙 정원이 압권이었다. 반투명 소재로 지붕을 덮고 거대한 샹들리에를 매달아 은은한 분위기를 조성해 놓았는데, 들어가자마자 그 황홀함에 입이 딱 벌어졌다. 또 중앙 정원 바닥과 회랑 기둥의 젤류지 장식이 하얀 벽면과 어울려 멋들어져 보였다.

창문틀, 창살 하나하나가 정성이 깃든 예술품들이었다. 예술가와 장인들의 세심한 공력이 벽으로, 기둥으로, 창문으로 한없이 번져 있었다. 아랍 건축과 아라베스크 장식이 정교함으로 대표된다는 사실은 스페인 그라나다의 알람브라 궁전을 방문했을 때 전율을 느끼며 실감했지만, 이곳에서 다시 그 진면목을 확인하게 된다. 거대하고 웅장한 건물과 기념물은 존경심과 경외감을 주지만, 세밀하고 정교한 건축과 장식은 전율과 감동을 준다. 규모가 이성의 영역이라면, 정교함은 감성의 영역인 것이다. 이곳엔 가슴을 깊이 후벼 파는 뭔가가 있다. 아라베스크 장식과 문양이, 화려한 컬러와 은은한 조명을 만나면 어떤 감동이 만들어지는지 이제 조금씩 알 것 같다. 정말 떠나기 싫은 곳이었다.

파랑, 베이지, 진갈색, 녹색, 그리고 주황

마라케시 박물관 옆에 있는 알리 벤 유세프Ali ben Youssef 메드라사도 그에 못지않은 곳이었다. 16세기 사디안 왕조 때 세워진 마그레브 지역 최대의 메드라사이다. 900명의 학생이 동시에 기숙할 수 있는 규모라고 한다. 그러나 그런 사실은 우리에게 덜 중요하다. 그보다는 건축과 장식에 더 관심이 갔다. 물이 가득 채워진 풀장이 중앙정원에서 최고 볼거리였다. 중앙정원을 빙 둘러싼 건물 1층은 가슴 높이까지 젤리지 장식으로 마감되어 있다. 그 위로는 2층까지 세밀한 문양의 치장벽토 장식이 화려하게 이어진다.

아랍 문자는 그 자체가 장식예술이라는 평을 듣는데, 여기서 그 평가가 과장이 아님을 실감할 수 있었다. 석봉 한호의 해맑은 해서체나 독창적인 예술 감각이 넘쳐나는 추사 김정희의 예서체와는 근본적으로 다르다. 그보

위 벽토 장식에 쓰인 아랍 문자
오른쪽 유세프 메드라사 중앙정원

다는 현란하고 멋들어진 봉래 양사언의 초서체를 빼다 박았다. 어찌 보면 글씨와 같고, 어찌 보면 기하학적 장식처럼 보이는 아랍 문자의 예술성 또한 이들의 독창적인 솜씨이다.

특히 눈길을 끈 것은 1층과 2층 사이, 그리고 2층과 지붕 사이의 진갈색 목제 장식이다. 삼나무로 만든 이 메드라사 특유의 장식이다. 푸른색 계통의 젤류지와 푸른색과 주황색이 섞인 지붕 컬러 사이에서 색조의 무게와 균형을 잡아주고 있다. 벽체의 베이지색 문양과 절묘하게 대비되는 것이다. 이곳의 또 하나의 자랑거리는 중정에 있던 바신, 즉 우물 장식인데 지금은 오전에 방문했던 다르 시 사이드, 즉 아트박물관에 옮겨져 있다. 정작

유세프 메드라사의 목제 장식

쿠바 바딘

그곳에서는 바신을 알아보지 못해 사진을 찍지 못한 아쉬움이 커졌다. 건물 1층은 회랑이지만 2층은 작은 방들로 나뉘어 있었다. 이 작은 방들은 학생들이 여러 명씩 배치되어 학업에 정진하던 공간이었다. 메드라사 곁에는 모스크가 있지만 무슬림이 아니면 들어가지 못한다.

시장 북쪽에 있는 모스크를 빼면 유력한 방문 장소는 마라케시 박물관, 유세프 메드라사, 쿠바 바딘Koubba Ba' adyin 세 곳이다. 이 세 곳은 입장권을 묶어서 판매한다. 두 곳을 보는데 40디르햄, 세 곳을 보는데 60디르햄이다. 관람 욕심이 많은 관계로 세 개짜리를 샀다. 그리고 언제나 그렇듯 시간에 쫓기며 쿠바 바딘으로 향했다.

쿠바 바딘은 마라케시에 최초로 왕국을 건설한 알 무라비툰 왕조의 건축물이다. 그러나 이어진 알 무와히둔 왕조가 이전 왕조의 거의 모든 건축물을 파괴했기 때문에 알 무라비툰 왕조의 건축물은 드물다고 한다. 그래서 더 유명해졌다. 본래 12세기 건축될 당시는 인근 유세프 모스크에서 예배를 드리기 전 세정식을 하는 장소로 만들어졌다. 그러나 그 이후에는 죽은 자의 넋을 기리는 사당 역할을 하고 있다. 식물과 과일 모양을 본 딴 장식, 8각형 문양의 천장 장식들이 특이했지만, 이미 훌륭한 건축물 둘을 구경하고 온 터라 그리 매력 있게 보이지는 않았다.

시장 구경은 항상 즐겁다. 페스도 그랬지만 골목별로, 또는 지역별로 비슷한 품목들이 나뉘어 있다. 금은 세공, 젤류지, 의류 상점들을 지나면, 양모와 베르베르 카펫 상점들이 줄지어 있다. 이를 지나면 목공예와 가죽

화려한 모로코 도자기

마라케시의 이미지

마라케시의 이미지

제품 가게, 약재와 향료가게들이 이어진다. 그런데 가다보니 젤류지와 금은세공품 가게들이 또 나타난다. 한 바퀴를 빙 돈 것이다. 하지만 이곳 시장은 본 곳을 다시 와도 새로운 볼거리가 새로 나타나곤 해서 결코 질리지 않는다. 화려한 색깔과 다양한 디자인의 전시품들이 시장 구경을 즐겁게 해준다.

"What do you want? Hashish?"

제마 엘 프나 광장에 가까워질수록 테이크아웃 타입의 먹을거리 가게가 많아진다. 어딜 가나 시장통 먹자골목은 청결을 기대하긴 어렵다. 다소 지저분하고 음침해 보이기도 한다. 골목이 온통 고기 굽는 연기로 자욱했다. 마침 최 선생의 간식 시간이 됐다. 잠시 음식을 사러 들어간 사이 혼자 골목을 서성거리는데 청바지 차림의 흑인 청년이 다가왔다. 약간 껄렁거리는 몸짓으로 어디서 왔냐고 물었다. 한국에서 왔다고 하니 반갑다며 악수를 청했다. 그러더니 귓속말로 "왓 두 유 원트? 하시시Hashish?"라고 하는 것이다. 무슨 영문인지 몰라 "아임 소리. 왓?" 하고 되묻자, 질 좋고 죽여주는 하시시가 있으니 사라는 얘기였다.

하시시는 대마초를 가리킨다. 낯익은 이름인 '마리화나'는 야생 삼으로 만든 것이고 재배 삼을 사용하면 '간자'라고 한다. 이 두 가지를 통칭해서 '하시시'라고 부른다. 유엔에 따르면 전 세계적으로 연간 30만 톤의 대마가 생산되는데, 그중 15퍼센트 이상이 모로코에서 생산된다고 한다. 모로코 북부 리프 산맥이 대마의 주산지다. 다른 작물은 토질에 맞지 않고, 대마가 다른 농작물에 비해 고소득 작물이라 그렇게 됐다고 한다. 그 부산물로 하시시가 대량으로 만들어지고 있는 것이다. 유럽에 유통되는 대마초의 90퍼센트가 모로코 산으로 알려져 있다. 물론 당국에서는 올리브, 아몬드 등의 대체 작물을 권유하고 있으나, 오히려 대마 재배면적은 갈수록 늘고 있다고 한다.

대마초에 다소 관대한 아랍 사회의 관습도 모로코를 대마초 왕국으로 만드는 데 한 몫 했다고 한다. 여성의 할례 관습이 남성의 잠자리 능력 증강을 부추겼는데, 거기에 대마초가 사용되어 왔다는 것이다. 또 각종 기능공을 훈련시킬 때 대마초의 각성 효과를 이용하기도 했다. 그들 삶의 한 단면이 떨떠름하게 느껴졌다.

5시에 마라케시 역을 출발했다. 다시 카사블랑카로 돌아가는 길이다.

마라케시의 노을

마라케시는 빛깔로 기억될 것이다. 오커-레드. 이번 여행에서 처음 접한 컬러 이름이자, 빛깔이다. 메디나 여행을 시작한 아그나우 문부터 끝마친 제마 엘 프나 근처의 대형 수크까지 관통하는 오커-레드는 마음속에 베르베르를 상징하는 색으로 자리 잡았다. 이 색깔을 볼 때마다 바히아 궁의 초록 지붕과 아름다운 정원, 티스키윈 박물관의 젤라바, 마라케시 박물관의 전율감이 느껴지는 치장 벽토 문양과 젤류지 장식들, 유세프 메드라사의 삼나무 투각 장식 등 온갖 장면들이 떠오를 것이다. 여행을 끝내고 되돌아보면 대개 그곳의 이미지가 남는다. 그런 점에서 마라케시는 인상 깊은 자신만의 특색을 가지고 있는 셈이다.

기차가 출발하자 곧 땅거미가 내리기 시작했다. 마라케시는 오아시스가 발달해 조성된 분지 도시다. 구릉이 많다. 부드러운 능선이 기차를 따라 달렸다. 어느 덧 해가 산등성이를 타고 넘으려 하니 맑고 파란 하늘을 등지면서 햇무리가 등장한다. 마라케시의 오커-레드를 시기하듯 강렬한 붉은 빛을 뿜고 있다. 그러나 아직 새파란 하늘을 물들이기에는 역부족이다. 해에서 뻗쳐 나온 새하얀 빛이 점차 붉게 퍼지다가 하늘과의 접점에서 파란색으로 변해가는 빛의 스펙트럼이 아름답다. 석양의 햇무리는 날카로운 절벽보다는 부드러운 능선에 어울린다. 하루를 시작하는 일출은 바위산을 배경으로, 석양의 일몰은 부드러운 능선에서 봐야 제격인 것이다. 해가 능선을 넘어 빛을 잃어가는 시점에서 마라케시와의 인연은 일단락되었다. 마라케시 여행은 오묘한 컬러로 시작해 아름다운 석양 스펙트럼으로 멋지게 끝을 맺었다.

가장 비쌌던 하산 2세 모스크 관람

| 2월 28일

이제 여행은 만 하루가 남았다. 카사블랑카를 돌아보고 나면 다음 날 새벽 모로코와도, 북아프리카 마그레브 지역과도 이별해야 한다. 스무날 가까운 여행이 후딱 지나가 버렸다. 휴식시간 없이 바쁘게 돌아다녔지만 힘들기는커녕 이제 막 탄력이 붙어간다는 느낌인데, 끝내야 한다니 아쉬워진다. 큰아이를 데리고 처음 시도한 배낭여행은 일주일이었고, 그것이 모자라 그다음은 열흘, 재작년 가족과 스페인에 갔을 때는 열이틀까지 늘렸다. 그런데도 못내 아쉬워 이번에는 20일까지 늘렸건만 마칠 때 아쉽기는 매한가지

다. 얼마나 더 늘려야 직성이 풀릴지 욕심이 갈수록 커진다.

카사블랑카 시내에서 방문 1순위는 뭐니 뭐니 해도 하산 2세 모스크다. 카사블랑카의 상징이자, 랜드마크이다. 우리나라로 치면 명동성당이나, 서울 조계사의 위상이다. 모로코가 서구문명을 지향하지만 엄연한 이슬람 국가인 만큼, 카사블랑카에서 하산 2세 모스크의 의미는 남다르다.

시내 중심가 호텔에서 출발한 시각은 아침 8시. 8시 30분에 문을 여는 하산 2세 모스크까지 천천히 걸어갈 요량이었다. 시내 중심가에서 보면 바다 해안선은 북쪽에서 서쪽으로 완만하게 커브를 그리고 있다. 도심 서쪽 방향에 메디나가 있고 그 메디나를 지나 모스크가 있다. 세계에서 가장 높다는 210미터 높이의 미나렛이 우뚝 솟아있기 때문에 찾기도 쉽다.

하산 2세 모스크에 도착하자 단연 눈에 띄는 것은 우뚝 솟은 미나렛이지만, 그보다는 모스크의 배경을 이루고 있는 바다가 더 인상적이었다. 이곳 바다는 지중해가 아니라 대서양이다. 이번 여행 동안 줄곧 지중해만 보아왔는데, 카사블랑카의 바다는 유일하게 대서양에 속한다. 같은 바다지만 구분해서 명칭을 붙여놓으니 느낌이 다르다. 카사블랑카의 바다가 대서양이라는 사실은 옛날부터 지중해 문명의 영향권에서 벗어나 있었다는 것을 뜻한다. 지금은 모로코의 최대 도시이고 아프리카 최대의 항구도시가 되었지만, 대도시로 개발된 것은 불과 백년이 채 안 되는 최근의 일이다.

예전에는 메디나 구역만이 카사블랑카였다. 15세기 이곳에 진출한 포르투갈 사람들이 메디나의 흰 집들을 보고 카사블랑카란 이름을 붙였다고 한다. 카사는 집이고 블랑카는 화이트를 뜻한다. 1912년 프랑스가 모로코를 보호령으로 삼은 이후 대도시로 발전하기 시작했다. 물론 메디나의 외곽 지역이 집중적으로 확장됐다. 그래서 대부분 북아프리카 도시의 신시가

하산 2세 모스크 (© 최순남)

지가 그렇듯이 카사블랑카 또한 프랑스풍이다. 백지에 설계한 것이나 마찬가지이기 때문에 유럽의 여느 대도시 못지않게 화려하고 안정적으로 구획되었다. 대신 페스나 마라케시처럼 유서 깊은 이야기나 유적은 별반 두드러진 게 없다.

지하 1층으로 내려가니 매표소가 있었다. 이곳 관람은 가이드 투어가 대종을 이룬다. 모스크에 소속된 가이드들이 각 언어별로 여행객을 모아 인솔한다. 아쉽게도 한국어 가이드는 없었다. 유럽의 다섯 개 언어만 서비스됐다. 영어, 프랑스어, 독일어, 스페인어, 이탈리아어로 끝이다. 120디르햄을 내고 영어 그룹에 섰다. 1인 당 1만3천원쯤 되니 이곳 물가로는 상당히 비싼 입장료였다. 그러나 혼자 자유롭게 관람하는 표는 1천 디르햄, 11만원이나 되니 선택의 여지가 없다. 각 언어권 별로 여행객이 모이자 바로 투어가 시작됐다.

부러운 관광대국 일본

30대로 보이는 여성 가이드가 인솔하는데, 영어 그룹은 채 열 명이 안 됐다. 가족적인 분위기에서 관람을 하겠다고 좋아했지만, 잠시 후 그 기대는 깨져버렸다. 1층 모스크로 들어가는 입구에 동양인 단체 여행객 수십 명이 대기하고 있었던 것이다. 한눈에 일본인들임을 알 수 있었다. 그런데 그들은 영어가 통하는 사람들도 아니었다. 일본인 가이드 한 명이 영어를 일본어로 동시통역하여 무선 헤드셋으로 실시간 중계방송을 하는 시스템이었다. 나 역시 영어가 서툰 처지라 설명에 집중해야 하는 판에, 일본어 중계방송까지 섞이니 관람 분위기는 엉망이 되고 말았다. 그러나 그 사람들이 중국인이 아닌 게 그나마 다행이었다. 덜 소란스러웠던 것이다.

유럽에서 활동하는 한 가이드에게서 들은 얘긴데, 자신은 동양인을 보면 멀리서 걸어오는 모습만 보고도 한국인과 일본인과 중국인을 구별할 수 있다고 했다. 중국인은 무지하게 시끄럽게 떠들면서 걸어온다고 한다. 일본인들은 대개 큰 가방을 들거나 끌고 다닌다고 한다. 그렇다면 한국인들은? 무슨 수심이 그리 많은지 말도 없이 인상을 박박 긁어가며 걸어온다고 한다.

모스크 내부 공간은 엄청났다. 국민 성금을 모아서 1993년에 완공했다는데, 초현대식 시설과 규모를 자랑한다. 동시에 2만5천 명이 예배를 볼 수 있는 시설이다. 세계에서 세 번째로 큰 모스크라지만, 내부 시설이나 실내 장식에서는 가히 이슬람 최고의 성전이라고 할 수 있었다. 가이드는 모로코 최고의 실내 장식 전문가 수천 명을 총동원한 것이라고 설명했다. 천정을 화려하게 장식하고 있는 수많은 샹들리에들은 이탈리아에서 들여왔고, 육중하면서도 이중 톤의 오묘한 빛깔을 내는 티타늄 소재 고급 철문은 러시아에서 들여왔다고 했다. 우주선에 사용되는 소재라며 끊임없이 자랑을 늘어놓았다. 그러나 규모와 시설 얘기는 그리 와 닿지 않는다. 이 모스크도 페스나 마라케시의 그것들처럼 백 년이고 이백 년이고 세월을 머금어야 클래식이 되고 역사가 되는 것이다.

지하에는 함맘이 있었다. 함맘은 아랍식 목욕탕이다. 지하에 함맘이 있는 까닭은 예배를 보기 전에 신체와 정신을 청결하게 하기 위해서라고 했다. 그러나 이곳은 규모가 크고 너무 깨끗해서 목욕할 마음이 생길까 하는 의문도 들었다.

함께 투어를 하다 보니까 주로 중년 여성들인 일본인 여행객들이 우리에게 관심을 보이기 시작했다. 어디서 왔느냐고 물어 한국에서 왔다고 하니, 나에게 '스튜던트?' 하고 물었다. '노' 라고 응수하면서도 터지는 웃음을 억누르기 힘들었다. 순간 가이드 투어 분위기를 엉망으로 만든 그들의 민폐가 한방에 용서가 됐다.

이번 북아프리카 여행에서 일본인 관광객을 종종 마주쳤다. 그들은 우리가 많이 찾지 않는 지역들을 속속들이 누비고 있었다. 물론 경제력이 월등하니까 그렇겠지만, 어쨌든 일본인의 다양한 여행 관심은 부러운 일이다. 우리도 경제력을 더 키우고, 사고 영역을 더 넓혀서 마그레브 여행이 활성화되기를 기대해 본다.

혼잡한 스페인대사관 거리

하산 2세 모스크를 중심으로 동쪽에는 메디나가 있고 그 북쪽으로 카사블랑카 항구가 있다. 해안가를 따라 시내 방향으로 접어들자 오른쪽에 해군사령부가 있고 그 뒤편으로 메디나의 담장이 보였다. 그 왼쪽에 카사블랑카 항구가 자리하고 있다.

담장을 따라 가다가 해안 쪽 입구를 통해 메디나로 들어갔다. 페스나 마라케시와는 다른 모습이었다. 중세의 모습이나 관광 요소가 별로 없었다. 왕조의 도읍지도 아니고 역사성이 있는 도시가 아니기 때문이다. 그냥 전통적 주거지와 재래시장만 보일 뿐이었다.

하산 2세 모스크에서 출발하면 메디나를 관통하는 것이 신시가지로 가는 지름길이다. 길을 잃으면 클록타워, 즉 시계탑을 찾거나 물으면 된다. 시계탑이 메디나와 신시가지 사이의 랜드마크 역할을 하고 있다. 문명의 관점에서 보자면 카사블랑카의 근대와 현대를 구분 짓고, 경제의 관점에서 보자면 빈곤과 부유를 나눈다. 같은 하늘을 이고 있으면서도 세상은 이렇게 단절되어 있다. 이와 같은 단절을 끊고 간격을 좁히는 것은 같은 시대를 살고 있는 사람의 책임일 것이다.

최 선생이 자신은 신시가지의 디자인과 풍경을 더 보고 싶다고 해서, 오후 5시에 호텔에서 다시 만나기로 하고 헤어졌다. 혼자서 간 첫 번째 방문장소는 미술관Villa des Arts이었다. 시계탑 앞 광장에서 미술관까지는 제법 멀지만 시내 구경삼아 걸어가기로 했다. 여행 안내서에 삽입된 자그마한 지도에 의지해 걷기 시작했다. 도시의 남서쪽 방향이다. 시내 중심을 벗어나면서 공원과 녹지 공간이 많아지기 시작했다. 열병식을 거행하듯 키가 큰 열대나무들이 줄지어 있는 리그 아라베 공원을 지나면 사크레 쿠르 성당이 있다. 이슬람 대도시 한복판에서 만난 이색 풍경이다. 1930년 프랑스 보호령 당시 지어진 건물로 지금도 소수의 가톨릭 신자와 외국인들이 이용하고 있다.

성당을 지나 미술관 쪽으로 향하는데, 한 무리의 사람들이 모여 있었

카사블랑카의 근대와 현대를 가르는 시계탑

사크레 쿠르 성당

다. 줄을 서 있는 사람도 있고, 서로 상의하며 서류에 뭔가를 적는 사람들도 보였다. 건물 위로는 빨간색과 노란색으로 된 깃발이 솟아 있었다. 스페인 대사관이다. 짐작이 됐다. 스페인으로 가려는 사람들이다. 모로코 사람들에게 스페인은 기회의 땅이다. 그러나 이렇게 합법적으로 가려는 사람들보다는 불법적으로 가는 사람들이 훨씬 많아 문제다.

모로코와 스페인 사이의 지브롤터 해협은 너비가 13킬로미터에 불과하다. 가난한 모로코 인을 비롯한 아프리카 사람들이 '유로 드림'을 꿈꾸는 통로다. 유럽 통합 이후 스페인은 유럽 각지로 가는 발판이 되었다. 해마다 불법으로 유럽에 들어가는 모로코 인들은 3만 명이 넘는다고 한다. 물론 대부분이 잡혀서 강제로 송환되거나 일부는 밀항 도중에 사고를 당해 지중해 물고기 밥이 되기도 한다. 그런데도 이러한 행렬은 끊이지 않고 있고, 앞으

스페인대사관 앞 행렬

로도 계속 될 것으로 보인다.

마그레브는 지중해를 닮았다

미술관은 아담한 2층짜리 건물이었다. 카사블랑카에 걸맞게 하얀색의 외관이 무척 인상적이다. 현안 이슈를 선정하고 그와 관련된 예술작품을 전시한다고 해서 관심을 가졌다. 로마 유적지나 메디나, 그리고 각종 박물관이 그렇듯이 이번 북아프리카 여행의 대부분이 과거 역사와 관련되어 있다. 그렇다 보니 현재의 고민과 앞으로의 비전을 접할 기회는 오히려 많지 않았다. 그래서 미술관을 방문하면 모로코, 나아가 북아프리카 사회의 관심사항을 조금이나마 엿볼 수 있지 않을까 내심 기대했다.

1층에서는 중국 관련 사진전이 열리고 있었다. 중국 사람들의 살아가는 모습과 표정, 실제 일상을 다양하게 표현한 작품들이었다. 이미 경제 대국으로 떠오르고 있고, 곧 미국에 버금가는 초강대국이 될 것으로 보이는 중국에 대한 그들의 관심을 이해할 수 있었다. 이미 세계 어딜 가나 중국이라는 화두는 놓칠 수 없는 주제가 되었다.

2층도 마찬가지로 사진전이었다. 지중해 인접 국가 27개국 중에서 20개국 이상의 젊은 사진작가들이 참여한 연합 사진전이었다. 전시 주제는 'Crossing Glances'로, 해석하면 '서로 교차해서 보기', 또는 '서로 이해하기'라는 의미다. 있는 그대로 서로를 보고 존중하자는 공존의 메시지가 담겨 있다. 그들이 직접 기술한 주장의 일부 내용을 그대로 전하면 다음과 같다.

"In the Quest of shared aspirations in an increasingly multi cultural and ever evolving society, the youth of the two shores can build an original culture founded on a vision of the world that neither includes nor excludes : a real partnership of peoples."

갈수록 문화적 다양성이 증가하고 계속 진화하는 사회의 공동 열망을 추구하는 과정에서, (지중해) 양안의 젊은이들은 서로 장악하지도 배척하지도 않는 세계, 즉 사람들 사이의 진정한 나눔이라는 대의를 바탕으로 고유한 문화를 창조할 수 있다.

지중해 사람들 간의 상호 존중, 그리고 평등하고 우호적인 문화의 정립

빌라 데스 아츠 미술관 2층 전시실

을 통한 협력을 얘기하고 있다. 전쟁과 살상, 차별과 배척으로 점철되고 있는 문명, 또는 종교 간의 갈등을 풀어보고자 하는 젊은 작가들의 충심이 작품으로 구현되어 있는 것이다. 그들은 훼손되고 변색된 지중해 정신을 경고, 또 거부하고 있었다. 함께 미래를 가늠하고 협력을 통해 새로운 문명을 개척하자는 의지와 비전이 그들의 지향점이었다. 지중해 문명을 토대로 나눔의 문화를 완성시키고자 하는 그들의 애정과 존중의 마음이 작품들 속에 절절이 녹아있음을 발견할 수 있어 좋았다. 마그레브는 이렇듯 진정한 의미의 지중해 정신을 차근차근 담아가고 있는 것이다.

복합문명의 상징, 지중해

지중해는 복합문명의 상징이다. 종교적으로 기독교와 이슬람과 유대교가 혼재하고, 문명적으로 헤브라이즘과 헬레니즘, 그리고 메소포타미아와 이집트 문명, 또 그리스 · 로마 문명이 녹아있다. 지리적으로는 유럽과 중동과 아프리카 세 대륙이 연결되어 있다. 지중해에 걸쳐 있는 나라는 모두 27개국이다. 언어도 나라 수에 버금갈 만큼 다양하다. 어떤 한 시대의 문명이나 특정 종교, 또는 특정 언어로 이루어진 시공간이 아니라 복합문명의 용광로이다. 그래서 지중해 문명을 수평적, 상호적인 문명이라고 한다.

그러나 서구의 지중해는 달랐다. 서구가 세계 역사 전면에 등장한 것은 르네상스 이후였다. 그럼에도 불구하고, 산업혁명과 근대화 과정에서 주도권을 쥔 서구세력은 문명의 기원을 그리스와 로마에 둠으로써 자신의 우월성을 입증하려 했다. 이때부터 역사 해석의 틀이 서구 중심으로 바뀌어졌다. 그 과정에서 지중해는 복합성과 다양성, 그리고 수평을 잃기 시작했다. 배타성에 의한 차별과 배척 현상이 생겨났다. 그것은 약소국에 대한 공격과 전쟁, 점령으로 이어져 갔다.

수다쟁이 택시운전사, 모하메디

유대 박물관을 가기 위해 미술관에서 나왔다. 유대 박물관은 카사블랑카의 남쪽 지역 오아시스 타운에 있다. 미술관에서 약 3~4킬로미터쯤 떨어져 있어 걸어갈 만한 거리지만, 정확한 위치를 모르기 때문에 택시를 타기로 했다. 카사블랑카에는 두 종류의 택시가 있다. 티코처럼 작은 패티 택시와 벤츠를 사용하는 그랜드 택시이다. 가격은 약 세 배 정도 차이가 난다. 당연히 패티 택시를 잡았다. 그런데 주소와 명칭을 얘기해도 운전사가 알아듣지 못했다. 물론 영어가 잘 안 통했다. 한 200미터 가다가 내릴 수밖에 없었다.

고민하다가 그랜드 택시를 타기로 했다. 벤츠 마크를 앞세운 베이지색 그랜드 택시를 세웠다. 유대 박물관을 아느냐고 물으니 모른다고 했다. 오아시스 타운은 아느냐고 물으며 주소를 알려주니 대강 알 듯하다고 했다. 30대 후반으로 보이는 사람인데 떠듬떠듬 영어를 했다. 모로코, 아니 북아프리카에서 영어를 할 수 있는 택시기사를 만나기는 하늘의 별따기라고 들었는데, 마침 별을 딴 것이다. 이번 여행 동안 북아프리카에서 영어를 조금이라도 할 줄 아는 기사는 이 친구가 유일했다.

이름은 모하메디였다. 모하메디는 오아시스 마을이 본래 유대인 집단 거주지였는데, 지금은 부호들이 사는 고급 주택단지가 됐다고 설명했다. 그러면서 그 지역에는 택시가 갈 일이 별로 없다고 했다. 집집마다 차가 있기 때문이냐고 물으니 한 술 더 떠서 사람마다 차가 있다고 했다.

호기롭게 출발은 했지만 곧 헤매기 시작했다. 행인들에게 여러 차례 물었지만, 실패의 연속이었다. 모하메디는 길을 묻다가 아예 행인에게 타라고 손짓했다. 행인이 앞자리에 타고는 직접 안내했다. 그런데 웬걸, 그 역시 유대 박물관을 찾지 못했다. 그는 미안해하며 내리더니 아무 일 없었다는 듯 제 갈 길을 갔다.

잠시 후 다른 사람을 또 태웠다. 그 사람은 길을 정확히 알고 있었다. 덕분에 유대 박물관을 금방 찾을 수 있었다. 그는 즐거워하며 인사하고는 역시 제 갈 길을 갔다. 독특한 문화였다. 자기 일도 바쁠 텐데, 다른 사람을 안내하느라 엉뚱한 곳에 내린 것을 전혀 개의치 않았다. 물론 사례금도 없었다. 내 관점에서는 이해하기 어려웠다. 한 사람도 아니고 두 사람이나 자기 시간을 손해 보면서까지 남을 도와주는 것을 보니, 그것이 모로코 사람들의 일반적인 심성이라는 생각이 들었다. 각박함 속에서 살고 있는 나에겐 신선한 충격이었다.

마을에 도착하는 데 걸린 시간은 단 10분, 그러나 박물관을 찾는 데는 20분이 넘게 걸렸다. 배보다 배꼽이 더 컸다. 택시비로 100디르햄 달라는 걸 50디르햄(5천5백원)으로 깎았기 때문에 미안한 감이 들었지만, 모하메디는 불평 없이 싱글벙글했다. 오히려 한술 더 떴다. 택시가 별로 없는 지역이라 관람을 마칠 때까지 기다려 주겠다며 얼마나 걸리겠냐고 물었다. 1시간가량이라고 했더니 좋다고 했다. 더욱이 대기요금은 안 받고 돌아가는 비용 50디르햄만 더 달라고 했다. 이렇게 고마울 수가!

그는 친절하고 착한 택시기사였다. 내 인상이 마음에 들었고 서로 영어로 대화하는 게 재미있다고 했다. 고마워서 두 가지 보답을 하기로 약속했다. 다음 날 카사블랑카 공항에 가야 하니 새벽 5시 30분까지 호텔로 나오라고 했고, 모로코에 여행 오는 한국 사람들에게 소개하겠다고 했다. 그가 언제까지 택시운전을 계속할지는 모르지만, 참고로 모하메디가 적어준 휴대전화 번호를 적는다. 063-31-0305이다. 만약 전화해서 그와 통화가 되면 2007년 초에 유대 박물관Jewish Museum까지 타고 갔던 'Mr. Lee'의 소개로 연락하게 됐다고 말씀하시라. 반가워 할 것이다. 그는 나를 기억하겠노라고 했다. 그의 전화번호를 공개하는 게 마땅할지 많이 고민했지만, 우리나라 여행자들의 에티켓을 신뢰하기 때문에 과감히 공개하는 것이다.

유대인과 사이가 좋은 모로코

유대 박물관은 주택가 한 복판에 있는 자그마한 단층짜리 흰색 건물이었다. 전에는 시나고그, 즉 유대교 예배당으로 쓰였던 곳이다. 이 유대 박물관은 카사블랑카가 보유한 유일한 박물관이면서, 동시에 이슬람 사회에 있는 유일한 유대교 박물관이라는 희귀성 때문에 유명하다. 주로 유대교도들이 사용했던 물건과 예배용 도구, 히브리어 경전, 비중 있는 랍비들의 모습과 유대인들의 생활을 담은 사진, 당시 의복과 장신구 등이 전시되어 있었다. 사실 이슬람교도 낯설지만 유대교는 나를 포함해서 한국 사람들에게 더 낯선 종교다. 그래서 전시품의 가치를 판단하기는 어렵지만, 유대인들 생활 모습을 엿볼 수 있어서 신기했다.

유대인들은 1세기경 예루살렘 성전이 파괴되자 유럽과 북아프리카 일대로 이주하기 시작했다. 정확한 통계는 없지만, 북아프리카 지역에 많은 유대인들이 살았던 것으로 추정된다. 북아프리카 도시 메디나의 한 부분에는 유대인 집단 거주 지역인 멜라가 항상 붙어 있다. 모로코도 예외가 아니다. 이렇게 초기에 이주해 북아프리카 지역에 자리 잡은 유대인들의 후손

유대 박물관 전시실

을 '유대 아랍인' 이라고 부른다.

한편, 유럽 특히 스페인에서 북아프리카로 건너온 유대인들이 있다. 스페인 땅을 점령한 북아프리카 출신 이슬람 왕조 아래서 유대인들은 자신의 종교를 지킬 수 있었다. 대신 그들은 인두세와 토지세를 더 부담해야 했다. 재판에서도 일정부분 불이익을 받았고, 이슬람 여성과의 결혼도 제약을 받았다. 거꾸로 유대인 여성은 이슬람교도 남성과 결혼할 수는 있었다.

1492년 스페인 가톨릭 왕조가 그라나다 알람브라 궁전에서 마지막 이슬람 왕조 보아브딜 왕의 항복을 받아내면서 상황이 달라졌다. 스페인을 통일한 이사벨라 여왕은 유대교를 탄압하기 시작했다. 다른 나라로 이주하거나 개종하라는 양자택일을 강요했다. 대다수 유대교도는 스페인 땅을 버리고 북아프리카 땅으로 향했다. 스페인에서 가까운 모로코 북부와 알제리 서부 지역으로 대거 이주했다. 이들은 '유대 스페니쉬' 라는 뜻의 '세파르딤' 으로 불렸다. 이것이 모로코에 유대인이 많이 거주하게 되고 유대 박물관이 생겨난 배경이다.

아랍과 이스라엘 사이의 가교, 모로코

이스라엘에 적대적인 대부분의 아랍 국가들과는 달리 모로코는 아랍과 이스라엘 문제에 대해서 중립적인 입장을 지켜왔다. 중동평화 회담을 중재했을 뿐 아니라 이스라엘과의 고위급 대화도 여러 차례 지속했다. 정치적으로는 서방을 지향하면서도 유대인과의 역사적 인연은 버리지 않았기 때문이다.

1948년 이스라엘 정부가 수립되자, 모로코에 거주하던 많은 유대인들이 이스라엘로 이주하길 원했다. 모로코 정부는 이스라엘 중앙정보부인 모사드와 함께 이 거대한 엑소더스 사업을 성공적으로 수행했다. 이 때 수만 명의 유대인이 이스라엘로 이주했다. 종교적으로 충돌할만한 일이었지만, 모로코 사람들은 관대하게 이스라엘 건국을 용인했던 것이다.

유대인 문제는 유럽의 치부가 담긴 미묘하고 고질적인 문제다. 서구가 자랑하는 자유, 평등, 인권의 진보적 이념은 '반유대주의' 라는 종교적 망령으로 그 한계를 드러내고 말았다. 그만큼 유럽에서의 '반유대주의' 역사는 깊고 끈질겼다. 그런데 우려되는 것은, 오늘날 서구사회의 공공의 적이 '유대인' 에서 '무슬림' 으로 대체되고 있다는 점이다.

역사는 하루아침에 이루어지지 않는다

박물관을 둘러보고 있는데 밖에서 기다리던 모하메디가 슬금슬금 안으로 들어왔다. 자기도 뭐가 전시되고 있는지 궁금했던 모양이었다. 물론 그는 필자의 드라이버라고 얘기하고는 입장료 20디르햄을 내지 않고 들어왔다. 공짜 구경인 셈이다. 관람을 마치고 돌아가는 길에 '내 덕분에 유대 박물관도 알았고 박물관 구경도 공짜로 했으니 택시비에서 20디르햄을 깎아줘야 하는 것 아니냐?' 고 했더니 한바탕 크게 웃었다.

그런데 모하메드는 너무 천천히 운전했다. 시속 30킬로미터도 안 된다. 안 되는 영어를 억지로 짜내다 보니 운전에 신경 쓸 메모리가 부족한 모양이었다. 빨리 가라고 빵빵대는 뒤차의 재촉에도 아랑곳하지 않고 느긋하게 운전했다. 그는 여러 가지 얘기를 했다. 이슬람은 포용력이 크다는 것, 아랍어는 표현력이 뛰어난 섬세한 언어라는 것, 프랑스어는 발음이 아름다운 언어라는 것, 모로코에 여행 오려면 아랍어나 프랑스어를 해야 많이 경험할 수 있다는 것, 모로코는 빈부 격차가 너무 크다는 것, 한국의 경제발전이 놀랍다는 것 등 얘기 주제는 다양하고 끝이 없었다. 한 20분이면 도착할 거리인데 곱절이나 걸렸다.

카사블랑카에는 시내 동남쪽 방향에 또 하나의 메디나가 있다. 뉴 메디나Quartier Habous라고 한다. 뉴 메디나는 프랑스 보호령 시대인 1930년대에 지어진 그야말로 역사가 가장 일천한 메디나이다. 카사블랑카의 도시화가 급격히 진행되면서 주거지가 부족해 만들어진 것이다. 프랑스의 건축가들이 대거 투입됐다. 전통적인 모로코 메디나의 프랑스식 버전인 셈이다. 널찍널찍한 배치와 선이 굵은 도시 구획은 시원한 느낌을 준다. 오밀조밀하

뉴 메디나 풍경

고 무계획적인 구 메디나들과는 영 다르다. 곧게 뻗은 도로, 그리고 굵직굵직한 벽돌과 아치 장식이 보여주는 통쾌함이 제법이다.

그러나 지금까지 본 메디나의 맛은 아니다. 우선 빛깔이 달랐다. 유럽에서 많이 본 회색빛이 주조를 이룬다. 다소 칙칙한 느낌이다. 보통 흰색과 황토색, 또는 마라케시처럼 오커-레드와 같은 밝은 색들이 골목과 담벼락

을 장식하는 메디나와는 달리 짙은 색 일변도였다. 질감 또한 두툼하니 정교한 맛이 적었다. 메디나 특유의 활기가 살아있지 않은 것이다. 유럽식 버전이 갖는 근본적인 한계라고 여겨졌다. 역시 역사와 전통은 하루아침에 이루어지는 것이 아니다.

한 30분 정도 골목을 누비며 구경하고 사진을 찍었지만, 관심을 보이는 사람이 별로 없었다. 시장도 분위기가 많이 침체되어 보였다. 모하메디가 내려주며 소매치기 조심하라고 신신당부를 했지만, 그 정도로 혼잡하지는 않았다. 카사블랑카만큼은 도시의 중심을 유럽식 신시가지가 차지해 버린 것이다. 다만 카사블랑카의 구 메디나가 관광지와 쇼핑가의 기능을 수행하지 못하기 때문에 뉴 메디나가 그것을 대신하고 있다.

카사블랑카의 명동, 프린스 압달라 거리

카사블랑카는 인구 400만 명의 대도시이다. 100만 명 남짓한 페스나 마라케시와는 체급이 다르다. 걸어서 명소를 찾아다니기는 어렵다. 그렇지만 돌아가는 길은 걸어가기로 했다. 약속시간까지 두 시간 이상 남았고, 도시의 구석구석을 보려면 역시 걸어 다니는 게 최고다. 두 시간이면 충분히 시내를 섭렵할 있겠다는 생각에 방향만 설정해놓고 발길 닿는 대로 무작정 걸었다.

1시간쯤 걷다보니 시내 중심가 부근에 당도했다. 명동의 차 없는 거리쯤에 해당하는 프린스 압달라 거리였다. 간혹 눈에 띄는 히잡을 쓴 아낙네들만 없다면 이탈리아 밀라노, 또는 프랑스 파리의 화려한 골목이 연상될 만큼 번화한 곳이다. 히잡을 벗어던진 최신 패션의 젊은 여성들의 도도한 표정과 포마드를 발라 한껏 멋을 부린 '2 대 8 가리마' 아저씨들의 느끼한 눈초리가 교차한다. 카사블랑카의 방점이 메디나가 아닌 이곳 신시가지에 찍혀 있음을 실감하게 된다.

이어서 모하메드 5세 광장으로 향했다. 카사블랑카 시민들이 가장 즐겨 찾는 공원이다. 사람들도 많고, 주요 관공서도 밀집해 있다. 광장 바로 앞에는 페르시아 풍의 근사한 법원 건물이 있고, 그 앞에는 옛 경찰청 건물이 있었다. 이 건물에는 매 시간마다 소리를 내 시간을 알려주는 시계탑이 있는데, 라마단 기간에는 사이렌을 울려 음식을 먹어도 되는 저녁 시간을 알려준다고 한다.

분수 광장에서는 많은 카사블랑카 시민들이 한가한 오후를 즐기고 있었다. 그곳에서 본 사람들은 차림새도, 나이대도, 성별도, 그리고 피부색도 다양했다. 요란한 옷차림의 전통 물장수들도 보인다. 평화로운 풍경이다. 그러나 공원의 분위기를 좌우하는 것은 역시 명품 패션에다 짙은 선글라스를 끼고 활보하는 늘씬한 젊은 아가씨들이다. 이런 모습은 유럽이나, 아시아나, 아랍이나 모두 비슷하다.

손잡고 데이트하는 연인들도 제법 눈에 띄었다. 한 커플을 만나 사진 한

카사블랑카 시민들

장 찍자고 하니 바로 손을 놓는다. 손을 잡으라고 채근하자 부끄러운 듯 슬며시 손을 잡는다. 시골스럽다. 유럽에 비해 아직 많이 순박한 것이다. 그러나 근처 건물 한 쪽에 엎드려 열심히 기도하는 독실한 이슬람 신자들의 모습은 과연 모로코다웠다. 이슬람 국가의 고유 풍경이자, 특권인 것이다. 다양한 풍경을 감상하며 도시를 활보하니 마음이 더 편해졌다.

이슬람 신자들의 다섯 기둥

이슬람 국가들을 여행하다 보면 곳곳에서 엎드려 기도하는 사람들을 자주 목격하게 된다. 독실한 신자들이 의무를 수행하는 장면이다. 이슬람 신자들에게는 코란의 가르침에 따라 반드시 지켜야 할 다섯 가지 의무가 있다. 이슬람에서는 이를 다섯 기둥이라고 표현한다.

첫 번째 의무는 신앙 고백이다. 알라의 유일신을 믿고 그의 사도 무함마드를 믿는 의무다. 그 믿음을 아랍어로 '이만' 이라고 한다.

두 번째는 예배의 의무다. 무슬림은 하루 다섯 번 일정한 시간에 메카를 향해 기도해야 한다. 모스크에서 메카 방향을 알려주는 장식이 미흐랍이다. 예배 시간을 알리는 주문을 '아잔' 이라고 하는데, '알라는 위대하시다' 로 시작되는 정형화된 구절을 반복해 낭송한다. 모스크에 가까운 곳에서 숙박하면 그 소리 때문에 새벽잠을 설치기도 한다.

세 번째는 '라마단' 으로 알려진 이슬람력 9월 한 달간의 단식이다. 이 기간 동안에는 해 뜨는 시각부터 해 질 때까지 음식 섭취, 흡연, 성생활이 금지된다. 이는 금욕생활을 통한 수신의 의무로 해석되는데, 이슬람력이

354일이기 때문에 매년 10일, 또는 11일씩 당겨진다고 한다.

네 번째 의무는 '자카트'라 불리는 헌금, 또는 종교세 지불의 의무다. 나눔의 정신을 의미하는데, 모든 무슬림은 소외된 이웃을 위해 자신의 수입이나 재산의 일부를 지출하도록 되어 있다.

마지막 다섯 번째의 의무는 성지순례로 잘 알려진 '하지'이다. 모든 무슬림은 평생 한 번 이상은 메카를 순례해야 한다. 이슬람의 국제주의와 만민 평등사상을 고취하기 위한 종교적 연대 의식의 하나로 해석된다.

유대교와 가톨릭(기독교), 그리고 이슬람은 본디 한 뿌리이다. 이슬람이 가장 나중에 창시됐다. 그래서 이슬람은 유대교와 가톨릭의 경전과 예언자(성인)의 다수를 공유하고 있다. 코란에 언급된 예언자는 모두 28명인데, 그 중에는 아브라함, 모세, 예수, 마리아, 요한 등이 포함되어 있다. 이슬람은 마지막 예언자인 무함마드를 상대적으로 강조한다. 가톨릭에서 예수를 신의 아들로 생각하는 것과는 달리 이슬람에서 무함마드는 오직 신의 말씀을 전달하는 인간임을 강조하는 차이점이 있다.

이슬람에서는 알라가 인간에게 전달한 경전이 네 개라고 믿는다. 모세의 5경, 다윗의 시편, 예수의 신약성서, 무함마드의 코란이 그것이다. 그러나 코란을 제외한 세 권은 추종자들에 의해 왜곡되었다고 믿는다. 유대인들은 선민의식 때문에 경전의 일부를 수정했으며, 가톨릭은 예수의 신성을 증명하기 위해 복음서를 후세들이 다시 고쳐 썼다는 것이다. 신의 말씀을 있는 그대로 전달하는 경전은 코란이 유일하다는 주장이다. 코란은 영어식 발음이고 실제 발음은 '알 꾸르안'이며 '낭송'이라는 뜻이다. 한국어를 비롯해서 세계 각국 언어로 번역되었으나, 그것은 '코란'이라고 하지 않고 '코란 해설'이라 부른다. 알라의 계시를 적은 아랍어 경전만이 오리지널

건물 한 켠에서 예배를 드리는 이슬람 신자들

코란이다.

함맘에서 왜소해지다

최 선생과 다시 만나 이번 여행의 마지막 코스로 향했다. 걸어가기엔 먼 거리라 택시로 이동했다. 약 10분 후 내린 곳은 지아니 함맘이었다. 현지인들이 이용하는 아랍식 목욕탕이다. 이곳은 고급 사우나에 해당하는 제법 유명한 함맘인데, 목욕을 좋아하는 나는 이번 여행기간 동안 함맘에 꼭 들를 작정이었다. 그런데 이러저러한 이유로 미루다가 마지막 날에야 비로소 경험하게 됐다.

대부분의 모로코 사람들은 집에 욕조나 샤워기가 없다고 한다. 그래서 함맘이 발달했다고 여행 안내서에 쓰여 있지만, 꼭 그 이유만은 아닌 것 같다. 오히려 욕조나 샤워 시설이 있더라도 함맘을 자주 이용한다. 그 이유는 함맘이 몸을 씻는 곳 이상의 의미가 있기 때문이다. 함맘은 사교의 장이다. 남성은 남성대로, 여성은 여성대로 터놓고 얘기하는 장소로 함맘을 꼽는다. 또 예배 전에 몸을 정결하게 씻는 곳이기도 하다. 무슬림들에게 정결은 신에 대한 예의이다.

현지인을 대동하지 않고 이방인 둘만 들어서자 의외였던 모양이었다. 1층 안내를 맡은 젊은이는 별로 내색하지 않았지만, 2층 카운터 친구는 다소 거북해 하는 눈치였다. 그는 머뭇거리며 옷장 열쇠와 옷 바구니를 내주곤 우리를 탈의실로 안내했다. 그리고는 양쪽 끝에 끈이 달린 직사각형 모양의 아랫도리용 가운을 하나씩 내줬다. 가리고 나오란 얘기다. 함맘에서는 동성끼리도 주요 부분을 노출하지 않는 게 예의다. 타인에게 보여줘서도 안 되고, 타인의 것을 보려고 해서도 안 되는 것이 이곳의 불문율이다. 목욕 비용은 1인당 30디르햄으로 마사지를 받게 되면 100~300디르햄까지 다양하지만, 우리는 함맘 체험을 위해 온 만큼 목욕만 하기로 했다.

하반신용 가운만 걸친 채 욕실로 들어갔다. 가운데의 가장 큰 홀은 목욕을 시작할 때와 끝날 때 거쳐 가는 중앙 공간이다. 냉탕 욕조가 하나 있는데 거기는 아무나 이용하는 곳이 아니다. 마사지 손님만 들어갈 수 있다. 순서를 몰라 기웃거리자 우리를 곁눈질로 살피던 콧수염 짙은 마사지사가 다른 방으로 안내했다. 그 방은 수증기가 지독해 앞이 안 보였다. 안경을 닦고 살펴보니 한증탕이다. 열기를 쐬면서 물을 끼얹을 수 있도록 시설이 갖춰져 있는 것이 특이했다.

지아니 함맘

원형의 다섯 평 남짓한 공간에 붙박이로 된 대리석 양동이 시설이 빙 둘러있고, 각 양동이에는 냉온수도가 연결되어 있다. 통상 함맘은 큰 물통에서 바가지로 물을 떠서 사용하는데, 이곳은 고급 함맘이라 시설이 좋은 편이다. 이동용 의자를 놓고 돌 양동이 앞에 앉아 수증기를 쐬며 몸을 씻는 것이 함맘의 목욕방법이다. 옆 사람을 슬쩍슬쩍 곁눈질하며 똑같이 따라했다.

여기서도 은밀한 곳을 내보이면 곤란하다. 가운을 벗는 것은 당연히 안 되고, 중요 부분을 씻을 때도 손만 안으로 넣어 씻어야 한다. 참 감질나기도 하고 답답하기도 했다. 하지만 아무리 조심해도 보일 건 언뜻언뜻 다 보였다. 그나마 천만 다행인 것은, 가렸기에 망정이지 그들의 '거시기'는 크기가 장난이 아니었다. 본래 베르베르 사람들의 체구는 그리 큰 편이 아니라지만, 이곳 함맘 안에는 털북숭이들에다 체격 좋은 '몸짱'들만 우글우글했다. 여탕에도 날씬한 '팔등신'들만 우글거리려나? 갑자기 궁금해졌다.

소주가 그리운 밤

해가 저물었다. 함맘에서 목욕 문화 체험을 하는 사이 카사블랑카에 어둠이 내렸다. 돌아오는 택시 차창에 비친 도시의 모습이 우울해 보였다. 북아프리카 음악은 햇빛을 닮아 빠른 리듬의 타악기와 귀를 찢는 고음의 관악기가 화음을 이루는 밝은 음악이지만, 택시 라디오를 통해 흘러나오는 음악은 마치 애잔한 대금 소리처럼 중저음의 안단테 단조였다. 도시는 그대로 의연하더라도, 받아들이는 사람의 태도가 달라지면 이미지가 변하게 마련이다. 그런데 활기차고 발랄한 카사블랑카도 좋지만, 다소 흐느적거리고 센티멘탈한 카사블랑카도 그에 못지않다.

쫑파티를 열었다. 비록 우리 둘 뿐이지만 성대하게 차렸다. 호텔 근처 한 음식점에 들러 주문식 메뉴를 준비했다. 양꼬치와 닭꼬치를 빵 속에 넣어 만든 케밥식 퓨전 요리다. 야채와 콜라와 맥주도 푸짐하다. 아쉬움을 달래기엔 역시 소주가 제격이지만 여기선 독주 구하기가 쉽지 않다. 호텔 방에 나란히 앉아서 식사를 곁들여 여행을 회고했다. 정말 알찬 여행이었지만, 마칠 때가 되니 너무나 아쉬워지는 것이다. 굳이 분위기를 표현하자면 차중락의 '낙엽 따라 가버린 사랑'이 제격이다. 아쉬움을 달래기에는 역시 그윽한 저음이 어울리는 것이다.

기대보다 대단했다. 예상보다 알찼다. 지루함도, 힘든 것도 전혀 몰랐다. 페니키아, 카르타고, 그리스, 로마, 반달, 아랍, 투르크 … 이슬람, 가톨릭, 유대, 그리고 베르베르 … 혁명, 반미, 독립, 해방투쟁, 그리고 근대화 … 한니발, 세베루스, 무크타르, 까뮈, 이븐 할둔 … 메디나, 카스바, 모자이크, 젤류지, 아라베스크 등 새로 접한 개념과 단어들이 나열하기가 벅찰 정도였다. 그러나 무엇보다 더욱 더 강렬하게 다가온 것은 색깔이었다. 튀니지 시디 부 사이드의 환상적인 하늘색 마을에서 '블루'도 여러 종류가 있음을 배웠고, 리비아에서는 '녹색의 채도가 높아질수록 혁명이 더욱 진해진다'는 것도 알았다. 알제리 티파사에서는 오랜 세월을 담아낸 황토 빛 세상에 마음이 녹아났고, 급기야 마라케시에서는 절묘한 오커-레드 빛깔에 두 손 두 발 다 들며 항복하고 말았다. 강렬한 태양과 원색이 닮아 있었다. 이보다 더 화려하고 다양한 조화는 있을 수 없다는 깨달음을 얻었다. 화가도 사진작가도 아닌 평범한 여행객이지만, 절절히 감동할 권리가 있음도 함께 배웠다.

파티는 끝났다. 여행도 끝났다. 그러나 감상과 여운은 끝나지 않는다. 줄거리는 꼬깃꼬깃 정리해서 머릿속에 쟁여 넣고, 느낌은 구름처럼 부풀려서 마음속에 담아 두어야 한다. 도착하던 날은 시차 때문에 잠을 이루지 못했지만, 가는 날은 아쉬움 때문에 잠을 이룰 수가 없다. 그러나 몸으로 왔지만, 가슴으로 돌아가게 되니 더 이상 바랄 것이 없다.

다음 날 모하메디가 몰고 온 낡은 벤츠 택시가 추억의 끝자락을 깔끔하게 갈무리해줬다. 1시간 동안 그의 더듬더듬 영어를 더 들어줘야 했고, 약속한 택시비 200디르햄에 동전까지 탈탈 털어서 40디르햄을 더 얹어줬다.

카사블랑카의 밤

보너스를 받고도 여느 기사들처럼 굽실거리지 않는 그의 당당함이 더욱 마음에 들었다. 이른 새벽 카사블랑카 공항 가는 길이 장대비와 짙은 안개에 젖었던 사연과, 출발지연으로 파리에서 30분 만에 비행기 갈아타느라 땀 뻘뻘 흘리며 뛰어다닌 사연은 양념으로 남았다. 인천공항 행 에어프랑스 항공기 맨 뒤 칸에 혼자 서서 맛있게 먹은 한국산 컵라면이 이번 여행의 엔딩 크레딧이 됐다.

마그레브, 남은 잔상들

북아프리카에선 택시요금도 흥정해야

북아프리카에서 대중교통을 이용하기는 쉽지 않다. 튀니지와 모로코는 기차 노선이 발달해 장거리 이동은 기차를 이용하는 것이 편하다. 그러나 알제리와 리비아는 변변한 기차노선이 없기 때문에 국내선 항공이나 택시, 또는 렌터카를 이용하는 것이 좋다. 물론 시내나 교외 단거리 이동의 경우 버스나 합승 택시가 있지만, 쉽게 이용하기 어렵다. 노선도 알 수 없고 행선지 표시가 아랍어로 되어 있는데다, 의사소통도 아랍어나 프랑스어로만 이루어지기 때문이다. 또 우리가 보통 알고 있는 지명이 대개 영어식 발음이어서 현지인들이 못 알아듣기 일쑤다. 리비아의 수도 트리폴리만 해도 현지인들은 아랍어 지명인 '타라블루스'라고 부른다. 트리폴리야 유명해서 알아듣지만, 작은 지명은 소통되지 않는 경우가 많다. 이런 상황에서 대중교통을 이용하는 것은 쉬운 일이 아니다.

그래서 단거리 이동은 주로 택시를 이용했다. 다행히 물가가 비싸지 않기 때문에 큰 부담은 없었다. 그러나 행선지를 정하고 가격을 흥정해야 하는 부담이 있었다. 몇몇 도시의 경우 현지인들은 우리 시골택시들처럼 행선지에 따라 비공식 협정요금 같은 것이 있는 듯 했다. 리비아에서는 아예 미터기가 없는 택시가 많았고, 다른 나라 주요 도시들도 미터기가 있긴 했지만 먼저 미터기 사용을 요구하지 않을 경우 아예 작동할 생각을 하지 않았다. 튀니지 튀니스의 경우는 미터기 작동을 요구하자 이상한 옵션을 조작해 바가지요금을 씌우려하기도 했다. 물론 그대로 지불하지는 않았지만, 미터기를 자진해서 누르는 경우는 거의 없었다.

흥정 방법은 그리 어렵지 않다. 탄 후에 해도 되고, 타기 전에 해도 된

오랑 시내를 함께 돌아다닌 푸조택시와 운전기사 오마르

다. 다시 내리는 수고를 덜려면 타기 전에 하는 것이 편하다. 흥정이 안 돼서 내린 적도 몇 번 있었다. 행선지를 확인한 다음 가격을 묻고, 일단 반 정도 깎으면 얼추 비슷하다. 상대방은 당연히 반발한다. 흥정이 시작되는 것이다. 그러나 흥정은 돈을 지불하는 사람이 유리한 줄다리기임을 명심하면 된다. '호텔 지배인으로부터 행선지까지 가는 비용이 얼마라고 들었다' 거나 '어제 같은 코스를 얼마에 갔다' 는 내용을 보디랭귀지로 표현하면서 흥정하면 대부분 통한다.

카메룬 아가씨와 나눈 아랍식 인사

카메룬 아가씨 졸리는 카사블랑카 보야지 역에서 우리 일행과 함께 내렸다. 악수로 작별 인사를 하려고 다가가자, 그녀는 갑자기 필자의 목과 어깨를 안고는 뺨에 자신의 뺨을 갖다 댔다. 순간 당황했다. 그때까지 양쪽 뺨을 번갈아 갖다 대면서 입맞춤을 하는 아랍식 인사를 한 번도 해본 적이 없었다. 그러나 노련하게 '쪽' 소리를 내며 화답해 줬다. 이렇게 살짝 포옹하면서 인사를 나누니 더욱 가까워진 느낌이 들었다. 멀리 떨어져서 고개를 숙이거나, 악수를 나누는 정도의 스킨십을 나누는 우리 문화와 달라 어색했지만, 젊은 아가씨와 첫 경험을 했다는 게 나쁘지는 않았다 다음에 친숙한 사람을 만나면 먼저 이렇게 인사를 하겠다고 생각했지만, 이후로는 기회가 없었다.

한국을 찾아온 외국인이 먼저 '안녕하세요? 반갑습니다.' 라고 인사하면 고마운 느낌이 든다. 그래서 우리가 먼저 아랍식 인사를 하면 그들도 고

카메룬 처녀 졸리 (© 최순남)

마워 할 것이라는 생각에 준비해 갔는데, 처음에는 쑥스러워서 써먹지 못하다가 모로코에서 몇 번 사용했다. 상대는 무척 반가워하고 신기해했다. 인사만 잘해도 분위기가 부드러워진다. 아랍어로 '안녕하세요'에 해당하는 인사말은 "앗 살람 알레이쿰as-salam alaykum"이다. '당신에게 평화가'란 뜻이다. 상대방이 먼저 이렇게 인사하면 "와, 알레이쿰 앗 살람wa, alaykum as-salam" 하면 된다. 평화를 사랑하는 아랍 사람들의 메시지가 담겨있다.

말이 안 통해도 의사소통은 '걱정 무'

이번 여행에서 가장 고전한 것은 역시 의사소통의 문제였다. 4개국 공히 공용어는 아랍어였고, 튀니지, 알제리, 모로코는 프랑스어가 상용어이다. 리비아는 프랑스어 뿐만 아니라 다양한 언어가 존재했다. 따라서 아랍어나 프랑스어를 알면, 의사소통은 전혀 문제가 없다.

보통 현지인과 대화가 필요한 경우는 호텔과 택시를 이용할 때, 물건을 살 때, 길을 물을 때, 교통편 티켓을 사거나 예약할 때 등이다. 그럴 때는 메모지와 펜이 유용하다. 대개 합의해야 할 것들이 날짜와 시간, 가격 등 숫자가 많기 때문에 만국 공통어인 아라비아 숫자를 쓰면서 대화하면 편하고 정확하다. 또 길을 물을 때는 아예 안내책자나 지도를 직접 보여주면서 손으로 가리키면 쉽게 이해한다. 나머지는 대부분 보디랭귀지다. 그러나 표정과 손짓, 몸짓으로 충분히 통한다. 주저할 필요가 없다. 만약 잘 안될 경우 영어 할 줄 아는 사람을 불러달라면 대부분 어디서든 찾아서 데려온다. 주눅 들 필요는 없다. 극히 일부를 제외하고는 영어에 유창한 사람은

리비아를 제외한 마그레브 지역 대부분은 아랍어와 프랑스어가 함께 사용된다.

드물다. 우리와 마찬가지로 더듬더듬 영어가 대부분이다.

특히 리비아에서는 고생이 심했다. 다른 세 나라는 상호나 표지판에 프랑스어가 병기되어 있기 때문에 영어를 알면 얼추 비슷하게 짐작할 수 있지만, 리비아는 모든 표지판과 간판이 아랍어 일색이기 때문에 모든 것을 물어서 알아내야 했다. 리비아에 갈 때 아랍어를 모르면 정말 답답하다. 그러나 법이 최근 수정돼 앞으로 외국어 병기가 가능하다고 하니 변화를 기대해 본다.

아랍어 단어를 미리 속성으로 익히고 간다고 해도 발음 문제는 여전히 남았다. 알제에서 렌터카로 베르베르의 도시 베자이아에 갔을 때의 일이다. 도착하자 날이 저물어 숙소를 우선 찾는데, 우리는 바닷가로 가고 싶었다. 영어를 전혀 모르는 나심과의 의사소통을 위해 책을 뒤져 영어 'sea'에 해당하는 아랍어 단어를 찾았다. 'bahr'였다. 당연히 바흐 근처 호텔에 가자고 했다. 못 알아들었다. 나중에 알고 보니 바흐가 아니라 '바흐-ㄹ-으'에 가까운 굴리는 발음이었다. 온 문장이 아니라 단어를 따로 떼어 발음하면 알아듣지 못하는 경우가 많다.

이슬람도 '나이롱 신자' 투성이

보통 이슬람 국가에 대한 근거 없는 두려움, 또는 어색함을 느끼는 사람들이 많다. 이슬람이란 종교와 이슬람 신도들을 잘 이해하지 못해서 생기는 현상이다. 그들이라고 특별히 다르지 않다. 그들의 종교는 생활양식에 가깝다. 제사가 우리의 관습인 것처럼 그들의 생활양식은 대부분 이슬람 전통에서 비롯된 것이다. 우리가 제사를 지내면서도 우리 스스로를 특별히 유교 신자라고 여기지 않듯이, 그들은 예배를 보거나 율법을 지키는 것을 자연스러운 생활의 일부로 생각한다. 일상적인 생활패턴일 뿐이다.

폭력을 일삼는 이슬람, 테러주의자로서의 이슬람 뉴스를 많이 접하다 보니 마치 그들이 폭력적인 습성을 지닌 것처럼 오해할 수 있다. 지구상 대부분의 사람들처럼 그들은 평화를 사랑한다. 폭력을 싫어하고 전쟁을 거부한다. 많은 사람들이 이슬람교의 빠른 확산을 무력을 앞세운 전투적 선교의 결과로 생각하지만 그것은 왜곡된 분석이다. '이슬람'은 말 뜻 그대로 순종과 평화를 추구하는 종교다. 폭력적인 방법으로 이슬람교가 성장했다는 주장은 서구 사회 일부의 편파적인 시각일 따름이다.

비잔틴 시대에 북아프리카 지역은 가톨릭이 먼저 들어와서 포교의 기회를 얻었다. 그러나 결국 실패하고 나중에 들어온 이슬람 세력에 주도권을 넘겨주고 말았다. 가톨릭이 실패한 주요 원인은 당시 대중의 삶과 섞이지 못했던 탓이 크다. 가톨릭은 지배층만 믿는 귀족의 종교였고, 라틴어를 쓰는 사람만 누릴 수 있는 특권적인 종교로 군림했다. 반면 이슬람은 수백 년에 걸쳐 서서히 언어와 생활문화를 공유하며, 대중의 삶과 융화됨으로써 베르베르인의 교화를 유도할 수 있었다.

또 하나의 오해가 이슬람 사람들은 종교적으로 똘똘 뭉쳐 있어 배타적이라는 시각이다. 이슬람이 그렇게 종교적으로 똘똘 뭉쳐 있다면, 형제이자 신앙적 동지에게 각종 범죄를 저질러서는 안 될 것이다. 그러나 이슬람 사회에도 살인과 강도와 절도와 사기, 또는 소매치기 같은 범죄가 발생한다. 필자의 경험에도 무슬림으로서의 의무를 다하지 않는 신자들이 많이 눈에 띄었다. 시쳇말로 '나이롱 신자'들도 많은 것이다. 나이가 젊을수록,

모로코 페스 자위야 무레이 이드리스 2세 모스크 내부 모습

시골보다는 도시로 나올수록 이러한 현상은 두드러진다. 하지만 그것 때문에 그들을 이슬람 신자가 아니라고 말하기는 힘들다.

삐끼는 때와 장소를 가리지 않는다

여행지의 감초는 역시 '삐끼' 다. 북아프리카 여행을 한다면 분명 많은 삐끼와 마주치게 될 것이다. 공항에 내리자마자 처음 만나게 되는 사람은 십중팔구 삐끼라고 보면 된다. 메디나에 들어서면 더 하다. 먼저 말을 거는 사람은 죄다 삐끼다. 초등학생 또래의 어린 애들부터 자신의 가게로 유인하기 위한 상점주인, 그리고 '판타스틱한 것이 있다' 는 마약 상에 이르기까지 …. 그러나 사람을 제대로 알아봤는지(?) 매춘 삐끼는 한 번도 만나지 못했다. 그곳도 사람 사는 세상이라 없지는 않을 텐데 ….

기억에 남는 삐끼가 몇 명 있다.

튀니스 메디나에서 만난 영어가 유창한 한 흑인 삐끼는 자신은 여행객에 봉사하는 민간 가이드라고 소개했다. 계속 의심하자, 자신을 가리키며 '굿맨' 이라고 여러 번 강조하며 우리를 몇몇 장소로 안내했다. 거기까지는 좋았다. 결국 종착점은 자신이 운영하는 향수가게였다. 우여곡절 끝에 팁만 약간 주고 헤어졌지만, 연기력이 대단한 삐끼였다.

리비아는 상대적으로 삐끼가 적었다. 관광 문호가 개방된 지 얼마 되지 않아서 그런지, 아니면 체제가 엄격해서 그런지 별로 없었다. 아직 사람들이 닳지 않았다고 봐야할까?

알제리에서는 공항에서 특이한 삐끼를 만났다. 앞서 얘기했던 '전화 삐

튀니지 카르타고의 공식안내원. 그러나 공식안내원과 삐끼의 구분이 모호하다.

끼'다. 출국하는 날 공항에서 다시 만났을 때 돈을 달라고 했던 걸 보면 전문 삐끼임에 틀림없다.

모로코는 특히 삐끼 천국이다. 모든 관광지가, 또 메디나 골목마다 삐끼가 넘쳐난다. 길거리 가다가 발에 차이는 돌부리보다 삐끼가 많다고 보면 된다. 일찍부터 관광지로 개발되었기 때문에 나타나는 현상이다.

가장 재미있었던 것은 명찰이나 ID카드를 목에 건 공식 삐끼(?)였다. 튀니지 카르타고 유적지에서 만난 할아버지 가이드와 모로코 카사블랑카에서 만난 공항 안내원은 제 할 일을 하고선, 마치 특별한 서비스를 한 것마냥 뻔뻔하게 대가를 요구했다.

삐끼를 두려워하거나 싫어하면 여행이 재미없어진다. 싼 값에 여행정보를 제공해 주는 토막 가이드로 생각하는 게 편하다. 또 삐끼와의 특별한 만남은 여행의 별미로 남는다. 강도나 소매치기와는 달리 서비스를 제공하고 대가를 요구하는 것이니 그리 부당한 일은 아니지 않은가?

알제리 물고기는 늙어 죽는다?

방문한 네 나라 중에서 알제리가 가장 건설경기가 활발했다. 경제개발에 대한 열의도 컸고, 또 전 국토가 파헤쳐져 있다고 할 만큼 공사 현장이 많았다. 한국 업체의 진출도 활발하다. 알제 인근의 신도시 개발 사업을 한국 건설업체 컨소시엄이 수주했다고 한다.

알제리 현지에서는 경제발전의 모델로 한국을 배우자는 흐름도 생겼다. 한국이 벤치마킹의 모델로 등장했다는 사실은 기분 좋은 일이긴 하지만, 경제개발 과정에서 적지 않은 부작용이 따랐음을 부인할 수 없기에 마치 치부가 드러날까 봐 조심스럽기도 하다.

지구촌을 돌아 다녀보면, 한국인의 특징에 대한 얘기를 더러 듣게 된다. 아직 북아프리카 지역은 교류가 많지 않아서 덜 알려졌지만, 동남아에서 만난 현지 가이드들은 이구동성으로 한국인의 급한 성격과 태도를 꼬집

알제 시내 동쪽 해안지역. 한창 개발 중이다.

는다. '이동도 빨리빨리, 식사 주문도 빨리빨리, 관광도 빨리빨리'로 요약된다. '빨리빨리' 문화는 이제 어딜 가나 한국인을 대표적인 속성이 되어버렸다.

아랍인은 시간관념이 정확치 않아 약속시간을 잘 안 지키기로 유명하다. 유목민 고유의 느긋한 생활환경이나 무더운 사막기후의 자연환경에서 영향을 받은 것이다. 물론 유럽에서도 스페인 등 라틴 계통은 게으른 편이다. 더운 지방의 보편적인 특성이기도 하다.

북아프리카에서는 특히 알제리 사람들이 대표적인데, 그들의 허술한 시간관념을 꼬집는 말로 'IBM' 이란 용어가 있다. 모든 것을 신의 뜻에 맡긴다는 뜻의 인살라Inshalla, 웬만하면 일을 다음 날로 미룬다는 뜻의 부크라Boukra, 사정이 악화되어도 무작정 괜찮다고 스스로 위안하며 잊어버린다는 뜻의 말리쉐Malishe의 이니셜 글자를 따서 IBM이라고 한다.

이와 관련된 아랍 속담도 있다. 'Haste is from the devil' 이라는 속담인데, '서두르는 것은 악마로부터 비롯된다' 는 뜻이다. 아무리 급해도 그들과 대화하거나 협상할 때는 느긋한 자세를 갖는 게 좋은 덕목이 된다.

또 '알제리 물고기는 늙어 죽는다' 는 말이 있다. 귀찮아서 잡지 않기 때문이라는데, 그들의 천성적인 게으름이 어느 정도인지를 보여준다. 혹자는 알제리 사람 두 사람 이상을 함께 출장 보내면 곤란하다고 한다. 일을 처리하지 않고 하루 종일 둘이 얘기하느라 시간을 다 보낸다는 것이다. 이런 국민적 특성을 가진 알제리가 자본주의식 경제발전에 박차를 가하고 있다. 그것도 한국의 '빨리빨리' 문화를 배우려하고 있다. 결과가 어떻게 될지 자못 궁금하다. 과연 알제리에서 물고기가 늙어죽는 일이 사라질까?

로마시대 화폐를 입수한 사연

리비아 벵가지 근처 그리스, 로마 유적지 프톨레마이스에 혼자 방문했을 때의 일이다. 아무도 없는 방치된 유적지를 향해 혼자 걸어 들어가는데 주변에 있던 양치기 청년 세 명중 한 명이 다가왔다. 처음엔 비공식 가이드라고 생각했다. 필자를 따라 걷더니 호주머니에서 뭔가를 꺼내 보여줬다. 1원짜리보다 작은 조그마한 동전들이었다. 그렇지만 문외한이 보더라도 과거 유적지가 번성했을 때 통용됐던 동전들이라는 것을 알 수 있었다.

청년은 발을 멈추더니 땅에 30이라는 숫자를 썼다. 작은 동전 8개를 30디나르(약 2만2천원)에 사달라는 주문이었다. 별 관심이 없는 물품이라 거절했다. 당황한 청년은 다시 바닥에 20이라고 썼다. 그러면서 땅을 파고 뭔가를 찾는 시늉을 했다. 유적지에서 자신이 직접 발굴한 과거 유물이라는 뜻이었다. 계속 거절하기 뭐해서 청년이 못 받아들일 것으로 예상하고, 땅에 10이라고 썼다. 그런데 청년은 흥정이 시작된 줄 알고 15라고 썼다. 오히려 불에 기름을 끼얹은 꼴이 됐다. 그렇지만 다시 단호하게 사지 않겠다는 의사를 표시했다.

하지만 청년은 계속 쫓아다니며 유적지를 안내했다. 가이드가 생긴 셈이었다. 그 친구 덕분에 드넓은 유적지를 짧은 시간에 둘러볼 수 있었다.

프톨레마이스에서 입수한 로마 동전

결국 동전을 안 사줄 수 없는 입장이 되고 말았다. 그는 간단한 영어 단어조차 알아듣지 못했지만, 길 가이드로서는 최고였다. 당연히 수고를 보상해야 한다는 생각이 들었다. 호주머니 속의 동전을 가리키며 얼마냐고 다시 물으니 15라고 땅바닥에 썼다. 잠시 고민하다가 그가 제시한 15디나르에다 수고비 5디나르를 얹어주고 동전을 받아들었다. 대단히 고마워했다. 혹시 가짜일지도 모르지만, 집에서 두고두고 볼 때마다 벵가지와 프톨레마이스 유적과 말 안 통하는 청년 가이드를 떠올릴 수 있을 테니 추억거리로는 그만이다. 1만5천원도 안 되는 돈인데, 더욱이 이것이 진품이라면 더욱 고마운 일이 아닌가? 그런데 어떻게 감정을 하나? 'TV쇼 진품명품' 코너에라도 나가야 하나?

우리 안에도 '오리엔탈리즘'이 있다

기행문의 효시는 13세기 사람 마르코 폴로의 《동방견문록》이라 할 수 있다. 25년간 중국과 아시아 등지를 돌아다니며 듣고, 보고, 경험한 내용이다. 물론 이 책은 풍문을 적어 놓은 것도 있어 일부 황당한 이야기도 있으나, 사실과 부합하는 내용이더라도 그 가짜 이미지 때문에 당대 사람들에게 신뢰를 얻지 못했다. 당시 '마르코 폴로 이야기'란 말이 거짓말을 의미하는 관용어로 쓰였다니 불신의 정도를 짐작하고도 남음이 있다.

사람들이 마르코 폴로의 말을 믿지 않은 이유는 주로 종교적 이유 때문이었다. 당시 가톨릭 신앙을 지고의 선으로 숭배하던 유럽인들이 듣기에 가톨릭을 믿지 않는 아시아의 미개한 종족(중국)이 정직하고 안정적인 상

거래를 하더라는 얘기는 당혹스런 소식이었다. 믿기지 않았고, 믿고 싶지도 않았던 것이다. 우월주의의 산물이다. 결국 《동방견문록》은 허풍만 담고 있는 요상한 책으로 간주되었고, 폐기될 운명이었다. 그러나 훗날 포르투갈과 제노바 출신 탐험가 두 사람에 의해 가까스로 그 가치가 재평가 되었다. 그 두 사람은 각각 '항해왕' 엔리케 왕자와 콜럼부스였다.

팔레스타인 출신 미국인 영문학자 에드워드 사이드는 서구문명이 자신의 우월함을 강조하고 고착화하기 위해 동양을 신비로운 세상으로 묘사해 왔다고 주장했다. 그리고 이를 가리켜 오리엔탈리즘이라고 표현했다. '신비로운 세상' 이란 개화시켜야 할 야만사회라는 의미를 내포하고 있다. 19세기 제국주의 시대부터 시작된 이 불평등한 관점은 21세기인 지금도 여전히 기승을 부리고 있다. 서구 진영과 구분된 비서구 진영은 경제적으로나 정치적으로나 문명 세계의 주변부 내지는 열등지역으로 간주되고 있다. 서구 문명의 우월 의식이 엿보이는 대목이다.

그러나 오리엔탈리즘은 이제 서구만의 시각이 아니다. 오랜 제국주의 침탈에 시달려온 식민국가에서도 그 추종자들이 만들어졌다. 식민 모국, 또는 서구문명의 세례를 받은 경제부국들에 대한 동경과 추종이 만연한 것이다. 미국의 네오콘, 유럽의 극우주의자, 일본의 신 우익만 오리엔탈리즘 신봉자들이 아니다. 우리나라만 하더라도 많은 지식인들 중에서 오리엔탈리즘의 관점에서 벗어나지 못하는 사람들이 꽤 있다. 영어 공용어론도 이 관점의 연장선상에 있다. 불행하게도 이것은 비단 오늘만의 일은 아니다. 개화파와 척화파가 대립하던 19세기 말부터 내려온 역사적 유산이다. 친일파의 논리적 배경이 오리엔탈리즘에 근거하고 있는 것이다. 그렇다고 해서 서구를 깎아내리고 우리를 앞세우는 정반대의 논리, 즉 옥시덴탈리즘의 자세 또한 바람직하지 않다. 과장하지도, 그렇다고 비하하지도 않는 균형잡힌 태도가 해결의 출발점인 것이다.

지은이 | **이철영**

1963년 경기 가평 출생. 고향에서 가평초등학교와 중학교를 마치고, 대도시로 나와 인천 광성고와 서울대 국제경제학과를 졸업했다. 지금은 무역회사 상원 IT(주)에서 임원으로 일하고 있다. 40대에 들어서야 배낭여행에 취미를 느끼고 매년 한두 차례 여행에 나서고 있다. 2006년에는 가족들과 함께 스페인 배낭여행을 다녀와 『마냐나, 에스빠냐!』를 출간했다.

앗 살람, 마그레브!

지중해 연안, 북아프리카 4개국을 가다

초판 1쇄 발행일 2007년 12월 31일

지은이 | 이철영
발행인 | 최원필
발행처 | 심산출판사
편　집 | 김정호
등록번호 | 제1-2114호(1996년 11월 28일)
주소 | 서울시 은평구 갈현동 463-3 동원빌딩 4층
전화 | 0502 321 6280, 02-357-0633
팩시밀리 | 02-357-0631
E-mail | simsan@korea.com
ISBN 978-89721-72-7 03980

※ 그동안 출판 환경의 어려움을 이해해 주시고 격려와 도움을 주신 (주)바이텍 코리아 신한기 사장님께 감사드립니다.